다문화 사회와 철학

다문화 사회와 철학

한국사회의 다문화시대를 위한 철학적 성찰

이정은 · 이병욱 · 정창호 공저

자유문고

머리말

한국인의 삶을 보면, 삶이 평탄하지 않고 어려움의 연속이다. '왜 이렇게 사는 것이 힘들까? 왜 나만 이렇게 고통스러울까?' 좌절과 한탄의 목소리가 들린다. 그래서인지 사회 매체의 유행어 1순위로 부상하는 단어가 '행복'이다. 행복이 유행어로 급부상하는 것을 보면, 불행과 고통은 한 개인에게만 나타나는 현상이 아니며, 그런 현상을 야기하는 객관적 이유들이 있다고 볼 수 있다.

21세기가 시작된 이래로 이전에는 겪어보지 못했던 새로운 유형의 변화들이 생겨나고 있다. 근대화 이후부터 21세기에 이르는 삶의 여정은 갈수록 더 심각하게 요동치고 변화무쌍해졌다. 컴퓨터와 인터넷이 만들어낸 정보사회는 지구촌화, 세계화라는 시대정신을 낳았고, 세계화는 삶 곳곳에 파급 효과를 미치고 있다.

정보사회와 더불어 신자유주의라는 자본주의 경제 구조가 펼쳐지면서 다국적 기업도 확산되고 있다. 공장을 해외로 옮기고, 해외 노동자를 직원으로 채용하는 경제 시스템으로 인해, 한 상품의 원산지가 어디인지, 원산지가 몇 나라인지도 모호할 만큼 국가의 경계와 벽이 허물어지고 있다. 전 지구적 경쟁이 보편화되고 일자리를 찾아 국경을 넘고 넘어 전 세계를 떠도는 '이주의 세기'가 된 것이다.

정규직은 점차 줄어들고 비정규직이 확대되면서 생긴 불평등 구조에다가, 정부가 강력하게 밀어붙이는 원샷법이나 성과급제로 인해 실존적 불안과 고통이 가중된다. 해외 일자리를 찾아 삶의 여정을 시작한 한국인도 많고, 글로벌 국가, 글로벌 브랜드를 미래의 꿈으로 삼아 특성화된 능력을 기르는 청소년들도 있다.

한국 기업체가 중국이나 북한으로 공장을 이전하기도 하고, 반대로 한국의 중소기업체에서 일을 하기 위해 동아시아 노동자들이 몇 십만 명씩 한국으로 들어오고 있다. 사교육 시장을 겨냥하여 들어온 영어권 원어민도 많다. 어떤 이유에서든, 다른 국적, 다른 민족, 다른 문화의 사람들이 한국에 더불어 거주하고 있는 것이다.

한국이 민족정체성과 문화정체성을 다르게 지닌 이주자와 공존하는 다문화사회가 된 지도 오래이다. 그러나 단일민족이라는 자부심 때문에, 이민 국가를 표방하지 않았던 한국인의 폐쇄적 태도가 다른 문화정체성을 인정하는 데 부정적 영향을 미쳐 왔다. 이주민에게 한국의 문화와 정체성을 일방적으로 수용하고 동화되기를 요구하였고, 그로 인해 심각한 문제들이 양산되었다. 특히 영세기업체에서 일하는 외국인 노동자에 대한 부당임금과 인권유린은 '이주자타국인' 문제로 가시화된다. 한국적 특이 현상으로 거론되는 결혼이주여성이 겪는 가부장제적 동화 현상도 언론 매체에서 빈번하게 다루고 있다. 이주민 2세들이 겪는 언어 문제, 학력 저하 문제와 가난의 대물림 문제도 심각하다.

물론 한국을 다문화사회로 규정한 이래, 정부의 각 부처들은 다양한 정책을 마련해 왔다. 그러나 전반적 변화가 미미해서 개선을 위한 의식적 노력이 필요하다. 왜곡된 경제와 법률 구조를 개선하여, 산업역군으로 기여하는 외국인노동자가 인간답게 살 수 있는 법적 통로를 마련해주는 일도 시급하고, 인권사각지대에서 부당한 폭력에 시달리지 않도록 보편 인권을 위한 계몽도 필요하다.

각 개별 분야에서 구체적 대안을 마련해 나가고는 있다. 그러나 문제 발생의 배후에는 시대정신이라든지 민족정체성 같은 사상적, 철학적 이유가 결정적으로 영향을 미치고 있다. 전 세계적으로 단일 언어를 사용하는 나라는 아이슬란드와 대한민국뿐인데, 과학적이고 우수한 한글을 단일 언어로 사용한다는 자부심이 부정적으로 작용하는 정신적 차원을 염두에 둔다면, 이주자와 관련된 사상적, 철학적 해결책이 필요해진다. 다문화사회를 조화롭게 실현하기 위해, 철학적 성찰과 의식적 변화를 동반하지 않으면 부분적 해결책 내지 미봉책이 될 수밖에 없다.

그래서 다문화사회와 관련된 이론들을 알아보고, 다문화의 철학적 기반을 살펴보기 위해 이 책을 구상하게 되었다. 다문화 이론으로서 다문화주의와 상호문화주의를 먼저 소개하고, 다문화 이론의 사상적, 철학적 맥락을 살펴보았다. 한국 사회는 동양철학과 서양철학의 영향을 모두 받아서 문화와 정체성이 형성되기 때문에, 동서양 철학을 아울러서 다문화 이론에 접근하였다.

1장에서는 다문화사회로 바뀐 한국의 현실을 진단하고, 다문화적 삶과 관련된 철학적 접근의 필요성을 설명한다. 다문화주의와 상호문화주의의 차이를 개괄하지만, 특히 북미를 중심으로 발전한 다문화주의 이론의 갈래들, 다문화사회의 삼대 소수집단에 주안점을 둔다. 그리고 한국의 다문화사회를 위해 동서양 철학을 연구할 필요성에 맞추어 동서철학이 다문화와 어떻게 연결되는지를 탐구한다.

2장에서는 상호문화주의와 그 철학적 배경을 소개한다. 상호문화주의는 다문화주의 이론을 체계화한 북미에서도 사용한 개념이지만, 상호문화성의 의미를 독자적으로 구축하면서 유로연합(EU)의 길을 걸어온 서유럽 국가들이 중심이 되어 만들어진다. 한국처럼 반이민국가의 성격이 강하였던 독일에서 상호문화주의를 구축하기 위해 삶의 모든 공간에서 노력한 점을 외국인교육학과 상호문화교육학에 초점을 맞추어 비교하고 설명한다. 상호문화교육을 위한 철학적 기반이 무엇인지, 철학이 어떻게 바뀌어야 하는지를 서유럽 이론가를 중심으로 살펴본다.

3장에서는 서양의 다문화주의와 상호문화주의를 한국에 도입할 때 이론 적용을 어렵게 만드는 백인중심주의나 오리엔탈리즘이 작용한다는 것에 초점을 맞춘다. 그러나 오리엔탈리즘을 견지하면서도, 왜곡된 서양의 틀을 극복하는 지평을 지닌 헤겔의 철학 체계와 역사철학을 살펴본다. 서양인의 동양관으로서 오리엔탈리즘, 동양에 대한 양가적 태도, 헤겔이 생각하는 중국관에도 불구하고, 그런 측면을 극복할 수 있는 철학적 지평과 개념들을 헤겔 체계 안에서 찾아낸다. 이것을 문화상대성과 문화절대성, 문화등가치성과 연결하여 설명한다.

4장에서는 한국인의 삶에 녹아 있는 불교철학적 발상을 이해하고, 한국적 삶에 걸맞은 다문화 이론의 창출하는 데 주안점을 둔다. 여기서는 불교철학의 전개과정에 대해 간단히 서술하고, 그 내용에 근거해서 불교철학이 다문화주의에 기여할 수 있는 대목이 무엇인지 살펴본다. 다문화주의를 '나' 또는 '나의 집단구성원'과 다르다고 해서 다른 문화의 '타자'를 무시하거나 멸시하지 말자는 것으로 정의할 수 있다면, 불교철학에서 그러한 다문화주의적 인식이 이루어지는 데 일조할 수 있는

이론적 근거가 무엇인지를 검토한다. 불교철학의 깊이를 바다에 비유
할 수 있다면, 그 바다의 깊이에서 현실의 다문화주의 인식에 도움이
되는 이론이 이끌어져 나올 수 있다. 그래서 한국의 다문화사회를
실현하는 데 불교가 어떤 철학적 기반을 제공할 수 있는지를 검토한다.

21세기에 확산되는 전 세계적 이주 현상, 그로 인해 생겨나는 다문화
현상들을 슬기롭게 헤쳐 나가기 위해, 한국사회가 일찍이 도입한
것은 다문화주의 이론이다. 다문화주의는 동화와 인권유린을 극복하
려고 실천적인 삶의 현장에서 노력하는 시민단체들이 내세운 복안이
다. 이것이 한국풍토에 적절한지에 대한 자성이 일어나면서, 상호문화
주의를 집중적으로 연구하고 상호문화적 가능성을 현실화하려는 일군
의 노력이 지속되고 있다.

다문화주의에 대한 몰이해와 편향성을 극복하고 바람직한 다문화교
육을 실시하기 위해, 교육학과 교육철학 분야에서 다문화교육과 상호
문화교육을 대비시키면서 상호문화교육을 집중적으로 소개하고 있
다. 철학 분야에서는 상호문화학회와 상호문화철학회를 만들고, 국내
에 상호문화와 관련된 국제학술대회를 유치하면서 상호문화주의를
구체화하려는 노력을 기울이고 있다.

상호문화는 다문화적 삶을 실현하려면 한 분야의 노력이 아니라,
법과 정치를 포괄하는 '모든 측면'에서 변화를 이루어야 한다는 것을
중시하며, 이 책에서는 모든 변화의 기반이 철학적 성찰로 압축된다는
점을 강조한다. 이런 착상을 실천에 옮기는 데 성신여자대학교에서
교육과학기술부와 한국교육개발원의 〈2011년도 교원양성 선도사범
대학 지원사업〉의 도움을 받았고, 개발 연구 성과물의 일부가 여기에

실려 있다. 교육학과 교육철학 분야의 노력이 이 책의 철학적 성찰에도 뒷받침이 되고 있다.

이런 노력들이 한데 어우러져, 한국사회에 나타나는 타자 배제와 우열 의식을 극복하고 이주자들과 공존하는 다문화사회가 만들어지길 기대한다. 지금은 힘든 터널을 걸어가고 있지만, 서로 인정하고 화해하는 마음으로 걷는다면 힘든 터널을 행복한 터널로 바꿀 수 있을 것이다.

상호문화철학과 독일의 상호문화교육

헤겔 철학에서 다문화주의

불교사상에 포함된 다문화주의적 요소

한국의 다문화사회를 위한
철학적 성찰

이정은

1. 한국은 다문화사회인가?

한국 사회는 이제 '다문화사회'라고 해도 과언이 아니다. 예전에는
비록 서울 문화, 충청도 문화, 제주도 문화처럼 지역별 문화 차이가
있다고 하나, 그것들 모두를 아우르는 공통적인 단일 문화의 상정이
가능하였다. 그러나 20세기 후반부터 외국인이 몰려와서 체류 외국인
의 수가 100만 명을 훌쩍 넘어서고, 외국인 출입국 통계에 따른 이동
인구가 3~4천만 명이 되면서 이질적인 외국 문화가 한반도에 퍼져
있다.

   이런 현상이 일어나는 이유는 무엇일까? 세계적 변화와 국내적
요인이 함께 작용한다. 컴퓨터가 상용화되고 인터넷망이 구축되어
전 세계를 연결하는 정보사회가 형성되고, 국가 간 경계가 없는 것처럼
보이는 산업 구조가 펼쳐진다. 경제뿐만 아니라 문화와 환경에서도
지구촌화가 생겨난다. 한국은 독자적으로 '세계화'라는 용어를 만들어
'지구촌화'에 발맞추어 나아가고 있다. 경제적으로 자본주의의 확장과
맞물려서 신자유주의가 도입되고, 뒤이어 다수의 FTA(Free Trade
Agreement)도 추진된다. 다국적 기업이 활성화되고 전 지구적 무한
경쟁 구조가 펼쳐진다.

   세계 변화와 그 흐름이 한국의 특수 상황과 맞물리면서, 그동안
꾸준히 경제 성장을 이룩해온 한국인들이 언제부턴가 위험부담이

높고 저임금에 시달리는 3D 업종을 기피하게 되었다. 일거리를 찾아 한국에 들어온 동남아시아 사람들이 고용주의 이해관계와 맞물려 3D 업종에 종사하게 된다. 1980년대 후반부터 일어난 변화와 더불어, 새천년에는 영어 교육을 중시하는 한국의 사교육 시장으로 영어권 원어민이 몰려온다.

물론 외국 문화와의 공존을 더 심각하게 고려해야 하는 요인은 '국제결혼'이다. 직업 선호도에서 밀려난 농촌 총각들이 결혼하기가 힘들어지고 50대가 되도록 독신으로 사는 비율이 높아지자, 동남아시아 여성들과 국제결혼을 성사시키는 사회 분위기가 형성된다. 국제결혼을 한 여성과 그 2세들이 지역 공동체의 다수를 차지하는 농촌 지역도 늘어나고 있다. 국제결혼으로 태어난 혼혈 2세(결혼이주민 2세)의 수가 많아지면서 혈통뿐만 아니라 언어와 문화에서 한쪽의 정체성만을 고집할 수 없는 현상이 생긴다.

특정 지역에서 외국인 수가 한국인 수를 상쇄하고 외국인의 한국 국적 취득률이 높아졌기 때문에, 그들에게 한국어와 한국 문화를 수용하면서 '마냥' 동화되라고만 요구할 수는 없다. 게다가 외국인 노동자 처우 문제나, 국제결혼을 한 여성이 한국에 뿌리내리는 과정에서 겪는 갈등이 불거져 나오면서 근본적으로 묻게 된다.[1] 한국인 고유의 정체성은 무엇인가? 우리 고유의 문화는 영원불멸한가?

우리는 백의민족으로서 단일민족이라는 자부심과 자존심을 지녀왔

---

[1] 이주자의 인권과 혼혈 2세의 애환을 사실에 기초하여 연구한 다음의 책도 한국의 현주소를 보여준다. 이주여성인권포럼, 『우리 모두 조금 낯선 사람들』(오월의봄, 2013)을 참고하라.

다. 그래서 이민자의 유입이 생소하게 느껴지고, 이주자나 임시체류자를 위한 법과 제도를 마련하는 것에 소극적이었다. 외국인 노동자들이 산업 현장에서 많은 기여를 해도 그들을 보호하는 법적 장치가 미비하고, 불법체류 상황을 악용하는 사주들도 있다. 그래서 보편적 인권을 실현하기 위해 변화가 필요하다는 자성의 목소리가 높아졌고, 국제인권위원회는 한국 정부에 여러 번에 걸쳐 개선을 요구해 왔다.

2. 왜 다문화주의 철학이 필요한가?

어느 지역이든, 어느 시기이든 관계없이 하나의 공동체가 형성되면, 여타의 공동체와는 다른 독특한 행태와 관습이 만들어진다. 관습이 한동안 유지되면서 항상성을 지니면, 공동체 고유의 문화가 된다.

그런데 문화는 처음에 형성된 그대로 영원히 지속되는 것은 아니다. 시간이 흐르면서 문화 접변이 생기고, 다른 문화의 영향을 받아서 변한다. 구성원들은 기존 문화를 고수하면서 새로운 문화를 거부하기도 하고, 퓨전 문화를 만들기도 한다. 두 문화가 동등하게 공존하기도 하고, 두 문화가 모두 변하여 통합된 새로운 문화, 제3의 문화를 창출하기도 한다.

여러 문화가 병존하는 사회는 다문화 사회이며, 그 속에서 발생하는 문제를 해결하기 위해 서양에서 만든 다문화 이론에는 '다문화주의'와 '상호문화주의'가 있다. '다문화주의'는 공존과 관용에 초점을 맞추고, '상호문화주의'는 제3의 문화를 창출하는 통합에 주안점을 둔다.

다소 늦은 감은 있지만, 변화하는 현실에 대처하기 위해 행정자치부는 2006년에 행정 목표를 '다문화사회'로 천명하고, 법무부는 '외국인의 날'을 지정하기로 결의한다. 참여정부를 표방하는 노무현 정권은 '다각적 다문화회의'를 기획하여 '다문화가정지원정책'을 마련하였다.

다문화사회로 진입한 것은 훨씬 오래 전부터인데, 제도적 장치를 마련하는 일은 더디게 진행되었다. 긍정적 의미의 민족적 자부심이 '모든 분야'에 영향을 미쳐 왔기 때문이다. 그러므로 다양한 종족의 문화가 공존하려면, 좁은 의미의 문화적 노력을 넘어 법과 제도의 변화를 포괄하는 사회적·정치적 변화가 필요하다. 문화를 바꾼다거나 정치나 교육을 바꾼다는 식의 한 분야의 노력으로는 부족하고, 상호 역학 구조를 염두에 두면서 모든 분야에서 총체적으로 접근해야 한다.

총체적 접근의 근저에는 세계관과 가치관이 작용한다. 민족적 자부심에는 공동체의 이념과 사상이 담겨 있다. 그래서 문화 차이에 따른 갈등을 해소하려면, 사상적·철학적 반성이 동반되어야 하고, 전 분야에 걸친 유기적 변화를 고려해야 한다. '생각이 바뀌어야 나라가 산다.'는 유행어처럼, 세계관과 가치관이 달라져야 근본적 변화가 가능하다.

오늘날 우리가 겪는 문제들에 대한 현실적이고 구체적인 대안은, 실천적인 개별 학문들이 제시할 수 있다. 그러나 현실 전반의 보편적 원리를 탐색하여 방향을 제시하려면 시대정신을 반영하는 철학적 안목이 필요하다. 가치관의 충돌과 갈등을 보편적 원리로 조율하는 철학을 도입하여 구체적 실천과 보편적 이론이 조화를 이루는 정책과 새로운 통합을 만들어가야 한다.

다문화사회를 실현하기 위해 모든 분야가 한데 어우러지는 학제적 연구 내지 융합적 연구를 하는 분야가 일명 '다문화주의 철학'이다.

정치와 사회가 관련되므로 '다문화주의 정치철학' 내지 '다문화주의 사회철학'이 중심이다. 다문화주의 철학은 각 문화 집단이 생겨나게 된 지리적 조건과 역사적 조건을 동시에 고려하면서 한 공동체에 속하는 다양한 문화 집단의 공존을, 개인의 권리와 보편적 인권을, 궁극적으로 공동체와의 조화를 이루어내는 이념을 모색한다.

우리의 관심사는 한국사회를 위한 해법이기 때문에 다문화 이론을 정립한 서양의 다문화주의와 상호문화주의를 알아보고, 그와 연관된 서양철학뿐만 아니라, 한국인의 삶에 녹아 있는 동양 사상까지 조명해야 한다. 다문화주의는 미국과 캐나다에서 공유하는 가치관의 영향을 받아서 자유주의적 다문화주의와 공동체주의적 다문화주의로 대별되는데, 이때 '자유주의'가 무엇인지를 이해하면 '다문화주의'와 '상호문화주의' 모두에서 이해도가 높아진다. 그러므로 자유주의의 의미와 분류도 살펴보는 게 좋다.

다문화주의는 21세기를 주도하는 학문이다. 다문화주의가 체계화된 것은 20세기부터이며, 다문화주의를 선행하는 유사 학문 내지 선행 개념도 있다. 다문화주의를 새로운 개별 학문으로 구축하려면, 그것들과의 구별이 먼저 필요하다.

3. 다문화주의와 유사한 분야의 개념들

1) 문화 상대성과 문화 절대성

다문화사회나 다문화주의라는 말을 들으면, 그 누구라도 '문화'에 주목하게 되고 문화학이나 문화 인류학 또는 비교문화 연구 같은 분야를

떠올리게 된다. 서로 다른 문화들의 관계를 파악하는 개념으로 이미 익숙하게 들어온 문화 보편성과 문화 특수성, 문화 절대성과 문화 상대성, 문화 등가치성 같은 단어들이 있다. 그래서 다문화주의라는 말이 새롭게 필요할까라는 의구심이 생긴다.

문화 상대성과 문화 절대성 같은 개념들은 19세기에 영국의 에드워드 버넷 타일러Edward Burnett Tylor나, 미국의 루이스 헨리 모건Lewis Henry Morgan을 중심으로 형성된 인류학에서, 더 나아가 20세기에 특화된 문화인류학과 관련하여 널리 유포되고 체계화된 용어들이다.

문화 상대성이나 문화 등가치성은 사회학의 기초를 놓은 사람들이 정립하였고, 인류학은 그 개념들을 가져와서 활용한다. 이때 인류학과 사회학이 공통적으로 지니는 태도는 '서양중심주의' 내지 '백인중심주의'를 의미하는 '자민족중심주의(ethnocentrism)'이다. 인류학의 성립 배경을 살펴보면 이것을 쉽게 이해할 수 있다.

서양은 15세기를 기점으로 과학 기술이 폭발적으로 발전하였다. 그 기술을 통해 자연에 대한 인식과 활용 능력이 급격히 높아지고, 큰 범선이나 총 같은 새로운 장비와 무기를 개발하였다. 그 장비들은 예전에는 불가능하였던 장거리 세계 탐험을 가능하게 하였고, 이로 인해 백인들은 새롭고 특이한 유색인종을 만나게 된다.

서양인의 눈으로 보면, 새로운 유색인종은 생긴 것도 이상하고, 원시인 수준에 가까운 문화를 지니고 있다. 그래서 백인들은 기형적이고 그로테스크한 유색인종을 서양 문명 수준으로 끌어올려야 한다는 책임감을 느낀다. 야만적이고 미개한 유색인종의 삶을 문명화된 삶으로 탈바꿈시키는 책임감을 마치 하나님이 백인에게 준 사명인 것처럼 해석한다.

이 과정에서 유색인종보다는 백인종이 우월하다는 '인종 간 우열 의식'이 형성되고 고착된다. 인류는 누구나 하나님이 창조한 '아담과 이브'의 후예이다. 그런데 왜 백인과 유색인이라는 종 차이와 문화 차이가 생겼을까? 백인은 이런 근본적 질문을 던지고, 그 이유를 설명하기 위해 단일기원설, 복수기원설, 그리고 퇴행설 같은 설들을 만들어 낸다.

어떤 설을 선택하든, 동일한 결론은 '백인종은 우월하고 유색인종은 열등하다.', 그리고 '백인 문화는 우월하고 비백인 문화는 열등하다.'는 이분법이다. 비백인 문화가 야만적이고 미개한 것은 비백인종 자체가 열등하기 때문이라고 결론을 내린다. 심지어 유색인종의 문화는 야만 문화이고 '악마의 문화'라고 하면서 문화 근절 운동도 벌인다. 서양이 근대 이후의 식민지 개척에서 드러냈듯이, 유색인종을 짐승 수준으로 간주하여 집단 학살이나 인권 유린을 자행하기도 한다.

그런데 18세기에 삼권분립을 주장한 프랑스의 몽테스키외(Charles Louis de Secondat, Baron de la Brède et de Montesquieu)는 법률 연구를 위해 유럽을 여행하는 과정에서, 같은 서양인이어도 그리고 같은 백인종이어도 서로 다른 문화와 법을 지니며, 문명화된 백인 지역들 간에 모순되는 법이 공존한다는 것을 깨닫게 된다.

발전된 문명을 지닌 유럽 국가들 안에 모순되는 법과 문화가 존재한 다는 것을 숙고하면서, 몽테스키외는 자민족중심주의를 포기하고, 문화 상대성의 단초를 놓는다. 그는 서로 다른 문화여도 동등한 가치를 지닌다는 문화 등가치성을 천명하고, 인류 역사는 서양이나 비서양이나 마찬가지로 '수렵(야만) – 목축(미개) – 문명'이라는 보편적 발전 단계를 거친다고 도식화한다.

그 뒤에 콩도르세(Marquis de Condorcet)도 몽테스키외의 착상에 동조하여 문화 상대성을 다른 각도로 전개할 여지를 찾는다. 발전 과정을 3단계로 나누면, 백인과 비백인 사이에 존재하는 다양한 문화 형태를 포괄할 수가 없어서 10단계로 세분한다. 19세기에 들어서면, 오귀스트 콩트Auguste Comte가 실증주의와 실증철학에 기초하여 '사회학'이라는 용어를 만든다. 사회학은 문화 상대성과 문명 발전 단계를 체계화한다.

그런데 이들의 의도와 달리, 도식화는 결국 우열 의식으로 작용하게 된다. 문화 상대성과 문화 절대성, 문화 특수성과 문화 보편성, 그리고 문화 등가치성 개념들은 그 이면에 자민족중심주의, 백인중심주의, 서양중심주의를 보유한 상태로 유포된다. 사회학과 인류학의 탄생과 관련된 문화 이론은 계급적 이해관계를 배태하며, 출생 자체가 위계와 우월을 전제한다. 인류학도 문명 발전 단계를 '야만 – 미개 – 문명'으로 나눌 때, 서양인 대 비서양인, 백인 대 비백인, 문명인 대 원시인 같은 이분법을 전제하고서 시작한다.

그러나 다문화주의는 서양 대 비서양, 백인 대 비백인 같은 이분법을 극복하려고 한다. 서양 역사를 들춰보면, 유럽 내부에서도 다민족과 다종족 간의 갈등이 지속적으로 있어 왔기 때문이다. 고대 로마제국이나 신성로마제국은 유럽의 서로 다른 종족들이 한 제국으로 통폐합된 형태이다. 같은 백인, 같은 서양인이지만 이질적 종족과 문화들이 이합집산을 하므로 혈통 차이, 언어 차이와 문화 차이를 해소하는 다문화주의적 대안들이 필요하다. 같은 서양인, 같은 유럽인, 같은 백인종 사이에서 지역과 역사가 다른 사람들의 문화 차이와 언어 차이를 극복하려면, 인류학 내지 사회학과는 다른 접근 방식을 찾아야 한다.

달리 접근하고자 하는 다문화주의는 1960년대에 북아메리카와 호주를 중심으로 체계화된다. 1990년대에는 유럽의 독일, 오스트리아와 스위스를 중심으로 상호문화주의와 상호문화철학이 형성된다. 그러나 다문화주의에 대한 명확한 요청 내지 시발점으로 18세기의 민족국가(국민국가) 형성을 먼저 고려해야 한다. 민족국가의 주도권을 지닌 다수 집단이 민족 정체성을 형성하기 위해 다수 집단 언어로 학교 교육을 시키기 시작하였고, 소수 집단에게 다수 집단의 언어와 문화를 요구하면서 다문화적 대립의 현대적 맹아가 싹트기 때문이다. 백인들끼리 다수 집단과 소수 집단이라는 구별이 생기고, 주도권을 차지하려는 투쟁 가운데서 공존을 위한 정책이 요구된다.

2) 관용

서양의 근대적 변화를 염두에 두면, 떠오르는 또 하나의 개념이 '관용'이다. 다른 문화 정체성을 지닌 집단들과 대립할 때, 다문화주의의 대안은 타문화에 대한 관용이다. 물론 서양에서 관용은 언어나 문화보다는 종교 문제 때문에 생겨난 것이지만, 21세기에 이르기까지 관용의 의미가 확장되면서 다문화주의와 연관되는 개념으로 발전한다. 문화든 종교든 간에, 관용은 나와 대립하는 것을 인정하고 용납하며, 다른 관점과 신념에 대한 거부를 자발적으로 중지하게 한다. 그래서 "관용의 교육은 타자들과 얼마만큼 같은가 또는 공유하고 있는 점이 무엇인가를 가르치기보다는 오히려 얼마만큼 그들과 다르게 공존할 수 있는가[2]를 보여주는 교육이다.

20세기 후반에는 국제사회의 변화도 나타난다. 유엔을 비롯한 국제정치에서 세계 평화를 실현하기 위해 '관용' 캠페인을 벌인다. 근대 서양의 식민지 개척과 제국주의가 진행된 뒤끝에 생겨난 '원주민과 침략자의 갈등', '원주민과 서양인의 갈등'이 제3세계에서 심각하게 전개되기 때문이다.

다문화주의 이론의 선진국인 호주에서도 원주민과 백인들 사이의 갈등이 지속되고 있다. 원주민은 정권을 쥐고 있는 백인들이 '토착민에게 가했던 부당한 행위들'을 사죄하고 역사적 관점에서 '정부의 의무'를 다하라고 요구한다. 한 예로 백인이 원주민과의 사이에서 낳은 혼혈 2세를 백인으로 동화시키기 위해 혼혈 2세와 원주민 엄마를 분리시키는 정책을 폈고, 그 과정에서 생긴 다음의 사례를 보자.

"1910년대부터 1970년대 초까지 여러 인종의 피가 섞인 원주민 아이들이 강제로 부모와 떨어져 백인 가정이나 정착촌에 살아야 하였다. (이 경우, 어머니는 대개 원주민이고 아버지는 백인이었다.) 아이들을 백인 사회에 동화시키고 원주민 문화를 하루빨리 없애기 위한 정책이었다. 정부가 승인한 유괴를 묘사한 영화〈토끼울타리(Rabbit-Proof Fence)〉(2002)는 1931년, 정착촌을 탈출해 2,000킬로미터나 떨어진 곳에 있는 부모를 찾아가는 세 여자아이의 이야기를 담고

---

2 김용환, 『관용과 열린사회』(철학과현실사, 1997), p.45.

있다."[3]

원주민 탄압의 여파가 지금까지 계속되기 때문에 해결을 위한 이념적 대안이 시급하게 요청된다. 양상은 달라도, 아메리카 인디언이나 뉴질랜드의 마오리족 등도 소수 민족으로서 고통을 당하고 있다.

그리고 서양인과의 관계는 아니지만, 소수 민족이 여러 나라에 흩어져 있어서 해결 방법이 간단하지 않은 중동의 쿠르드족도 있다. 쿠르드족은 시리아·이라크·이란·터키에 흩어져 있으며, 단일 국가를 건설하기 위해 여러 나라에서 치열한 항전을 벌이는 소수 민족이다. 서로 다른 문화를 지닌 종족들의 갈등이 호주처럼 백인과 비백인의 관계로 전개되기도 하고, 쿠르드족처럼 비백인들 사이에서 분리 독립을 요구하는 방향으로 나가기도 한다.

이런 문제들 때문에, 국제적 차원에서 다수 집단과 소수 집단의 대립들, 다문화주의와 관련된 갈등들을 해결하려는 노력은 점차 증가한다. 특히 국제협약을 살펴보면 「인종차별철폐를 위한 국제협약」, 「인종 또는 민족적, 종교적, 언어적 소수민에 속하는 자의 권리에 관한 선언」, 「인종과 인종적 편견에 관한 유네스코 선언」이 지속적으로 만들어진다. 노력을 가시화하기 위해 유엔은 1995년을 '관용의 해'로 선언한다. 이를 위한 선행 과정들이 있었다. 1994년 제28차 총회(10월 25일~11월 16일)에서 유엔은 먼저 「관용의 원칙에 관한 선언」을 발표하고, 이에 부응하여 유네스코는 『관용: 평화의 시작; 평화, 인권, 민주주의의 교육을 위한 교수·학습 지침서』를 발간한다.

---

3 마이클 샌델, 이창신 역, 『정의란 무엇인가』(김영사, 2010), p.294.

그리고 이와 관련하여 유엔 총회에서 발표한 선언문의 전문에는 다음 내용이 담겨 있다.

"오늘날 민족 및 인종적·종교적·언어적 소수민, 난민, 이민 노동자, 이주민과 사회 내부의 취약 집단에 대한 불관용, 폭력, 테러리즘, 외국인 혐오증, 공격적 민족주의, 인종주의, 반유태주의, 배척, 소외와 차별뿐만 아니라, 의견과 표현의 자유를 행사하는 개인에 대한 폭력과 위협 — 이 모든 것이 국내적으로나 국제적으로 평화와 민주주의를 위협하고, 발전을 막는 장애가 된다. — 이 증가하고 있는 것에 경악하며" 그리고 "인종, 성, 언어, 출신 민족, 종교 또는 신체의 불구에 관계없이 모든 이를 위한 인권 및 기본적 자유에 대한 존중을 발전시키고 장려하며, 불관용과 싸우는 것이 회원국의 책임임을 강조하면서, 이 '관용의 원칙에 관한 선언'을 채택하고 엄숙히 선포한다."[4]

이렇듯 유엔은 다문화사회에 나타나는 다수 민족과 소수 민족의 갈등에 초점을 맞추고 '소수 민족'의 목소리를 반영하는 강도 높은 대안을 2000년대에 추가적으로 제시한다.

국제사회가 관용을 다종족과 다민족의 공존을 위한 21세기의 개념으로 확장시키고 있지만, 관용의 역사적 출발점은 종교 갈등이 심각하게 발생한 15세기이다. 다문화주의의 근간인 관용과 자유주의에 대한 이해도를 동시에 높이기 위해 근대 초기의 종교적 상황으로 거슬러 가보자.

관용은 루터의 종교개혁 때문에 생겨난 가톨릭과 개신교 간의 '처절

---

4 유엔 선언문, 1994.

한 종교 전쟁'의 부산물이다. 종교 갈등으로 생겨난 파급 효과들은 삶 전체를 뒤흔들어, 처절한 종교 전쟁을 끝내기 위해 종교적 자유를 부르짖게 된다. 종교적 자유에 의한 종교 선택권을 관철시키기 위해 타종교에 대한 관용을 주장한다.

종교적 자유와 종교 선택이 가능한 이유는, 인간은 누구나 태어날 때 동등하게 이성 능력을 타고나며, 이성에 기초하여 종교와 문화를 선택할 능력이 있기 때문이다. 종교적 자유와 종교적 관용의 근거는 개인들의 동등한 이성 능력이다. 그래서 인간존엄성과 만민평등을 실현하는 이념으로 '자유주의'와 '공화주의'[5]가 형성된다.

자유주의는 관용을 자유주의와의 쌍둥이 내지 쌍두마차로 삼아서, 사회적 관용과 정치적 관용으로도 범위를 확장한다. 종교적 신념에 대한 관용은 '언어와 문화 정체성'을 달리 지닌 타문화 집단에 대한 관용으로 나아간다.

4. 다문화적 삶을 위한 이론적 갈래들 – 다문화주의와 상호문화주의

한국 사회에 걸맞은 다문화 정책과 대안을 모색하는 사람들은 다문화주의 이론을 주로 참고한다. 그러나 한국의 지정학적 위치 때문에 야기되는 독특한 역사와 단일민족이라는 자부심을 고려하면, 상호문

---

5 가톨릭을 국교로 하는 프랑스를 비판하면서 양심의 종교를 주장하여 구속영장을 발부받은 공화주의자 루소가 종교적 자유와 관용을 부르짖는 과정을 알아보려면 이정은, 「루소의 종교적 관용의 근거와 의미」, 『헤겔연구』 제40호(한국헤겔학회, 2016)를 보라.

화주의가 더 적절하다고 주장하는 학자들도 있어서, 두 이론이 경합을 벌이고 있다.

다문화주의 이론은 북아메리카(미국과 캐나다)와 호주를 중심으로 체계화된다. 다문화사회를 실현하기 위한 정책과 이론에 일찍부터 노력을 기울이던 나라들은 소위 '다문화주의 선진국'이며, 타국인이 자국으로 이주하는 것에도 개방적이었던 '이민 국가'이다.

다문화주의 대표 국가들은 15세기 서유럽에서 대탐험 바람이 불 때 새로운 땅을 찾아 정착한 집단들이다. 원주민 내지 토착민의 관점에서 보면, 대탐험과 콜럼버스(Christopher Columbus)의 신대륙 발견 때문에 가능했던 미국과 캐나다는 ― 원주민을 공격하면서 ― 인종말살과 인종분리 정책을 자행한 침입자의 나라들이다. 남의 땅을 빼앗아 식민지 정책을 펼친 사람들의 나라이다. 당연히 '원주민 대 침입자'의 종족 갈등, 문화 갈등, 언어 갈등이 심각하였고, 절실하게 다문화 정책이 요구되었다. 다소 기나긴 시행착오를 거쳤지만, 이들이 1960년대에 다문화주의 이론을 체계적으로 정립한다.

한편, 서유럽 내부에서 다문화 문제가 부각된 역사적 시점은 앞에서도 살펴보았듯이, 민족국가의 성립 전후이다. 나폴레옹Napoléon이 정복 전쟁을 펼치면서 유포한 민족국가라는 이념은 각 나라에서 민족적 정체성을 확립하기 위해 다수 집단의 언어로 학교 교육을 시키는 교육 제도를 만들게 한다. 그 여파로 학교 교육 언어에서 배제된 소수 집단과 갈등을 빚게 된다. 다수 집단과 소수 집단은 혈통에서도 차이가 있었다. 그래서 민족국가의 성립 요소는 혈통·언어·문화의 공통성이 되며, 다문화적 갈등에도 세 요소가 작용한다. 이때 다문화

문제가 불거져 나오는 핵심 요소는 '언어 차이'다.

이런 역사적 요구의 축적물로 나타난 다문화주의 이론은 동화와 공존을 어떻게 실현하는가에 따라서 '자유주의적 다문화주의'와 '공동체주의적 다문화주의'로 나뉜다. 캐나다의 윌 킴리카Will Kymlicka는 자유주의적 다문화주의를 대변하는 다양한 연구를 축적한다. 공동체주의적 다문화주의는 헤겔학자로 알려진 찰스 테일러Charles Taylor가 대표적이다.

북미 대륙에서는 삶을 풍요롭게 하기 위해 자유주의 모델이 바람직한가, 공동체주의 모델이 바람직한가에 대한 논쟁이 지속되었지만, 특정 조건이 갖춰진 곳에서는 소수 집단의 언어와 문화를 선택할 자유를 시민사회에서 허용한다. 타문화에 대해 관용한다.

그런데 골드버그(D. T. Goldberg)는, 소수 집단이 다수 집단과 다른 언어를 선택함으로써 공동체에서 배제되는 결과를 낳는다고 비판한다. 다수 집단을 따르지 않아도 되기 때문에 소수 집단의 문화를 선택하는 자유를 발휘하는 사람들은 결국 직업선택에서 운신의 폭이 좁아지고 고립(게토화)되기 때문에, 선택의 자유는 '허구적 자유'라고 비판한다. 다문화주의의 한계를 내부에서 극복하기 위해 골드버그는 '비판적 다문화주의'를 주장한다.

다문화주의 이론이 지닌 '허구적 자유라는 한계'를 다문화주의 이론 내부에서 극복하기 어렵다면 어떻게 하나? 서유럽에서는 다수 집단과 소수 집단이라는 구분을 해체하여, 모든 집단이 동등한 자격을 지닌 상호문화주의를 구축한다. 그리고 다음처럼 주장한다.

다수와 소수라는 구분 자체가 '다수 집단'을 '주체 집단'으로 놓는 태도에서 벗어날 수 없다. 주체 집단은 모든 면에서 주도권을 쥐고 있으며, 여타의 소수 집단보다 우위에 있는 것이나 마찬가지라서, 자유로운 선택은 이미 주어진 한계 안에서의 선택일 뿐이다. 결국 동화를 은연중에 강요하는 셈이 된다. 동등한 자격으로 시작하려면, 다수 집단과 소수 집단이라는 구분을 폐기해야 한다. 두 집단이든 세 집단이든 관계없이, 모든 대립 집단이 원탁 테이블에 모여서 대화하고, 상대방의 눈으로 자기를 보면서 역지사지易地思之하고, 서로 변하여 '제3의 통합된 문화'를 창출한다.

상호문화주의를 주도한 나라들(독일, 오스트리아, 스위스)의 면면을 살펴보면, 이들은 타국인의 이주와 이민에 대해 상당히 폐쇄적이던 나라들이다. 이민 국가이기를 거부한 나라들이며, 그래서 다문화적 대안과 정책을 만드는 데도 소극적이던 나라들이다. 그런 점에서 한국과 유사성을 지닌다. 비록 우리 민족이 독일처럼 다른 민족을 먼저 공격하거나 학살하는 역사를 지닌 것은 아니지만, 단일 민족 국가라는 자부심 때문에 외국인의 이주와 이민에 대해 폐쇄적이었다.

이런 폐쇄성을 지녔던 독일이 역설적이게도 상호문화주의 이론의 체계화에 앞장선다. 독일은 제2차 세계대전 후에 나일 강의 기적을 일으킨 역군으로서 ― 터키인 같은 ― 외국인 노동자의 자녀들이 본국으로 돌아갔을 때, 본국에서 잘 적응할 수 있도록 '외국인교육학'을 만든다. 그러나 외국인교육학을 실천하는 과정에서 외국인을 차별하고 있고, 차별의 원인은 독일 사회의 총체적 요인 때문이라고 자각하게 된다. 특히 1980년대를 기점으로 비판의 목소리가 쏟아져 나오자, 철학적 방법론을 들여와서 상호문화주의를 체계화하고 '상호문화교육학[6]을 제도화한다. 보편주의나 서양중심주의를 극복하는 새로운 철학 체계를 염두에 두면서 '상호문화철학'을 구축한다.

상호문화철학의 근원을 거슬러 가면, 서양 보편주의와 서양철학 중심주의를 지니면서도, 그것을 극복하는 방법론을 고민한 사회과학 이나 해석학이나 야스퍼스 같은 사람들이 발견된다. 그러나 더 멀리 근대로 거슬러 올라가면, 서양중심주의를 객관적으로 통찰하면서 양면성을 드러내는 헤겔에게서도 흔적이 나타난다. 다문화주의의 갈래들, 자유주의, 그리고 공동체주의와 더불어 헤겔과의 관련도 이해 한다면, 다문화 사회를 실현하는 데 도움이 된다.

5. 다문화주의 이론의 분류 – 자유주의와 공동체주의

다문화주의 이론을 철학적으로 전개하는 입장들은 다양하다. 그럼에 도 자유주의와 공동체주의가 두드러지는 이유는, 북미 국가들이 고수 해온 전통이 자유주의이고, 자유주의가 야기하는 사회 문제를 극복하 기 위해 공동체주의 내지 공화주의를 대안으로 제시하기 때문이다. 양자가 밀고 당기면서 다문화주의 이론은 자유주의적 다문화주의, 공동체주의적 다문화주의, 그리고 비판적 다문화주의로 전개된다.

서양은 자유주의를 정착시키려고 일찍부터 노력해 왔기 때문에 자유주의 정치이론사가 발전하였다. 그러나 한국은 공동체주의를

---

6 상호문화교육학의 소개와 연구는 교육철학에서 활발하게 진행되었다. 독일의 상호문화교육학을 한국과 비교하면서 집중적으로 연구한 정영근의 글을 – 참고 문헌에 덧붙인 2000년, 2006년, 2009년 논문을 중심으로 – 참고하라.

표방하는 나라라서 자유주의의 다양한 갈래를 무시하거나 도매금으로
넘겨 왔다. 다문화주의 이론에서 적실한 도움을 받으려면, 간략하게라
도 자유주의의 다양한 형태에 주목할 필요가 있다.

　먼저, 다문화주의 이론국인 미국의 자유주의는 어떠한가? 미국은
개인주의를 표방하면서 개인의 권리와 이익을 극대화한다. 그 때문에
공리주의가 활성화되고, 자유지상주의가 유포될 만한 요소를 지닌다.
자유지상주의는 자유시장주의와 맞물려 있어서, 미국의 자유주의를
자유시장주의와 동일시하는 오해가 생긴다. 그러나 한국에서『정의란
무엇인가』로 폭발적 인기를 누렸던 마이클 샌델의 설명을 참고하면,
이런 오해를 해소할 수 있다. 샌델이『공동체주의와 공공성』에서
어떻게 설명하는지를 살펴보자.

　"자유주의 정치이론의 한 형태로서 주도적 정치철학을 기술할 때,
자유주의의 3가지 의미를 구별하는 것이 중요하다. 1) 미국 정치에
대해 말할 때 일반적으로 자유주의는 보수주의의 반대다. 자유주의는
좀 더 관대한 복지국가와 좀 더 많은 정도의 사회적·경제적 평등을
반기는 사람들의 입장이다. 반대로 2) 유럽 정치 담론에서 자유주의는
사회주의의 반대이고, 자유방임주의적·자유시장적 경향을 나타낸
다. 하지만 3) 정치 이론의 역사에서 자유주의는 좀 더 광범한 다른
의미를 가진다. 역사적 의미에서 자유주의는 관용을 강조하고 개인적
권리에 대한 존중을 강조하는 사상의 한 전통으로 나타난다. 그 전통은
존 로크, 임마누엘 칸트, 그리고 존 스튜어트 밀에서부터 존 롤스에까지
이르는 전통이다."[7]

　마이크 샌델이 분류한 자유주의의 세 갈래 내용을 도표로 만들면,

자유주의와 공동체주의의 차이와 연결 고리를 다음처럼 일목요연하게
파악할 수 있다. 샌델이 주장하는 자유주의의 근간은 3)이고, 미국의
자유주의는 1)이다.

1) 미국 정치의 자유주의	2) 유럽 정치 담론의 자유주의	3) 정치 이론사의 자유주의
관대한 복지국가를 수용 사회경제적 평등을 주장	자유방임적 경향 자유시장적 경향	개인적 권리 존중, 관용, 절차(존 로크, 임마누엘 칸트, 존 스튜어트 밀, 존 롤스)
보수주의와 반대	사회주의와 반대	공화주의와 반대(?) 공동체주의와 반대(!)
중립성-무연고적 자아	중립성	최고의 삶, 가치문제에 대해서 중립적 태도를 취함
평등주의적 자유주의 1. 복지국가를 지지 2. 사회경제적 권리를 갖춘 시민적 자유를 주장 복지권-교육권-의료 보장권	현대 정치에서 '보수주의'는 미국 정치에서와 달리 '자유지상주의'를 의미한다. 개인의 재산권을 중시하며 재분배정책을 비판한다.	1. 자유주의: 옳음 > 좋음. 절차주의, 자유(자치를 제약) 2. 공화주의: 공공선, 최선의 삶, 자치공화정, 시민적 덕성, 정치참여, 자유(자치의 결과)

서양의 정치이론에서 자유주의는 3)을 의미한다. 개인적 권리를
존중하기 때문에 개인의 자유로운 선택권을 확대해 나간다. 그래서
어떤 것이 가치 있는 삶인지에 대해 국가나 공동체의 '특정한 입장'을
제시하기보다는 개인 각자의 입장을 존중한다. 그러나 입장이 서로

---

7 마이클 샌델, 김선욱 외 역, 『공동체주의와 공공성』(철학과현실사, 2008), p.37.
번호는 도표를 만들기 위해 필자가 임의로 추가한 것이다.

충돌할 때, 상대방을 존중하면서 각자의 입장을 실현하려고 합의 과정을 도입한다. 합의를 위한 '공정한 절차'를 중시하기 때문에, 절차적 합리성이라 부른다.

그러나 종교적 신념, 문화적 가치와 도덕적 가치 문제에 관해서는 중립적 태도를 취한다. 나의 감정에서 나온 내 신념과 다른 신념을 선택한 사람들에게 관용을 베푸는 것을 원칙으로 삼는다. 자유주의와 관용은 쌍두마차이다.

그런데 정치이론사의 자유주의는 내용보다는 개인적 권리와 자유를 실현하기 위해 '공정한 절차'라는 형식적 측면을 중시하고, 자유도 '자유의 침해'를 막는 소극적 자유에서 출발하기 때문에, 내용을 제시하기가 힘든 추상적 자유가 될 수 있다. 자유의 내용을 물으면, 구체적 문맥에 따라 달라지며, 해결 방법도 맥락적 차원을 중시한다. 다문화주의도 사례별 접근, 맥락적 접근을 중시하고 맨투맨의 태도를 견지한다.

그래서 자유주의와 대립각을 이루는 공화주의 내지 공동체주의는 개인적 권리보다는 공공선과 최선의 삶을 기초로 한다. 공동체주의적 다문화주의는 소수 집단과 갈등이 생기면, 그것이 공공선과 대립하는지를 묻고, 공공선을 해치지 않으면 소수 집단이 독자 사회를 형성하는 것을 인정한다. 구성원이 시민적 덕성을 기르고 정치에 참여하면서 공동체의 정의와 선을 실현하는지를 토대로 삼는다.

공동체주의적 다문화주의의 대표자인 찰스 테일러는 그의 철학적 기반으로 루소와 헤겔을 중시한다. 자유주의적 시민사회뿐만 아니라, 다문화주의를 위해서도 헤겔의 논의에 귀를 기울인다.

6. 다문화주의 착상을 지닌 근대 독일 철학 – 헤겔과 낭만주의

찰스 테일러의 사상적 근간이 되는 헤겔은 개인과 공동체의 관계를 인륜성에 기초하여 설명하는 공동체주의자이다. 헤겔이 공동체를 강조하다 보니, 보수주의자라거나, 때로는 '전체주의를 낳은 철학자'라는 부당한 오해를 받기도 한다. 그러나 그의 인륜성과 인륜적 국가는 자유주의적 요소를 포함한다. 헤겔은 자유주의와 보수주의의 통합처럼 파편화된 개인의 삶(시민사회적 삶)을 어떻게 하면 공동체(인륜적 국가)와 화해를 이룰지에 대해 고민한다.

공동체에서 개인의 권리를 실현하는 자유주의 정신을 살려내기 위해, 그는 '시민사회와 국가의 관계'를 조명한다. 시민사회는 마치 자본주의적 자유 시장처럼 이기적 개인들이 자신의 이해관계를 충족시키는 경제 활동을 하는 사회이다. 시민들은 무한히 경쟁하는 파편화된 관계를 지니며, 그래서 시민사회는 '공공선과 인륜성이 파괴된 사회'이다.

헤겔은, 시민사회의 개인이 이해관계를 충족시키면서도 타인을 돌아보지 않는 파편화된 경쟁 구조를 극복할 방법을 강구한다. 자유주의를 견지하면서도 자유주의를 극복할 길을 찾는다. 달리 말하면 인륜성을 회복하려고 하는데, 이를 위해 '시민사회 폐기'가 아니라, '시민사회 내부'에서 개인의 욕망 충족이 동시에 타인을 돌아보고 공동체성을 야기하는 행위로 발전할 만한 가능성을 발굴해낸다.

시민들은 이해관계를 극대화하기 위해 '같은 직종'의 사람들끼리 협동조합이나 직업단체를 만든다. 직업단체 구성원들은 이기적 욕망에도 불구하고, 구성원들끼리는 가족처럼 배려하고, 때로는 이기성을 포기하거나 이타적 행동도 한다. 직업단체 내에서이긴 하지만, 그 구성원들을 제2의 가족처럼 생각한다. 자본주의적 삶을 살아가는 사람도 소규모 공동체성을 발휘하면서 인륜적 국가의 공공선과 정의를 되돌아보게 된다.[8] 자유주의나 자본주의를 반영하면서도, 그 문제들을 극복하는 인륜적 국가를 고안하는 헤겔의 공동체주의적 발상이 찰스 테일러의 다문화주의에서도 고려된다.

헤겔은 자신의 주장을 논증하기 위해 보편성과 특수성의 관계를 정립하는 변증법을 펼친다. 보편과 특수를 문화나 역사에 적용하면, 서로 다른 문화 공동체는 문화 상대성 가운데서 문화 절대성을 실현하고, 차이 나는 문화들은 등가치성을 지닌다는 것과 연결하여 설명할 수 있다. 세계사에 존재하는 인륜적 공동체들의 문화는 각기 특수성을 지니면서 보편성의 계기들이다.

그런데 헤겔은 동양의 사상과 문화는 자기의식이 없으며, 그래서 언제나 체계의 가장 낮은 단계라고 주장한다. 설상가상으로, 끝내는 낮은 단계에서도 배제하는 번복 내지 태도 전환을 한다. 그래서 그도 '오리엔탈리스트'라고 비판받는다.

그렇다면 오리엔탈리즘과 오리엔탈리스트는 어떻게 형성되는가? 동양에 대한 호기심과 두려움 내지 놀라움이 맞물려서, 서양에서

---

8 헤겔이 전개해 나간 '개인과 공동체의 매개', '인륜적 국가와 세계사의 관계'를 동시에 알고 싶으면, 다음의 글을 참고하라. 이정은, 「헤겔은 새로운 시대를 여는가-세계시민사상에 대한 철학사의 고뇌」, 『다시 쓰는 서양 근대철학사』, 한국철학사상연구회(오월의봄, 2012), pp.383~421.

13세기에 동양 연구가 시작된다. 출발점에서는 오리엔탈리즘이 아니라 순수한 동양 연구였다. 그렇게 시간이 흘러 18세기에 나폴레옹은 정복전쟁을 벌이면서도 동양 고전을 번역하는 사업에 집중 지원을 한다. 동양 고전의 번역이 일정 궤도에 오르고, 일반인도 동양의 문헌을 손쉽게 접하게 된다.

이에 기초하여 18세기에 동양에 대한 '인식론적 분류와 체계화'가 이루어진다. 체계화 가운데서 동양의 사상과 문화는 서양 관점으로 탈색되고, 가치 폄하된 동양 논리가 만들어진다. 동양적 요소는 서양보다 열등한 것으로 간주된다. 동양에 대한 두려움과 놀라움이 극복된 18세기 오리엔탈리즘의 영향권 아래 있었던 헤겔도 동양의 사상과 문화와 전통을 철학 체계의 가장 낮은 단계로 분류하게 된 것이다. 동양에 대한 인식론적 분류와 체계화 때문에 헤겔에게도 오리엔탈리스트로서 면모가 나타난다.

물론 동양에 대한 서양적 인식 틀이 마련되면서 동양에 대한 폄하만 유행한 것은 아니다. 헤겔과 동시대에 살았던 낭만주의 철학자로서 슐레겔 형제는 아시아를 소중히 여긴 사람들이다. 슐레겔 형제 중의 한 명이 인도로 파견 근무를 나가는데, 근무 기간 내내 인도와 관련된 내용을 수집하여 고향으로 보낸다.[9] 고향에서 수집물을 받아 본 아우구스트 빌헬름 슐레겔August Wilhelm von Schlegel과 프리드리히 슐레겔 Friedrich von Schlegel은 차후에 인도 연구를 하면서 아시아에 대해 남다르게 생각한다. 타락한 서유럽의 사상과 문화를 극복하고 구제할

---

9 에른스트 벨러, 장상용 역, 『슐레겔』(행림출판, 1987), p.17 참고.

만한 대안이 아시아라고 판단한다. 그러나 시간이 흐르면서 아시아와 인도는, 서양이 필요로 하는 '용도'만큼만 가치를 지닌다고 번복을 하면서 결국 그들도 오리엔탈리스트라는 비판을 받게 된다.

7. 동양은 어떠한가? - 동아시아의 변화

동양에 대한 폄하와 무시를 배태하는 오리엔탈리즘은 21세기에 들어서 많이 깨진다. 정보사회가 형성되고 국가 경계를 넘나드는 지구촌화와 세계화가 예전에는 한 관점으로만 바라보던 것들을 다양한 각도로 분산시키기 때문이다. 기형적이고 이상하다고 간주한 것을 특이성과 독창성이라는 관점에서 바라보고, 토속 문화를 고유성과 유일성이라는 맥락에서 살려낸다.

오늘날 첨단 과학기술의 발달과 신자유주의는 전 세계의 직업 구조와 형태를 지속적으로 바꾸고 있다. 다국적 기업이 활성화되고 자신의 국적과 관계없는 나라에서 직장을 구하고, 때로는 자신의 집에 앉아서 전 세계를 상대로 기업 활동을 하며, 페이스북을 통해 다국적 인간관계를 맺기도 한다.

이렇듯 외국으로의 이주나 이민을 야기하는 세계화는 동아시아의 특이한 가치관과 맞물려 우리의 일상적 삶도 현격하게 변화시켰다. 다문화사회를 위한 해법을 고민하도록 만드는 외국인 노동자의 유입이나 국제결혼은 세계적 현상이다. 그러나 한국처럼 경제 발전과 강한 가부장제를 동시에 지니는 일본과 대만은 한국과 유사한 경로를 밟으면서 변화를 일으킨다.

외국인 노동자의 유입이 일본에서는 1970년대부터, 한국에서는 1980년대 후반~1990년대 사이에 활성화된다. 국제결혼의 증가는 일본에서는 1980년대, 한국에서는 1990년대 중반부터 각 나라의 조류가 된다. 대만은 일본과 한국의 중간 시기에 끼어 있다.

이것들과 달리, 아시아 지역에서 다문화 정책과 관련하여 참고해야할 또 하나의 나라는 중국이다. 중국은 다문화주의적 고민과 실천을 일찍부터 해온 나라이다. 사회주의 국가로 바뀌고 문화대혁명을 겪는 과정에서 과거 전통이 많이 해체되기는 했지만, 다문화주의 정책의 선진국으로 분류할 만한 요소를 지닌다. 비록 이론을 체계적으로 만들고 학문적 유산을 남긴 것은 아니지만, 중국의 다문화 정책과 정신은 사람들의 삶에 스며들어 있다.

중국은 춘추전국시대부터 천하통일을 꿈꾸는 자들이 어마어마한 땅을 정복하는 역사를 지닌다. 그래서 엄청나게 많은 민족, 서로 다른 문화와 언어를 지닌 다양한 종족들을 황제에게 복종시키는 통치기술을 끊임없이 개발하였다. 다종족, 다문화를 인정하는 회유 정책이 중국의 다문화 정책에서는 '속지주의'를 야기한다.

서양에서 다문화 문제의 시작점을 민족국가의 형성 시기로 잡는다면, 하나의 민족국가는 혈통, 언어와 문화의 동일성을 지녀야 한다. 다른 민족과 정체성 갈등을 일으킬 때, 다문화주의 정책을 '혈통'에 기초하여 펼치면 '혈통주의(속인주의)'이다. 설령 언어와 문화가 달라도, 혈통이 같으면 같은 민족이다.

그러나 혈통 내지 종족과 관계없이, 같은 지역에서 역사와 지리를 공유하는 사람들을 같은 민족으로 인정하는 것은 '속지주의'이다. 다문화주의 정책이 일찍부터 필요했던 중국은 혈통주의보다는 속지주의를 택하였고, 북미의 다문화주의 이론도 속지주의를 따른다.

속지주의와 속인주의를 '국적 취득권'으로 비교하면, '속지주의'는 그 국가의 영토에서 태어나는 사람 누구에게나 '시민권'을 주는 정책이다. 체류 형태가 어떠하든 간에, 그 지역 내부의 출생자에게는 시민권이 자동적으로 주어지는 정책이다. '속인주의'는 어디에서 태어났느냐 또는 어디에 사느냐와 관계없이 부모가 특정 혈통을 모두 지니면 자녀들에게도 '시민권'을 주는 정책이다. "혈연관계를 통해 국적을 '대물림' 받는 것이다. 혈연을 통해 국적을 획득하는 속인주의 원칙은 민족 정체성과 동일성을 중요한 가치로 삼는다."[10] 한국은 속인주의 정책을 지녔기 때문에, 외국인이 한국에 계속 살면서 몇 대에 걸쳐 자손을 낳아도 한국 국적을 취득하지 못하였다. 외국인 노동자가 한국 여성과 결혼해도 불법체류자가 되는 것도 속인주의 때문이다.

다문화주의 이론국과 상호문화주의 이론국도 속지주의와 혈통주의 관점에서 구별할 수 있다. 타국인의 이주에 상당히 개방적이었던 다문화주의 국가들은 대체로 속지주의가 강하였고, 그에 반해 아리안족의 우수성을 주장하면서 이민 국가이기를 거부하였던 상호문화주의 국가들은 속인주의가 강하였던 나라들이다.

우리의 관심사는 공존과 관용을 법과 제도로까지 확장하여 다문화 사회의 한국을 실현하는 것이다. 그러려면 이론적인 면과 실천적인 면 모두에서 노력하여 이념적 근거를 마련해야 한다. 단일 민족에

---

10 이주여성인권포럼, 『우리 모두 조금 낯선 사람들』(오월의봄, 2013), p.21.

집착하여 야기한 문제점을 개선하려면, 속지주의적 다문화 정책에 귀를 기울이고, 한국의 전통 문화와 사상의 근간인 동양 철학에서 긍정적 측면을 살려내는 노력이 필요하다. 일상적 삶에 영향을 미친 유불도儒佛道 철학은 우리 사회의 근저에 깔려 있기 때문이다. 동양 사상을 고려하지 않으면, 우리 고유의 이론을 만들지 못하고 그저 서양 이론의 수입에 그칠 수 있기 때문이다.

동양 철학에서 다문화주의적 착상과 연결되는 구체적 내용과 이념이 있는가? 유가 철학의 이상은 성인, 현인, 군자가 되는 것이다. 공자가 살던 시대에는 왕후나 귀족만이 군자가 될 수 있다는 이데올로기가 유포되어 있었다. 공자는 이런 계급 질서와 혈연관계를 타파하고 누구나 군자가 될 수 있다고 주장한다. 일반인이 노력하여 행실과 품성을 바르게 하고 도덕적 인격을 기르면 군자가 된다.

공자의 군자관을 현대의 인간형으로 바꿔 보면, 군자는 행실을 바르게 하여 의義와 공공선을 추구하는 사람의 면모를 지닌다. 게다가 공자는 다문화사회에 걸맞은 '화동론'을 『논어』에서 주장한다. 군자는 모름지기 다양성을 인정하면서 지배하려고 하지 않는 사람이다. 그에 반해 소인은 타인을 지배하려 하므로 타인과 공존하지 못할 뿐만 아니라 타인의 다름과 다양성도 거부한다.

군자가 지닌 타인에 대한 관용과 공존의 정신은 실제로 우리의 전통 문화에서 덕을 베푸는 자세로 나타난다. 차이를 인정하는 덕을 살려내지 못하고 타문화를 거부한다면, 우리 모두는 소인이 되는 것이다. 그러므로 다문화 사회를 위한 유교철학적 대안을 한 마디로 말한다면, '군자 되기' 내지 '군자 문화'라고 할 수 있다. 군자문화주의라고 하면 어떨까?

유교뿐만 아니라 불교에도 다문화주의의 다양성과 공존을 뒷받침하는 뛰어난 주장들이 담겨 있다. 불교는 공사상과 연기설을 기본으로 삼는다. 연기설은 '인간과 인간의 상호 의존성', '인간과 사회의 상호 의존성', '사회 집단과 집단의 상호 의존성'을 주장한다. 이렇게 상호 의존하여 형성하는 나의 자아, 나의 공동체는 영원불변한 것이 아니라 끊임없이 변한다. '모든 것이 헛되고도 헛되도다.'라는 말이 회자되는 것도, 만물과 더불어 나의 정신과 정체성도 변하기 때문이다. 그렇다면 나의 자아 정체성, 공동체의 정체성, 한국인의 정체성도 영원불변한 것이 아니라, 끊임없이 변하면서 새로운 정체성을 창출한다.

한국적 정체성과 전통 문화도 연기설처럼 표현한다면, 서양식 문화 접변과 동일선상에 서게 된다. 그러나 불교의 공사상과 연기설은 문화 접변에 의한 변화에 국한되지 않고, 정체성 자체의 해체라는 의미까지 담고 있다. 동양 사상의 이러한 고유성과 독창성을 한국적 다문화 이론을 창출하는 데 어떻게 적용할 것인가?

한국 문화의 정체성도 다른 문화를 지닌 집단과 상호작용하면서 변하기 때문에 동서양의 영향 관계를 긍정적으로 수용하여 한국적 상황에 맞는 우리 고유의 것을 창출해야 한다.

8. 당면한 한국 현실을 정리하며 – 시급히 해결해야 할 소수 집단 문제

다문화 사회의 한국적 해법과 사상을 강조하는 이유는 현재 일어나고 있는 심각한 사회 문제를 풍토와 역사에 걸맞게 해결하여 모두가

행복한 삶을 살기 위해서이다. 당면한 문제의 해법을 찾으려면, 한국
사회에서 어떤 집단이 가장 고통을 받는지를 정확하게 파악해야 한
다.[11] 현 시점에서는 다문화사회가 되면서 불거져 나온 소수 집단들의
고통이다.

소수 집단은, 유형이나 종류가 다양하고 공동체마다 편차가 있을
수 있다. 그러나 대표적 3대 소수 집단은 원주민, 소수 민족, 이주민(이
민자)이다. 서유럽의 백인들이 북아메리카에 도착했을 때, 대륙에는
이전부터 오랫동안 살고 있던 원래 주민들이 있었다. 아메리카 인디언
이다. 비록 인종말살이나 인종분리 정책으로 그 수가 현격하게 줄어들
고, 역사적 시간이 누적되면서 혼혈종이 많아졌지만, 원주민은 인디언
이다. 그래서 원주민은 다수 백인 집단 내지 지배 집단으로부터 분리되
어 '독립국가'를, 아니면 '독자적 연방정부'라도 세우고 싶어 한다.

그리고 다수 집단과 동일하게 아메리카를 정복한 백인이지만, 소수
집단으로 분류되는 소수 민족들이 있다. 북아메리카 대륙의 백인들은
서유럽의 한 나라에서 건너온 것은 아니다. 탐험의 나라 포르투갈과
네덜란드, 용맹한 나라 스페인, 해가 지지 않는 나라 영국, 그 외에
독일과 프랑스 등 무수히 많은 서유럽 민족들이 탐험 경쟁과 식민지
쟁탈전을 벌이면서 아메리카에 도착하였다. 그러나 원주민이 저항하
자, 이를 소탕하기 위해 백인들끼리 합심하여 아메리카 인디언을
물리친다. 원주민을 평정한 다음에는, 서유럽 민족들 간에 주도권

---

11 한국의 상황을 이해하기 위해 다음 글을 참고해도 좋다. 이정은, 「단일민족
   신화에서 결혼이주여성까지―다문화사회의 한국」,『철학, 문화를 읽다』(개정증
   보판), 한국철학사상연구회(동녘, 2014), pp.77~104.

전쟁이 벌어진다. 주도권 전쟁에서 이긴 집단이 권력을 잡고서 다른 민족들을 지배하는 주체 집단이 된다. 권력 투쟁에서 밀려난 소수 민족들은 어쩔 수 없이 주체 집단의 통치를 받지만, 이로부터 벗어나고 싶어 한다. 원주민과 같은 처지는 아니기 때문에 독립국가를 원하지는 않지만, 연방 정부라도 따로 구성하여 자치를 실현하려고 한다.

마지막으로, 권력 투쟁이 끝나고 안정기에 들어서면 타국에서 이주해오는 이민자들이 생긴다. 이민자들은 국가 구성원으로서 시민권을 얻기를 바라기 때문에 국가가 요구하는 언어, 역사, 교육과 법 제도에 대한 지식과 능력을 갖추려고 한다. 다수 집단에 동화되어 새로운 정체성을 형성하려고 적극적으로 노력한다.

이민자는 넓게는 이주자 집단에 포함된다. 그런데 이주자 중에는 시민권을 획득하고 싶으나 여러 이유에서 거부를 당하거나, 시민권이나 영주권을 획득할 법적 장치 내지 경로가 아예 없어서 불법체류자가 되는 경우도 있다. 여행자나 일시체류자 상태에서 눌러 앉아서 불법체류자가 되면, 법적 보호를 받을 수 없고 부당한 처지에 놓이게 된다. 법의 사각지대에서 인권을 유린당해도 호소할 수가 없다. 이런 사람들을 '이주자타국인', 메틱(metics)이라고 부른다.

이주자타국인 집단이 많아질수록 다문화 문제가 더 심각해지고 해결하기도 어려워진다. 한국과는 다르지만, 미국 사회도 이주자타국인이 지속적으로 양산된다. 불법입국자 내지 불법체류자가 생기는 하나의 사례를 텍사스와 멕시코의 국경에서 발생하는 사건을 통해 확인해보자.

"텍사스 리레이도와 멕시코 후아레스는 리오그란데를 경계로 나뉜

이웃 도시다. 리레이도에서 태어난 아이는 미국 복지정책의 사회적·
경제적 혜택을 모두 받고, 성인이 되면 미국의 어디서든 일자리를
구할 권리가 있다. 그러나 강 건너편에서 태어난 아이는 그런 복지를
누리기는커녕 강을 건널 권리도 없다. 이 두 아이는 자기 노력과는
상관없이, 다만 출생지에 따라 전혀 다른 삶을 살아간다."[12]

그래서 멕시코 사람들 중에는 불법으로 국경을 넘어 미국으로 들어
가려고 하는 사람들이 있다. 미국은 땅덩어리가 워낙 넓기 때문에
불법입국을 철저히 막는 데는 한계가 있다. 텍사스는 궁여지책으로
시민들의 애국심을 이용하는 방법을 고안해낸다.

"텍사스 보안관은 최근 국경감시에 인터넷을 활용하는 새로운 방법
을 개발하였다. 불법으로 국경을 넘는 일이 빈번한 지역 곳곳에 카메라
를 설치하고, 녹화 내용을 인터넷으로 생중계하는 방법이다. 국경감시
를 돕고 싶은 시민은 인터넷에 접속해 '텍사스 가상보안관 대리'로
활약한다. 그러다 국경을 넘은 사람을 발견하면 보안관사무실에 보고
하고, 그러면 보안관은 경우에 따라 국경순찰대의 지원을 받아 현장으
로 달려간다."[13]

이렇게 양산되는 이주자타국인은 '인권사각지대'에 놓이게 된다.
비록 그 원인과 양상은 다르지만, 이주자 집단 중에서 '메틱'은 한국
사회의 현주소이기도 하다. 한국에는 3대 소수 집단이 분명하게 존재하
지는 않는다. 우리가 원주민이고, 원주민 이외의 소수 민족이 집단성을
발휘할 정도로 많은 적은 없었기 때문이다. 그러나 이주민이 늘어나고

---

12 마이클 샌델, 『정의란 무엇인가』, pp.320~321.
13 위의 책, p.321.

있고, 메틱이 심각한 사회 문제로 대두하였다.

합법적 절차를 거쳐서 이주해온 이민 이주자들은 한국사회에 동화되려고 노력한다. 상당히 많은 이주자타국인도 그러하다. 그럼에도 법적으로 취약한 위치의 이주자에게는 동화나 관용 문제보다는 생명권과 생존권이 더 절박하다. 보편적 인권을 실현하기 위해 절박성을 해결해야 한다.

인간의 존재론적 위치를 생각해 보자. 인간은 사회에서 살기 때문에 누구하고라도 영향 관계를 형성한다. 나의 삶은 다른 사람에게 의존하고, 나의 정체성도 다른 사람의 영향을 받는다. 그렇듯이 내가 속한 집단의 문화 정체성도 다른 문화 정체성과 상호작용한다. 오늘날 나에게 영향을 주는 이웃은 다양한 민족의, 다양한 문화의 사람들이므로 다문화적 성찰을 통해 모두가 행복한 사회를 만들어 보자.

참고문헌

김용환, 『관용과 열린사회』, 철학과현실사, 1997.

이정은, 「헤겔은 새로운 시대를 여는가 – 세계시민사상에 대한 철학자의 고뇌」, 『다시 쓰는 서양 근대철학사』, 한국철학사상연구회, 오월의봄, 2012.

_____, 「단일민족 신화에서 결혼이주여성까지 – 다문화사회의 한국」, 『철학, 문화를 읽다』(개정증보판), 한국철학사상연구회, 동녘, 2014.

_____, 「루소의 종교적 관용의 근거와 의미」, 『헤겔연구』, 제40호, 한국헤겔학회, 2016.

이주여성인권포럼, 『우리 모두 조금 낯선 사람들』, 오월의봄, 2013.

정영근, 「세계화 시대 상호문화교육의 목표와 과제 – 한국의 세계화 교육에 대한 반성적 고찰」, 『한독교육연구』, 6(1), 2000.

_____, 「상호문화교육의 일반교육학적 고찰」, 『교육철학』, 37호, 2006.

_____, 「한국사회의 다문화화에 대한 교육학적 성찰」, 『교육철학』, 44호, 2009.

_____, 「학교의 이중 언어수업과 상호문화교육, 독일 베를린 공립학교 이중 언어수업 실험모형을 중심으로」, 『교육의 이론과 실천』, 14(1), 2009.

_____, 「학교 상호문화교육 프로그램 개발의 준거와 실례 – 독일의 학교수업 사례를 참고하여」, 『교육의 이론과 실천』, 14(2), 2009.

마이클 샌델, 김선욱 외 역, 『공동체주의와 공공성』, 철학과현실사, 2008.

_____, 이창신 역, 『정의란 무엇인가』, 김영사, 2010.

유네스코, 『관용: 평화의 시작; 평화, 인권, 민주주의 교육을 위한 교수·학습 지침서』, 1994.

에른스트 벨러, 장상용 역, 『슐레겔』, 행림출판, 1987.

프란츠 파농, 이석호 역, 『검은 피부, 하얀 가면』, 인간사랑, 2013.

상호문화철학과
독일의 상호문화교육

정창호

1. 들어가는 말

이 장에서 우리는 세계화의 진행 과정에서 등장한 현대 철학의 새로운 흐름인 '상호문화철학'을 살펴보고, 이와 연관하여 독일의 '상호문화교육'의 발전과정과 현황을 검토해 볼 것이다. 현재 유럽을 중심으로 전개되고 있는 상호문화철학의 역사는 아직 일천하며, 한국의 철학계에서도 아직은 별로 비중 있게 다루어지지 않고 있다.[1] 이런 상황은 독일의 다문화교육이라고 할 수 있는 상호문화교육에 대해서도 마찬가지이다. 한국에서 다문화교육에 대한 논의는 주로 미국, 캐나다, 호주와 같은 전형적인 이민 국가들의 사례에 주목하고 있다. 그러나 필자가 생각하기에 한국의 다문화교육은 독일의 상호문화교육의 역사와 경험을 좀 더 비중 있게 참고할 필요가 있다. 왜냐하면 독일은 서유럽의 국가 중에서 우리나라와 같은 혈통주의 또는 민족의식이 가장 강한 나라이기 때문에 사회의 다문화화과정에서 서로 유사한 문제와 경험을 공유하리라고 생각되기 때문이다.

물론 현대 철학의 새로운 흐름인 상호문화철학과 독일의 상호문화교육이 직접적인 학문적 연관성을 지니고 발전한 것은 아니다. 하지만 '상호문화성'이라는 기본적 문제의식을 공유하고 있다는 점을 우리는

---

[1] 단행본으로는 상호문화철학 관련 논문들을 편집하여 번역한 김정현(2010)이 있고, 논문으로는 홍경자(2008), 주광순(2010) 정도가 있을 뿐이다.

앞으로 확인하게 될 것이다. 상호문화철학과 독일의 상호문화교육을 연관하여 살펴보는 작업은 현재 한국의 다문화교육의 논의 지형을 철학적으로 검토하고 앞으로의 올바른 진행 방향을 모색하는 하나의 기회를 제공할 수 있을 것이다. 현재 한국의 다문화교육의 이론과 실천은 매우 복잡하게 얽혀 있어서 이곳에 한 번 발을 들여놓으면 출구를 찾기가 매우 어려운 형편이다. 따라서 다문화에 관한 진지한 철학적 문제의식과 사유를 다문화교육에 대한 논의 속으로 끌어들이는 것은 한국의 다문화교육의 근본적인 방향을 찾는 데에 도움이 되리라고 생각된다.

이런 문제의식 아래서 우리는 상호문화철학을 통해서 세계화시대에 요구되는 철학적 기본 관점과 문제의식을 탐색하고, 이와 연관하여 독일의 상호문화교육의 역사와 경험을 검토할 것이다. 이것은 결국 한국의 다문화교육이 나아가야 할 방향에 대한 반성으로 귀결될 것이다. 이를 위한 전체적 논의 과정을 간단히 소개하면 다음과 같다.

제2장에서는 상호문화철학과 독일의 상호문화교육의 공통적 배경 또는 문제 상황이라고 할 수 있는 세계화의 상황 그리고 그로 인해 생겨난 문화적 전통 간의 충돌 그리고 다문화사회의 근본문제라고 할 수 있는 타자와의 공존 또는 공생이라는 문제를 살펴본다.

제3장에서는 세계적인 차원에서의 문화적 충돌과 국내적인 차원에서 문화적 갈등상황을 파국으로 이끌지 않고 공동적인 세계문화 및 평화로운 공생의 삶을 확립하려는 문제의식에서 등장한 '상호문화성(interculturality)'의 개념을 검토한다. '상호문화성'의 기본적 물음은 현대의 다문화적 상황에서 문화들의 동등한 권리를 인정하는 동시에

어떻게 파국적인 문화상대주의에 빠지지 않을 수 있는가, 그리고 어떻게 서로 다른 문화 간의 집단적·개인적 교류가 제3의 공동적 삶의 양식을 발전시킬 수 있는가에 있다.

제4장에서는 이러한 상호문화성의 문제의식을 민감하게 받아들이고 있는 새로운 철학적 시도인 상호문화철학(intercultural philosophy)을 소개한다. 상호문화철학은 세계화 시대에서 서구 유럽의 철학이 지금까지 스스로 지녀왔던 특권의식에 대해서 반성하면서 지구상의 모든 철학적 전통들이 서로 동등한 주체로서 만나고 교류함으로써 '세계철학'을 만들어 가야 함을 역설한다. 또한 세계철학을 확립하기 위한 구체적인 방법론과 실천방법을 모색하고 있다.

제5장에서는 독일의 상호문화교육의 전개과정을 연대기적으로 추적하고, 거기에 포함되어 있는 보편적이고 이론적인 문제들을 검토해 본다.

제6장에서는 상호문화철학과 독일의 상호문화교육 그리고 보편적 의미에서의 다문화교육의 핵심 문제인 '타자와의 평화적 공존'을 위한 이론적 모델로서 듀이의 민주주의론을 검토해 보는 것으로 결론에 대신할 것이다.

2. 문제의 배경: 세계화 및 다문화사회 속에서의 타자와의 공존

얼마 전 한 중앙 일간지(조선, 2012년 1월 17일자)에는 "서울 속 '작은 중국' … 점점 커져만 가는 갈등"이라는 제목의 기사가 실렸다. 기사에 따르면 2011년 기준 한국에 체류하는 중국인 수는 70만 명에 이르고 있다. 이것은 1년 전보다 무려 20% 이상 증가한 수치이다. 그리고 전국적으로 11개 정도의 차이나타운이 형성되어 있는데, 인근 지역 한국인들은 중국인 밀집 거주지역을 우범지역으로 생각하고 있으며, 또한 지저분하고 무질서하여 동네의 분위기를 해칠 뿐만 아니라 부동산 가격마저 하락시킨다고 불평하고 있다는 것이다. 이 기사에서 우병국 동덕여대 연구교수는 "먼저 들어온 조선족을 중심으로 정착 거점을 만드는 등 중국인들이 최근 2∼3년 사이에 집단화됐다"고 말하고 "이들이 고유문화를 그대로 드러내면서 기존 주민들과의 갈등을 일으키게 되었다"고 진단하였다.

이 기사가 우리의 주목을 끄는 것은 이주민들의 증가로 인한 집단거주지의 형성이 인근 주민들에게 불안감과 위협으로 느껴지고 있는 현실, 더 나아가 한국 사회 내에서의 이주 집단과 내국인 간의 사회·문화적인 갈등 상황이 분명하게 표출되어 있기 때문이다. 필자의 좁은 경험 때문일지도 모르지만, 이렇게 구체적인 삶 속에서의 다문화적 긴장 관계를 다룬 기사를 필자는 아직 별로 보지 못하였다. 물론 외국인의 증가에 대한 문제제기가 대중적으로 꾸준히 있어 왔으나, 대개 상호이해와 공존의 필요성을 주장하거나 외국인의 인권 보호라는 당위적인 주장이 대세를 이루고 있었다.

반면 이 기사는 외국인(여기서는 중국인)에 대한 한국인들의 정서적인 불안감이 증가하고 있음과 양 집단 간의 갈등이 확대되고 있는 현실의 한 단면을 분명히 보여주고 있다. 물론 이것은 프랑스나 영국 같은 유서 깊은 다문화 국가에서 볼 수 있는 심각하고 격렬한 갈등 수준에 비하면 아직 양호한 편이다. 그러나 우리는 이 기사를 통해서 현재 외국의 진전된 다문화 국가들에서 보이는 문화적·인종적 갈등과 폭력성이 결코 먼 나라의 일 또는 머나먼 미래의 일만은 아님을 분명히 느끼게 된다.

물론 이러한 한국의 상황은 단지 한국에 국한된 현상이 아니라 세계적인 차원에서 벌어지고 있는 사태, 즉 세계화 과정의 일부분이라고 할 수 있다. 하지만 세계화에 대한 무수한 논의에도 불구하고 세계화의 정확한 의미에 대해서 확실한 규명이 이루어지지는 않고 있다. 또한 세계화의 근원에 대해서 그리고 그것의 진행 양상에 대해서 서로 대립되는 평가와 이론적·실천적 입장들이 병존하고 있다. 특히 주목할 것은 세계화에 대한 모순적인 평가들이다. 한편에서는 세계화를 서구적인 또는 미국적인 규범과 문화가 전 세계로 확대되어 나가는 과정으로 보는 반면, 다른 한편에서는 다양한 문화들과 광범위하게 접촉하여 혼성 문화 또는 새로운 문화를 만들어 가는 과정으로 긍정적으로 보기도 한다. 또한 세계화가 과연 세계적 차원에서 정의, 평등, 자유의 증대를 가져오고 있는가에 대해서도 상반된 견해가 존재한다. 과연 세계화는 인류의 미래에 긍정적인 현상일까 아니면 전 지구적 차원의 재앙일 뿐인가?

이런 상황에서 최근에 타계한 독일의 사회학자 울리히 벡Ulrich Beck의 세계화에 대한 개념 정의는 참고해 볼 만한 가치가 있다. 그는 세계주의(Globalismus)와 세계화(Globalisierung)를 구분하면서, 신자유주의적 이데올로기로서의 '세계주의'와 하나의 객관적·사실적 과정으로서의 '세계화'를 분명히 구별해서 볼 것을 요구한다. 세계주의는 현대 세계의 급속한 변화 과정을 모두 경제적 차원으로 환원시켜

보며, 그 나머지의 차원들, 즉 생태적·문화적·정치적·시민 사회적 차원들을 묵살해 버린다. 따라서 세계주의는 세계화의 경제적 논리에만 주목하고 또 그것만을 변화의 축이라고 인정함으로써 기업의 이윤 추구에 적합한 조건을 정당화하려는 신자유주의의 이데올로기에 해당한다.

이에 반해 세계화는 일련의 과정들, 즉 국민국가들과 그 주권 그리고 국경이 초국가적인 행위자들의 활동과 개입을 통해서 희석되면서 전 세계가 상호 결합되어 가는 과정으로 이해된다. 이 세계화의 과정 속에서는 생태적, 문화적, 경제적, 정치적, 시민 사회적인 세계화의 차원들이 각기 자신의 고유한 논리를 가지고 서로 각축하고 있다. 이 차원들은 서로 환원될 수 없으며, 각기 자립적으로 그리고 동시에 상호 의존 속에서 해명되고 이해되어야 한다. 그러므로 세계화는 하나의 복합적인 사회현상이며 과정이지, 어느 누구의 의도나 계획에 의해서 음모적으로 진행되고 있는 것이 아니다.

이런 의미에서 볼 때, 세계화는 인간의 의도적이고 정치적인 개입에 의해서 어떤 방향으로도 전개될 수 있는, 따라서 양면적인 발전 가능성을 가진 현상이라는 점을 강조할 필요가 있다. 결론적으로 울리히 벡은 참된 의미의 세계화는 "초국가적인 사회적 유대와 공간들을 창출하고, 지역적 문화들에 더 높은 가치를 부여하며 제3의 문화를 … 싹틔우는 과정"(Ulrich Beck 2007, 30)으로 규정되어야 한다고 본다. 그것은 물론 마음만 먹으면 자동적으로 손쉽게 성취될 수 있는 것은 아니다. 그것은 인간이 사회적·정치적 주체로서 과거와는 다른 새로운 방식으로 세계화의 과정에 능동적으로 개입해 들어갈 때 실현될 수 있는 가능성이다.

물론 현실의 세계화가 한편으로 강대국 특히 미국의 문화와 논리의 전 세계적 확산이라는 위험을 수반하고 있는 것은 사실이다. 이런 측면에서 볼 때, 세계화는 다름 아닌 세계적 차원에서의 문화적 제국주의의 강화, 확산 이외의 다른 것이 아닌 것처럼 보인다. 그러나 이런 측면에도 불구하고 세계화는 동시에 새로운 차원의 국제관계 및 사회질서의 형성을 위한 물질적·사회적 기초를 제공하고 있다. 그런데 이 기초를 이용하기 위해서는 울리히 벡이 말한 바, "두 번째의 근대를 위한 새로운 정치가 발명되고 정초되어야 한다."(ibid., 30)

특히 '시공간의 압축(Harvey)'으로 표현되는 삶의 구조의 변화는 자기와 타자의 관계에 대한 새로운 접근을 요구하고 있다. 시공간의 압축은 사회적 관계의 측면에서 보면 결국 '타자와 근접해서 살게' 되었다는 것을 의미하는데, 이 근접성으로 인해 오늘날 우리는 2가지 외면할 수 없는 사실에 직면하게 되었다. 하나는 타자가 우리에게 더 이상 표상되거나 상상된 존재로만 머무르지 않고 하나의 살아 있는 주체로서 등장하며, 우리에 대해 스스로 동등한 권리를 가진 존재로서의 자신을 대립시킨다는 점이다. 다른 하나는 이로 인해서 우리는 일상 속으로 깊숙이 들어온 타자의 타자성에 대해 새로운 접근 방식을 마련하지 않으면 안 되게 되었다는 것이다. 즉 타자에 대한 전통적 대응 방식만으로는 새뮤얼 헌팅턴Samuel Huntington이 『문명의 충돌』에서 묘사한 유쾌하지 못한 현실은 피할 수 없는 것이다. 물론 헌팅턴은 이러한 충돌에서 어떻게 서구 문명이 승리할 것인가를 고민할 뿐, 문명의 충돌을 피하거나 발전적으로 지향할 수 있는 가능성에 대해서는 고려하지 않는다. 중요한 것은 세계화 시대의 국제사회는 신자유주의의 맹목적인 경제적 논리에 이끌려 약육강식의 처절한 투쟁 속으로 휩쓸려 들어갈 것인가 아니면 고삐 풀린 세계화의 과정을 세계적인 차원에서의 민주적인 질서 확립을 통해서 좀 더 인간적인 방향으로 조직해 낼 것인가의 기로에 서 있다는 사실이다.

세계화를 후자의 방향으로 이끌어 가는 일은 결국 낯선 문화들의 평화적 공생방식에 대한 모색과 그 실현을 통해서 가능해진다. 그렇다면 서로 다른 문화가 어떻게 교류해야 할 것인가? 인류 역사에서 이질적인 문화의 교류와 충돌, 혼합과 접합은 지속적으로 그리고 다양한 방식으로 존재하였다. 현재의 세계화 시대는 이러한 문명 간의 만남과 충돌의 양상이 양적으로나 질적으로나 이전에 볼 수 없었던 범위와 강도를 보인다는 점에서 과거와 구별될 뿐이다. 그리고 이러한 만남의 새로운 범위와 강도로 인해, 서로 다른 문화의 만남이 어떻게 상호이해를 통한 상호적 변형(transformation)으로 그리고 궁극적으로 종합을 통한 공동적 삶의 방식으로 귀결될 수 있는가에 대한 해답은 인류 문명 발전의 필수적인 요소로 되고 있다. 이것은 적어도 서구 문화가 비서구 문화와의 만남에서 보여주었던 자문화중심주의는 말할 것도 없고, 역사상 등장하였던 모든 형태의 자문화중심주의는 시대착오적인 것이 되었음을 말한다.

이런 맥락에서 필자는 '타자와의 공생'이라는 문제가 오늘날의 다문화사회 및 다문화교육의 핵심을 이루고 있는 문제라고 간주한다. 뒤에서 살펴보려는 상호문화철학의 핵심적 문제의식은 바로 이러한 타자와의 공생의 가능성과 방법을 모색하는 데 놓여 있다. 물론 '타자와의 공생'이라는 문제가 다문화사회의 모든 문제를 블랙홀처럼 포섭해 버리는 마법의 단어는 아니다. 그럼에도 필자가 타자와의 공생이라는 문제를 강조하려는 이유는 현실의 다문화정책과 다문화교육에 대한 모색들이 많은 경우에 '타자'의 존재를 진지하게 고려하기보다는 단지 경제적 효율성이나 사회적 비용의 측면에서 접근하거나, '타자'를 고려하더라도 단지 주류집단의 이익이나 주도권 유지라는 관점에서 접근하는 경우가 많다고 생각되기 때문이다.

그리고 이런 맥락에서 볼 때, 상호문화철학에 대한 검토는 다문화교육의 방향설정을 분명히 하는 데서 중요한 시사점을 줄 수 있다. 왜냐하면 상호문화철학은 타자에 대한 관계를 기존의 자민족 중심주의나 인종중심주의라는 편견에서 벗어나서 새로운 관점에서 고찰해야 하는 이유를 명쾌하게 제시하고 있기 때문이다. 상호문화철학에 대해 살펴보기에 앞서 먼저 상호문화성의 개념에 대해서 살펴보자.

3. 상호문화성: 세계화와 다문화사회를 바라보는 기본관점

이 글에서 우리의 주요한 과제는 상호문화철학과 독일의 상호문화교육 (intercultural education)을 연관시켜서 살펴보는 것이다. 이 2가지 소주제는 모두 '상호문화적'이라는 동일한 단어를 공유하고 있는데, 이것을 명사화시키면 '상호문화성(interculturality)'이 된다. 오늘날 형용사 '상호문화적' 또는 명사 '상호문화성'은 단지 하나의 지엽적인 연구 주제를 가리키기보다는 세계화의 시대에 요구되는 근본적으로 새로운 사고방식 또는 태도로서 등장하고 있다. 그리하여 이러한 새로운 사고방식은 동시에 거의 모든 분과학문에 의해서 수용되고 있다. 예를 들어, 상호문화정치학, 상호문화경영학, 상호문화신학, 상호문화언어학, 상호문화문학, 상호문화법학 등등이 거론된다. 이제 어떤 학문분야이든 상호문화성이라는 문제의식을 피해가기 어렵게 된 것이다.

그러나 여기서 더욱 중요한 점은 이러한 상호문화적 분과학문들이 자신을 단지 해당 분과 내의 새로운 하부 주제 영역으로 규정하는 것이 아니라, 분과학문 전체의 학문적 정체성을 상호문화성의 원리에 입각하여 근본적으로 재구성하려고 시도한다는 점이다. 같은 맥락에서 상호문화철학과 독일의 상호문화교육학 역시 자신을 철학 및 교육학 내의 한 연구 분야로서가 아니라 현재의 철학과 교육학이 지녀야할 보편적 지향 또는 근본적 관점을 표현하고 있는 것이라고 주장한다. 결국 '상호문화성'은 현대의 모든 분과학문에 대해서 근본적인 차원의 자기반성을 촉구하는 보편적인 화두로 떠오르고 있는 셈이다. 그러므로 여기서 먼저 도대체 상호문화성의 개념이 어떤 사태를 설명 또는 표현하고 있는지를 구체적으로 규명하고 넘어갈 필요가 있다.

그러나 이 글에서 상호문화성에 대한 광범위한 논의를 세부적으로 살펴보기는 어려우며 또 그럴 필요도 없다. 필자는 독일에서 상호문화적 문학 논의를 주도하고 있는 대표적 학자인 Alois Wierlacher가 제시한 상호문화성 개념 분석을 몇 가지 주요한 측면에 따라 소개하는 것으로 만족하려 한다.

1) 타자를 문화적 차원에서 의식적으로 고려하고 이해하라는 요구

여기서 주장되는 것은 낯선 사람들 간의 모든 이해는 서로의 말을 경청하고 이해하려는 의지를 전제로 한다는 사실이다. 상호문화성의 개념은 바로 이런 서로 간의 대화 및 의사소통을 통해서 이루어지는 상호 이해의 중요성을 강조한다. 이 대화에서 양측은 각기 자신의 고유한 문화적 입장 위에 서 있는 동시에 그 입장에 고착되거나 갇히지 않아야 한다. 즉 각자는 "자기문화라는 출발점에 주목하면서도 동시에 자신이 — 문화 위에 올라타 있는 동시에 — 문화를 짊어지고 간다는, 즉 문화의 한계를 넘어서 사고하며 문화 간의 대화의 가능 조건을 주제화할 수 있다는 주체적 문화의식을 견지"(Wierlacher 2003, 258) 해야 한다. 이것은 인간은 자신이 속한 문화적인 토양을 쉽게 무시할 수는 없지만 그렇다고 거기에 완전히 사로잡혀 있는 존재도 아님을 주장하고 있는 것이다. 그러므로 상호문화철학, 상호문화교육학, 상호문화신학 등등 상호문화성의 문제의식을 표방하는 학문들은 문화와 타자라는 주제를 각자의 영역에서 핵심적인 화두로 제기하고 있으며 동시에 지금까지 타자를 배척, 배제의 대상으로 간주해 왔다는 문화적 한계성에 대한 반성을 공유한다.

2) 문화적으로 서로 다른 지각방식들 간의 상호작용과 관계방식

여기서 주장되는 것은 상호문화성이 자민족중심주의를 극복하기 위한 조건과 과정을 표현한다는 사실이다. 상호문화성은 서로 마주친 낯선 존재들이 자신의 모습을 떳떳하게 드러내고 또 서로 드러내줌으로써 문화적인 연결고리를 만들어 내고 또 자신을 타자의 눈으로 바라봄으로써 대화의 전제 조건을 마련하라고 요구한다. 이런 점에서 '상호적 (inter)'이라는 접두사는 과거처럼 단지 국제 관계를 표현하기 위해서가 아니라 근원적인 의미에서 '사이', '상호성' 그리고 '공동성'이라는 3가지의 의미 차원을 획득하게 된다.(ibid., 259) 이러한 3가지의 의미 차원은 서로 낯선 문화들은 일정한 거리를 가진 채 서로 만나며('사이'), 이 만남은 어느 일방의 특권이나 독점이 아니라 평등의 원칙에 따라서 이루어지며('상호성'), 그 결과 어떤 식으로든 '공동성'이 생겨난다는 것을 말해 주고 있다. 이때 모든 개별 문화는 폐쇄적인 실체 또는 상호 소통의 장애물로서가 아니라 오히려 개방적이고 역동적인 체계로서 서로 교류하며 그 속에서 서로 소통하고 변화하며 또 서로를 보완하는 것으로서 이해되고 있다.

3) 협동적인 자기이해 및 동반자(파트너) 관계 형성의 방식

여기서 강조되는 것은 타자에 대한 이해는 언제나 자기에 대한 이해와 연관되어 있고, 또 그 역도 마찬가지라는 점이다. "이러한 맥락에서 상호문화성의 개념은 '쌍방적(reciprocity)'이라는 행동특성을 표현한다. 이 '쌍방적' 행동특성은 (자기와 타자 간의: 필자 추가) 긴장관계 속에서 상호 이행 및 완충의 공간을 창출한다. 이 긴장관계는 각자가 참여적 관찰자인 동시에 직접 참여자가 될 수 있는 가능성을 열어 놓음으로써 각자가 서로의 사고습관에 새로운 자극을 주며 또 그것을 수정하게 만든다. 즉 어떤 사람의 특이성은 다른 사람의 질문의 원천이 된다."(ibid., 259) 이런 점에서 상호문화성은 상호 대화와 협동 속에서 일어나는 '자기인식의 작업'을 가리킨다.

또한 상호문화성은 세계의 냉전 질서가 종식된 이후 여러 집단 간의 동반자 관계 형성의 문제와 직접적으로 연관되어 있다. 이제는 단순히 냉전적 이념이나 경제적 원리에 따라서가 아니라 현실의 변화 속에서 등장하는 복잡다기한 상황에 따라서 다면적으로 동반자를 찾아야 할 필요성이 대두하였기 때문이다. 다시 말하면 경제·정치적 영역에서뿐만 아니라 학문적인 영역에서도 과거보다 더 광범위하게 타자와의 상호의존 관계를 형성하지 않을 수 없게 된 것이다. 이렇게 세계화 시대에서 요구되는 동반자적 관계형성의 원리로서 이해될 때, 상호문화성은 동반자의 동등한 권리를 '인정'한 위에서 서로 이해하고 합의하려는 의지를 표현하고 있는 개념이다. 여기서 인정의 개념이 등장하고 있음에 주목하자. 서로에 대한 인정은 나와 타자가 서로 제약하는 관계에 있다는 인식을 전제로 하며, 그리하여 인식주체들 간의 여러 가지 문화적 불균형이나 한계를 넘어서 교호적인 학습의 과정을 가능하게 한다. 이러한 상호승인에 근거하지 않는 문화 간의 만남은 종종 상대방을 억압하거나 자신 속으로 합병하려는 시도로 귀결된다. 반면 상호승인은 "문화교류 연구나 상호문화적 의사소통 이론에서 '문화적 교차상황'이라고 부르는 이해 및 합의 상황을 구성한다."(ibid., 260)

4) 문화적인 교차상황의 구성과정 및 그것의 표현

동서냉전은 이미 사라졌지만, 세계는 아직도 이분법적 사유의 틀에서 자유롭지 못하다.[2] 상호문화성의 개념은 자기와 타자가 단적으로 대립되어 있는 것이라는 사고방식을 거부하고 양자가 상호 구성하는 관계

에 있음에 주목한다. 그리고 이러한 상호 구성적 관계를 중심으로
문화 간의 의사소통과정을 고찰하고 연구하려 한다. 그러므로 "상호문
화성은 하나의 사고 및 행위규범으로서 단지 어떤 하나의 문화 편에
서지 않고 언제나 동시에 문화들 사이에 서는 것을 의미하며 문화
간의 협력적 인식작업을 구성하는 데에 관여한다."(ibid., 260)

이렇게 서로 다른 문화가 만나서 서로 교차되는 상호문화적 상황
속에서 각 문화는 동시적으로 자신을 변화시키는 모험적 시도를 하게
된다. 이 문화의 쌍방적 변화(transformation) 과정은 동시에 양자
사이에 일정한 공통성이 구성되는 과정을 수반한다. 그러나 이 과정은
이미 예정되어 있는 것에 도달하는 기계적인 과정이 아니라 두 문화
간의 협동적인 노력과 자기해명의 구체적 실행과정에 의존한다. 이런
의미에서 그것은 모험적인 시도이다. 즉 만남의 결과로 일어나는
변화가 어떤 모습과 형태를 취할 것인가가 전적으로 열려 있으며
대화주체들의 우연적 만남의 상황에 의존한다. 그것은 창조적인 종합
을 이루어 낼 수도 있지만 반대로 상호 갈등의 심화로 귀결될 수도
있다.

이런 점에서 문화적 교차상황은 '문화적인 사이 공간(kulturelle

---

2 이러한 인간 사유에 깊이 뿌리 내리고 있는 이분법적 사유의 근원이 무엇인가에
   대해서 Wierlacher는 다음과 같이 설명한다: "이 대립적 사고는 표면적 차원에서
   볼 때, 아마도 강력한 단순화의 필요성, 사회·경제적 및 정치적 이해관계,
   타자에 대한 증오의 충동, 일상적 문제 해결에서의 정형화와 관계가 있다. 그러나
   역사적·집단적인 심층의식 차원에서 볼 때, 그것은 마니교적인 이원론적 사고방
   식의 유물이다. 이러한 사고방식은 여전히 세계정치의 일부분으로서 유지되고
   있다."(ibid., 260)

Zwischenposition)'을 만들어 낸다. Wierlacher에 따르면 이것이 바로 해석학자인 Gadamer가 말하였던 "해석학의 참된 자리"로서의 "사이"이며 동시에 상호문화성의 참된 자리이기도 하다.(ibid., 260) 이 지점에서 상호문화성은 해석학의 관점과 필연적으로 만난다. 해석학은 해석되는 텍스트와 해석하는 해석자 중 어느 쪽에도 편중됨이 없이, 양자의 관계에 주목하고 양자 간의 지속적인 지평융합의 과정을 추적한다. 이와 마찬가지로 상호문화성도 문화들의 만남에서 생겨나는 "사이의 세계"를 중심에 놓는 태도를 취한다.

그렇다면 이 사이의 세계는 어디서 생겨나는가? 이 사이의 세계는 지구상의 모든 문화가 서로 단절된 실체들이 아니라 지금까지 지속적인 교차와 겹침의 관계 속에서 발생하였고 발전해 왔기 때문에 가능하다. 세계의 문화가 각기 순수하고 서로 섞일 수 없는 실체를 가진 것이라고 한다면, 양자의 만남은 일방적인 지배나 예속 또는 무관한 공존으로 귀결될 수밖에 없을 것이다. 하지만 모든 문화가 '잡종'이라는 사실, 즉 다양한 이질적인 요소들의 복합체라는 사실로 인해서 문화 간의 만남 속에서 우리는 언제나 양자의 경계가 모호해지는 지점, 양자의 겉보기의 극단적 대립이 완충되는 지점 즉 '사이의 영역'을 획득할 수 있다.

그러나 당연한 말이지만 이 사이의 영역은 결코 두 문화를 완전히 포괄할 수 없다. 두 문화는 완전히 이질적일 수도 없고 동시에 서로 완전히 일치하는 것도 불가능하기 때문이다. 그러므로 상호문화성은 언제나 두 문화의 상호작용 속에 놓여 있으며, 상호문화적 관점에서의 모든 연구는 바로 이 상호작용 즉 '사이의 영역'에 초점이 맞추어진다.

이 제3의 영역을 통해서 개별 문화들의 분리는 극복되며 그들에게
공통된 환경세계가 만들어진다. 물론 이 제3의 영역은 두 문화의
구체적인 관계 속에서 유동하는 역사적인 영역이지 미리 주어지거나
한 번 주어지면 변화하지 않는 실체적인 영역은 아니다. 이렇게 문화적
으로 겹쳐지는 공통의 영역이 설정됨으로써 문화적 차이와 구별은
이제 새로운 관점에서 이해될 수 있게 된다: "… 이제 문화적 구별은
해소되어야 할 대립 또는 메워야 할 균열이 아니다. 그것은 연계,
겹침, 포섭으로 간주된다."(ibid., 261)

　　그러나 그렇다고 상호문화성이 문화 간의 관계를 단지 평화적·우호
적인 것으로 간주하는 것은 아니다. 자신에게 익숙한 문화를 부분적으
로라도 낯선 것과 대비시키고, 반성하며, 새로 등장하는 공통의 영역
(＝제3의 질서)을 상대방과 공유할 수 있는 삶의 방식으로 일구어
내는 상호문화적 작업은 실로 크고 작은 갈등과 긴장을 포함하지
않을 수 없는 과정이다.

5) 능동적 관용의 창조적 분위기 ― 제3의 세계를 형성하는 과정

상호문화적 상황에서 등장하는 제3의 질서는 이원적이고 대립적인
사고의 한계를 극복할 수 있게 해 준다. 예를 들어 두 사람 사이에서
진행되는 대화는 종종 자기중심적인 특징을 지닌다. 그러나 그 속에서
제3의 것이 등장하여 작동할 때, 그러한 자기중심성은 감소된다.
제3의 것의 존재는 서로 대결하고 있는 두 집단에게 각자의 고유한
관점을 타자의 관점에서 바라볼 수 있는 가능성을 준다. 이런 의미에서
상호문화성의 개념은 서로 대립하는 관점이 만남으로써 형성되는

사이세계를 통해 이항대립이 극복될 수 있다는 사실에 주목한다. 이러한 제3의 세계는 위에서 언급한 상호문화성의 4가지 의미가 모두 실현된 경우에 비로소 확립될 수 있다.(ibid., 262 참조) 다시 말하면 다음과 같은 조건 아래서 비로소 제3의 세계는 등장할 수 있다.

a) 대화의 참가자들이 스스로 자신의 고유문화에 결부되어 있음을 분명히 인식하고 있어야 하고,

b) 타자와 이방인을 고려하고 이해할 능력이 갖추어져 있어야 하며,

c) 기꺼이 협동적인 인식작업에 참여할 준비가 되어 있고,

d) 자민족중심주의적 자기규정이나 귀속태도를 버림으로써 서로 상대방의 가치를 진지하게 승인하며,

e) 이러한 가치의 상호적 승인을 통해서 동반자적인 신뢰관계를 구축하여야 한다.

이 제3의 세계 또는 제3의 길은 대립하는 양자가 지니고 있는 귀속감이나 자존감을 파괴하지 않는다. 그것은 오히려 자아의 정체성을 확장하며, 새로운 귀속감을 창출해 낸다. 이런 의미에서 Wierlacher는 상호문화성은 '창조적인 분위기'라고 규정한다.(ibid.) 이 창조적인 분위기 속에서 참가자들은 상대방도 그렇게 하리라는 신뢰감 아래서 서로의 진면목을 드러냄으로써 공동적인 문화 창조의 과정으로 들어선다.

그러므로 상호문화성의 개념은 단지 서로 다른 문화 간의 활발한 만남이나 상호이해를 주장하는 데 그치지 않는다. 그것은 서로 다른 문화들이 협동적인 인식작업 속에서 '공동적인 방향설정'(ibid.)에 도달할 것을 주장한다. 그러므로 상호문화적 능력이란 대화과정 속에서

서로 공유한 지식을 상호 합의의 토대로 삼고 또한 협동적인 인식
작업 속에서 '새로운 공동적인 삶의 방향'을 찾아내는 창조적 능력이다.
이 능력은 서로 다른 문화나 문화의 담지들과의 만남 속에서 상호
신뢰와 타협을 이끌어 낼 수 있어야 한다. 그리고 이것은 다시 실천적으
로 타자에 대한 승인과 관용의 태도를 요구한다.

아상에서 우리는 상호문화성의 개념에 포함된 주요한 문제의식과
몇 가지 측면들을 살펴보았다. 그 결과 우리는 상호문화성의 핵심적
요소가 1) 열려 있는 역동적 체계로서의 문화, 2) 자아(동일성)와
단절될 수 없는 타자성(차이), 그리고 3) 공동적 삶의 방향 설정이라는
3가지로 요약될 수 있음을 알았다. 이 3가지 핵심요소 속에 표현된
문제의식은 사실 오늘날 상호문화적이라는 수식어를 달고 있는 모든
이론과 실천의 문제의식이다.

4. 상호문화철학: 상호문화성에 입각한 철학의 재구성

1) 철학의 딜레마와 서양철학의 자기반성

상호문화철학은 대체로 1980년대 중반부터 정신과학 및 사회과학적
담론 속에서 하나의 새로운 방향을 지닌 학문분과로서 부각되기 시작
하였고 특히 독일어권에서 활발하게 진행되어 온 철학적 담론이
다.(Földes/Weiland 2009, 5f) 반면 영미권에서는 상호문화철학에 대
한 관심이 별로 보이지 않는다. 우리나라의 학문이 미국의 영향력
아래 놓여 있다고 볼 때, 상호문화철학에 대한 논의들이 별로 주목받지

못하고 있는 이유도 거기에 있을지 모른다. 상호문화철학에 대한 기존의 연구들은 연구자들에 따라서 각기 상이한 강조점과 문제의식을 지니고 있긴 하지만, 대체로 말하면 위에서 말한 '상호문화성'의 관점에서 기존의 철학적 작업의 방식과 태도를 근본적으로 반성하려는 것이 상호문화철학의 요지라고 하겠다.

주지하듯이 철학은 지극히 다양한 의미들의 복합체이다. 수천 년의 역사에도 불구하고 철학은 여전히 자신의 정체성과 기능에 대한 물음에 대해 하나의 합의된 답을 내놓지 못하고 있다. 거의 모든 철학 입문서에서 철학은 그것의 희랍적 어원에 따라서 '지혜에 대한 사랑'이라고 정의된다. 그러나 이 정의는 내용적으로 매우 추상적일 뿐만 아니라, 단지 고대 그리스라는 역사·지리적 배경을 반영하고 있을 뿐이다. 필자는 일단 철학을 '개인적·사회적 삶의 문제를 원리적이며 일반적인 측면에서 접근함으로써 문제 또는 문제해결의 이론적·실천적 방향을 제시하려는 합리적인 (자기)반성의 활동'이라고 잠정적으로 정의하려 한다. 이 정의에 따를 때, 상호문화철학은 세계화의 변화된 사회상황이 제기하는 제반 문제들을 원리적이고 일반론적인 측면에서 취급하는 합리적 (자기)반성의 활동이 된다.

위에서 살펴본 상호문화성의 개념이 잘 보여주고 있듯이, 현대 사회가 직면하고 있는 제반 문제를 관통하는 주제는 타자 또는 이방인과의 만남과 공생이라는 문제이다. 그러므로 상호문화철학은 타자 및 이방인과의 만남이 제기하는 갈등, 상호이해, 관용, 공생의 문제를 다루며, 더 나아가 '도대체 타자'란 무엇인가라는 물음 자체를 새롭게 제기한다. 또한 자기반성의 측면에서 볼 때, 상호문화철학은 현대

사회에서 철학 특히 서유럽의 철학은 지금까지 스스로 추구하고 믿어 왔던 '보편성 주장'을 더 이상 견지할 수 없음을 분명히 인식하기 시작하였다.

이러한 상황에서 철학은 하나의 딜레마에 부딪힌다. 즉 철학은 한편으로는 지역적 또는 시간적 특수성을 넘어서는 보편타당성을 추구하지만 다른 한편으로는 어쩔 수 없이 하나의 문화적 맥락 속에 갇혀 있는 것이다. 또는 다르게 말하면 각각의 철학의 보편적 입장과 주장은 어쩔 수 없이 자신의 문화적 맥락으로부터 표현수단과 자신의 문제의식을 가져오며, 그것의 통찰력과 설득력 역시 이 문화적 맥락 속에서만 적절히 평가될 수 있다는 것이다. 그러므로 자신의 문화적 제약을 넘어서서 보편성을 자칭하는 철학은 의도하였든 의도하지 않았든 월권을 행하고 있는 것이다. 이것을 Wimmer(2003, 182)는 현대 사회에서 철학뿐만 아니라 여타의 모든 분과학문이 부딪히게 된 "문화성의 딜레마"라고 부른다.

제2장에서 살펴보았듯이 세계화의 과정은 인류의 삶의 방식을 근본 적인 방식으로 변화시키고 있다. 경제, 정치, 예술, 종교 등의 영역에서 세계화는 지역화(localization)라는 반대 방향의 운동과 착종되어 진행 되고 있고, 이러한 상황은 복잡한 문제들을 제기하고 있다. 상호문화철 학자 중 한 사람인 Kimmerle는 같은 맥락에서 다음과 같이 말한다. "상이한 문화들 간에 다면적인 교류가 일어나고 있고 이들은 다양한 관점에서 서로 섞이고 있다. 우리는 이것을 한편으로는 각 문화의 고유한 특수성이 사라지고 있다고 애석해 할 수 있다. 그러나 다른 한편으로 단일화 과정과 이에 대한 반발을 통해서 새로운 삶의 방식을

가능하게 하는 동력학이 생겨나고 있다."(Kimmerle 2002, 7) 이와
같이 상호문화철학은 현재의 세계사적 변화과정이 인류 문화에 대한
하나의 위기이자 동시에 기회라는 점에 주목한다. 그러므로 상호문화
철학은 Kimmerle가 말하는 새로운 삶의 방식을 위한 동력학
(dynamics)을 규명하고 그것을 활발하게 작동시키려 한다. 그래서
상호문화철학은 마치 '고삐 풀린 망아지'처럼 좌충우돌하며 진행되고
있는 문화적 만남과 충돌의 과정을 의식적이고 합리적인 방식으로
조직하는 데에 기여하려 한다.

이를 위해서 철학은 단지 과거로부터 전승된 철학적 문제의식들을
반복하는 데서 벗어나 현실적 변화들을 정확하게 분석하고 또 규명해
낼 필요가 있다. 또한 현실적 변화과정에 대한 분석과 규명을 통해서
상호문화철학은 타자 또는 이질적 문화와의 만남이 일상적 삶의 양식
이 된 세계에서 요구되는 세계관, 가치관, 삶의 태도, 방식 등을 새롭게
규정하려 하며 동시에 이러한 작업을 수행할 수 있도록 자신의 문제영
역과 방법을 새롭게 정립하려 한다. 물론 지금까지 철학이 이러한
요구를 전적으로 외면해 온 것은 아니다. 예를 들어 이미 오래 전에
세계철학[3]을 주장하였던 야스퍼스는 이렇게 말하였다: "모든 인간은
자신의 고유한 역사적 형태로 철학을 갖고 있다. 이 역사적 형태는
그것이 참된 것인 한 영원한 철학의 한 표현이다. 물론 이 영원한
철학은 그 자체로서는 어느 누구도 가질 수 없는 것이다."(Jaspers
1982, 20f) 여기서 야스퍼스는 이미 상호문화철학의 문제의식을 선취

---

3 이에 대해서는 홍경자(2008), 「야스퍼스에서의 세계철학의 이념과 전망 - 세계화
  시대의 상호문화철학을 중심으로」, 『철학연구』 Vol.106, pp.407~428 참조.

하고 있다. 또한 현대의 포스트모더니즘 철학 역시 자기와 타자의 관계에 대해서 그리고 서구중심적인 철학관에 대해서 반성적인 접근을 시도해 왔다. 이러한 철학의 자기변화를 상호문화철학은 좀 더 의식적이고 비판적인 방식으로 수행하려 한다.

요약하자면 상호문화철학은 그동안 서양철학이 의심의 여지없이 믿어 온 보편타당성과 특권적 진리주장에 대해 전면적인 반성을 시도한다. 상호문화철학은 세계화의 상황 속에서 제기되는 새로운 문제들을 철학적으로 다룰 뿐 아니라 기존의 철학적 작업의 정당성과 의미에 대한 근본적인 반성을 시도하고 있다. 이하에서는 현재 상호문화철학을 주도하는 논자들을 중심으로 그들의 핵심적인 주장이 무엇인지를 살펴본다.

2) 모든 중심주의에 대한 비판과 '다자간 대화(Polylog)'의 이념: F. Wimmer의 논의를 중심으로

(1) 서양철학의 편견

오스트리아의 상호문화철학자인 Wimmer는 세계화 시대가 도래하면서 기존의 유럽 중심의 철학사 서술 방식은 이제 유효성을 완전히 상실한 것은 아닌가 하는 문제의식으로부터 출발한다. 그는 철학사라는 하나의 분과도 그 자체로 하나의 역사를 지니고 있음에 주목한다. 다시 말하면 철학의 역사적 발전과정에 대한 서술 방식과 평가는 철학사가가 처한 시대적·지역적 배경에 따라서 변화되어 왔다. 그러나 이러한 변화의 과정 자체에 대해 철학자들이 관심을 갖게 된 것은 그리 오래된 일이 아니다.(Wimmer 2001, 7) 철학자들이 이런 관심을 갖게 된 것은 오늘날 세계적인 차원에서 정치·경제·사회·문화적 차원의 교류가 활발해짐으로써 지역, 인종, 문화 간의 접촉이 활발해지고 있다는 다문화적 상황과 무관하지 않다.

철학자들이 이러한 다문화적 상황에 기초해서 자신의 학문적 활동의 의미와 방법에 대해 어떻게 반성하고 있는가를 Wimmer의 상호문화철학은 잘 보여준다. Wimmer는 "철학사에 대한 상호 문화적으로 정향된 접근"(ibid., 11)이 필요하다고 주장한다. 다시 말해서 이제 철학사는 과거와 같이 단지 특정한 지역이나 시대의 관점과 문제의식에 따라서가 아니라 범지구적인 관점에서 연구되고 서술되어야 한다는 것이다. 왜냐하면 오늘날 우리가 평화로운 세계질서를 원하는 한, 상호문화적인 철학사 서술은 반드시 필요하기 때문이다.

Wimmer는 이렇게 철학의 역사가 글로벌한 관점에서 서술되어야 함을 요구하는데, 이것은 동시에 현재 서양의 철학사 서술이 여전히 유럽중심주의적인 관점(Eurozentrismus)에 머물러 있음을 비판하는 것이다. 그는 왜 서구에서 출간되는 철학사를 주제로 하는 저술들이 전적으로 유럽의 철학적·문화적 전통만을 내용으로 담고 있으면서도 제목에서는 아무런 지역적 제한을 명시하고 있지 않는가를 질문한다. 즉 내용적으로는 분명 서양 또는 유럽의 철학사임에도 제목상으로는 자신이 마치 세계 전체를 대표하는 철학사인 것처럼 행세하고 있다는 점을 지적한다. 그렇다면 어째서 서양의 철학사가들은 자신이 서술하는 철학의 역사가 세계 전체를 대표하는 것처럼 여기면서도 실제로는 서술 대상을 '서양의 철학'에 한정시키고 있는가? Wimmer에 따르면 이러한 관행은 단지 우연적이거나 자의적인 판단의 결과가 아니라 하나의 확고하고 뿌리 깊은 편견의 결과이다.

"유포되어 있는 편견에 따르면, (자연과학, 기술, 자동화된 의사소통 수단 같은) 인류의 유산에 속하는 다른 분야와 마찬가지로 철학 역시 단지 유럽에서 생겨나고 유럽에서 발전된 것이다. 이러한 가정 아래서는 철학의 역사가 유럽에서의 철학의 역사와 등치되는 것은 당연하다. … 또 하나의 다른 편견에 따르면 비유럽적인 사고는 거의 알려져 있지 않거나 알려져 있다고 해도 그에 대한 정보들은 단지 (서지학, 인류학, 문화사 같은) 특수 분과들에만 접근 가능한 것들이다."(ibid., 14)

첫 번째 편견은 철학을 고대 그리스라는 특수한 시대의 특수한 지역에서 발생한 독특한 사고의 방식으로 보는 태도이다. 이런 관점에서 보면 동양철학, 아프리카철학 같은 말은 형용모순이다. 왜냐하면 동양이나 아프리카에는 '철학'이 있을 수 없기 때문이다. 두 번째 편견은 말하자면 비 유럽적 사고 속에는 철학적으로 연구되어야 할 만큼 중요하고 본질적인 것들이 들어 있지 않다는 오만한 태도이다. 서로 연관된 이러한 2가지 편견으로 인해 서양의 철학사가들은 자신의 연구대상을 서양에서 이루어진 철학적 연구에 한정시키고 있는 것이다.

그렇다면 우리는 상호문화철학의 관점에서 이러한 편견들에 대해 어떻게 대응할 수 있는가?

먼저 첫 번째 편견에 대해서 보자. 하이데거(Martin Heidegger)와 일본의 철학자가 한 대담에서 나오는 유명한 장면은 하이데거가 철학을 하나의 고유명사로서, 즉 희랍인들의 사고방식과 내용을 가리키는 말로 이해하고 있음을 보여준다.[4] 이러한 하이데거의 철학이해를 대부분의 유럽 철학자들이 공유하고 있다. 그러나 철학을 인간과 세계의 관계 그리고 삶의 의미의 물음이라는 의미에서 이해할 때, 세계의 다른 지역에서 달성된 사고의 방법과 내용들을 철학이 아닌 다른 무엇으로 이해할 아무런 이유도 찾을 수 없다. 다른 개념과 방법, 태도를 통해서이지만 동양인이나 아프리카인 그리고 유럽인들은 존재의 의미라는 동일한 문제에 대해서 답하려고 하였던 것이다. 그런 의미에서 철학을 그리스-유럽적인 전통에만 한정시키는 것은 철학에 대한 풍부하고 다양한 접근과 모색을 애초부터 차단하는 잘못을 범하는 것이다. "… 철학은 단지 유럽-서구적 관심사가 아니라 - 예술처럼 - 각각의 방식으로 모든 지역에 속하는 것이다. 지구의 다양한 영역에서의 철학의 발생에 대한 연구는 이러한 테제로 나아가는 중간 단계이다. 상호문화철학은 처음으로 이러한 테제를 명확하게 그리고 단호하게 정식화하였다."(Kimmerle 2002, 42)

두 번째 편견에 대해서 살펴보자. Wimmer는 중국이나 인도 및 아프리카의 사고 방법과 결과를 유럽어로 번역한 책들이 사실상 많이 출간되어 존재한다는 점을 들어서 두 번째 편견을 비판한다. 물론 서양인의 입장에서 볼 때, 비교연구나 사전류 등이 미비하여 비유럽적인 사고에 대한 접근이 상대적으로 어려운 것은 사실이다. 그러나

---

4 이 대담에서 하이데거는 철학을 가리켜 "그 이름과 그 이름이 가리키는 것은 유럽적인 사고, 즉 철학에서 유래한다."고 말하는데, 이 구절을 통해서 우리는 하이데거가 철학이라는 이름만이 아니라 그것의 내용도 역시 희랍적이고 유럽적인 것이라고 생각하고 있음을 알 수 있다.(Mall, 1996, 17 참조)

이것이 곧 비유럽적인 사고를 철학사에서 배제해도 된다는 면죄부를
주는 것은 아니다. Wimmer는 오히려 이것을 서양철학자들의 연구의
'결핍(Defizit)'으로 규정하고 철학사가들이 이러한 결핍을 학문적으로
메워야 한다고 주장한다. 그리고 이러한 작업이 수행되기 위해서는
비유럽지역 철학들의 역사를 경시하며, 알 필요가 없다고 생각하는
오만한 태도가 먼저 부정되어야 한다.

더 나아가 이러한 2가지 편견의 배후에는 유럽중심주의라는 뿌리
깊은 신념 또는 편견이 가로놓여 있다. 유럽중심주의가 서구에서
확립된 것은 계몽주의를 지나면서이다. 인간의 이성을 통한 역사의
진보라는 계몽주의의 입장은 유럽 문화가 지구상에서의 모든 역사적
발전 과정의 정점을 이룬다는 생각으로 전개되었다. 유럽 이외 지역에
서의 문화적·철학적 성과는 다양한 차이에도 불구하고 궁극적으로는
모두 유럽에 비해 아직 미발전된 문명 단계로 규정되었고, 마땅히
유럽의 수준으로, 유럽과 유사한 단계로 발전되어야 할 것으로 간주되
었다. (예를 들면 헤겔의 『역사철학강의』 서문을 보라.) 이러한 유럽
중심적 사고방식은 단지 지적 우월감의 충족에 그치지 않고, 유럽의
열강들이 세계의 대부분을 식민지화하는 데에 이론적 밑받침이 되었
고, 21세기인 지금까지도 적어도 문화적 영역에서는 강력한 영향력을
발휘하고 있다.

(2) 문화적 중심주의의 제 형태

상호문화철학은 이러한 유럽중심주의는 말할 것도 없고 더 나아가
모든 가능한 (예를 들면 중국 중심주의 또는 아프리카 중심주의 등등)

중심주의(Zentrismus)에 대한 비판을 핵심적인 과제로 삼는다. Wimmer는 어떤 집단이 자신의 문화적 중심성을 주장하는 방식에는 이론적으로 4가지가 있을 수 있다고 본다.(Wimmer 2004, 54~58 참조)

① 확장적(expansive) 중심주의: 이것은 서양의 사고 전통에서 전형적으로 등장하는 중심주의로서, 특정한 사태에 대한 '진리' 또는 최선의 삶의 형식이 어딘가에 완전한 형태로 존재한다고 보고, 이것이 확대되어야 한다고 본다. 이러한 태도는 예수가 제자들에게 말하였던 "가서 모든 민족에게 가르쳐 주어라"(마태 28, 19-20)라는 말에서 잘 드러난다. 또한 이러한 생각은 비유럽 민족들을 근대화시키고 문명화시켜야 한다는 계몽주의의 주장 속에도 들어 있다. '우리'에게는 언제나 참된 믿음과 진리 또는 객관적 진보가 속하며, 반면 타인들에게는 이단이나 미신, 무지, 정체, 퇴보 등이 속한다. 진리의 담지자인 우리가 해야 할 것은 자신을 유지, 확대하는 것이고 타자를 억압, 제거하는 것이다. 이로부터 종교적 또는 세속적 우월성을 일방적으로 선포하는 독백적인 과정이 생겨난다.

② 통합적(intergrative) 중심주의: 이것은 ①과 마찬가지로 자기의 객관적 우월성에 대한 신념에서 출발하지만, 동시에 자신의 매력이 그 자체로 충분히 강해서 모든 타자를 어떤 강제나 물리력이 없이도 흡수하고 통합하기에 충분하다고 생각한다. 이러한 생각은 고전적 유교나 도교의 '왕도정치王道政治'의 개념에서 잘 나타난다. 여기서 Wimmer는 맹자가 어떤 나라의 왕에게 말하였던 통치법에 대한 충고를

예로 들고 있다. 왕이 어떻게 자기의 왕국을 잘 다스릴 수 있을지를 묻자 맹자는 단지 정의롭게 다스리기만 하면 백성들이 알아서 따라오게 되리라고 대답한다. 이러한 태도는 올바른 것으로 인정된 고유의 질서를 관철시키고 유지 보존하고 재건하는 데에만 관심을 집중한다는 점에서 통합적 중심주의라고 할 수 있다. 이것은 ①에 비해서 덜 폭력적이고 강압적이지만, 이것도 역시 결과적으로 유아독존적인 태도를 취하게 된다. 즉 첫 번째 경우와 마찬가지로 자신의 방식을 반성의 여지가 없는 좋은 삶의 방식이라고 믿고 이것을 타인에게 직접적으로든 간접적으로든 강요하게 된다.

③다원적(multiple) 중심주의: 이것은 진리에 대한, 또는 올바름에 대한 여러 개의 신념이 독립적으로 병존할 수 있다는 태도를 말한다. 동양문화와 서양문화를 전혀 다른 실체로 간주하는 태도라든지, 각자 또는 각 민족에게는 각기 상이한 방식과 논리가 있다고 여기고 이것을 인정하는 태도가 여기에 속한다. 여기서는 단일성이 아니라 다수성이 기초적인 것으로 또한 이상적인 것으로 간주된다. 그러나 이러한 다원적 중심주의는 합리적이고 논증적인 대화를 거부함으로써 철학적 또는 실질적 상호교류의 가능성을 차단하는 문제점이 있다. 즉 다원적 중심주의는 기껏해야 타인의 사상이나 가치관을 '관용'하고 '이해'할 수 있을 뿐, 거기에 대한 진지하고 논증적인 대화로까지 나아가려 하지 않는다. 이것은 전형적인 문화적 상대주의의 입장이라고 할 수 있다.

④ 잠정적(tentative) 중심주의: 이것은 이행적 중심주의라고도 부르는데, 무엇보다도 — 문화 내부적인 그리고 상호문화적인 이해와 의사소통에서 결정적인 역할을 하는 — '관점전환의 능력'에(Wimme 2004, 57) 기초하는 입장이다. 그러므로 이것은 자기 속에 갇히지 않고 상대방의 관점을 고려하며 또 자신을 끝까지 고집하기보다는 관계 속에서 기꺼이 이행의 과정을 겪는 유연한 태도이다. 그럼에도 불구하고 Wimmer가 이것을 여전히 중심주의의 일종으로 분류하는 것은 '관점전환'이 철학적으로 유의미하기 위해서는 단지 변덕에 의한 것이거나 또는 단순히 시류에 영합하는 것이 아니라 주체가 설정하는 일정한 논거에 기초한 것이라야 하기 때문이다. 즉 Wimmer에 따르면 "언제나 논증적 태도를 취하고 가급적 논거와 지적 통찰에 입각해서 다른 사유방식으로 이행하는 사람은 각각의 순간에 책임 있는 중심으로서 행동하고 있는 것이다."(ibid.) 다시 말해 내가 나의 견해를 수정하는 것은 단지 다른 대안적 견해와 마주쳤고 그것에 의해 영향을 받았기 때문이 아니라 내 스스로의 판단에 기초하는 책임 있는 주체적 행동이어야 한다. 근거 지어진 신념에 기초하는 나의 견해가 있기에 나는 비로소 마찬가지로 주체적으로 근거 지어진 타자의 다른 신념을 이해할 수 있고 그것과 내용적으로 교류할 수 있는 것이다. 여기서도 다원적 중심주의에서처럼 다수성이 근본적인 것으로 인정되지만 그럼에도 각각의 문화적 사유방식과 삶의 방식은 불변적 실체가 아니라 잠정적이며 가변적인 것이라고 생각된다. 이 점에서 잠정적 중심주의는 Wimmer가 제시하는 모든 중심주의에 대한 대안인 'Polylog'[5]와 결부된다.

(3) 'Polylog' 또는 다자간 대화

철학의 역사를 세계적인 차원에서 상호문화적으로 접근하려는
Wimmer의 입장은 성급한 보편주의와 상대주의적 특수주의라는 두
개의 함정을 모두 피할 수 있는 제3의 철학적 작업방식에 대한 모색이
다. 그가 보기에 현실의 모든 철학은 한편으로 그 본성상 인간과
세계의 존재 의미에 대한 원리적이고 보편적인 인식을 추구하지만,
다른 한편으로 어느 문화도 자신의 철학적 언어, 전통, 사고방식을
유일하고 보편타당한 것으로 내세울 수 없다. 이렇게 보편성을 추구하
는 철학이 문화적 특수성의 맥락 속에서 작업할 수밖에 없다는 딜레마
에서 벗어나는 방법으로서 Wimmer는 '다자간 대화(Polylog)'를 주장
한다. 즉 세계의 여러 문화권의 철학들과 철학자들은 각자의 문화적
제약성을 인정한 위에서 어떤 초문화적인 보편적 철학을 향하여 다자
간 대화를 시도해야 한다는 것이다. 성급한 보편주의와 상대주의적
특수주의의 딜레마를 극복하는 제3의 길은 "단지 비교철학적이거나
쌍방 대화적인 방식이 아닌 다자간 대화적인 방식에 있다. 철학의
주제적 물음들 — 현실의 근본구조에 대한 물음, 이 물음의 인식 가능성에
대한 물음 그리고 가치와 규범의 정당화에 대한 물음 — 에 대한 논의는
가급적 많은 전통 간의 다자간 대화를 통해서 하나의 해답을 모색해야
한다."(ibid., 67)

---

5 Polylog는 희랍어로 본래 여러 사람이 하는 대화를 의미하며 잡담, 수다와
  같은 뜻으로 쓰였다. Wimmer는 현대의 문화적 상황이 여러 문화 간의 대화를
  요구한다는 면을 강조하여 두 사람의 대화를 의미하는 Dialog 대신 다자간
  대화인 Polylog라는 개념을 즐겨 사용한다.

이런 맥락에서 다자간 대화는 '문화 간의 대화'가 단지 몇몇 문화 간의 부분적인 1 대 1 교류에 그치지 않고 세계적인 차원에서 모든 문화가 동시 다발적으로 철학적인 문제들에 대해 서로의 생각을 교환하고 논의해야 한다는 주장으로 이해될 수 있다. 물론 이렇게 여러 상이한 문화들이 서로 동등한 권리를 인정한 위에서 서로의 철학적 사유를 동시 다발적으로 교류하는 것은 매우 어려운 일이다. 왜냐하면 그것은 사유의 근본규칙 자체를 대화의 주제로서 상정해야 하는 대화의 양식이기 때문이다. 그런 점에서 Wimmer는 다자간 대화라는 철학함의 방식을 일종의 이상(ideal) 또는 규제적 이념(Regulative Idee)으로 이해한다.(ibid., 71f) 문제는 지금 어떻게 가능한 한도 내에서 다자간 대화를 실천하느냐에 있다. 물론 Wimmer가 이 문제에 대해서 어떠한 분명한 해답을 미리 제시할 수 없다는 것은 분명하다. 그것은 대화당사자들의 의지와 능력에 달려 있는 것이기 때문이다. 그럼에도 Wimmer는 이러한 실천이 시작되기 위해서 요구되는 최소한의 규칙을 제시하고 있다. "어떤 철학적 테제가 만약 단 하나의 문화적 전통에 속한 사람들에 의해서만 제기되었다면 결코 그것을 잘 근거 지어진 테제로서 받아들이지 말라. 또는 긍정문으로 서술한다면: 가능하면 언제나 철학적 개념들 간에 있는 초문화적인 겹침을 찾아라. 왜냐하면 잘 근거 지어진 테제는 여러 개의 문화적 전통들 속에서 발전되었을 가능성이 높기 때문이다."(ibid., 67)

3) 상호문화적 해석학: R. A. Mall의 논의를 중심으로

인도 출신으로 독일에서 주로 활동하고 있는 R. A. Mall은 위에서 살펴본 Wimmer와 함께 지금까지 상호문화철학의 담론을 주도하고 있는 사람이다. Mall은 기본적으로 Wimmer가 제시한 상호문화철학의 기획에 동의한다: "상호문화철학의 개념과 내용에 대한 나의 숙고는 － Wimmer와 같은 의미에서 － 세계의 철학, 문화 그리고 종교 간의 상호접근을 위해 다소간이나마 기여를 하려는 것이다."(Mall 1996, 18) 동시에 Mall은 자신의 작업의 초점이 "첫 번째로는 이론적·철학적 그리고 방법론적 반성과 두 번째로는 소집단 대화로부터 강의, 세미나, 심포지엄, 학술대회 그리고 공식적인 학회 활동에 이르는 실천 작업"(ibid.)에 놓인다고 밝히고 있다.

　Wimmer가 세계의 다양한 문화권의 철학들을 서로 만나게 하고 그 속에서 다중적 대화를 통해서 실천적으로 하나의 보편적 철학 또는 철학사를 구성해 내는 일에 초점을 맞추는 반면, Mall은 상이한 문화 간의 다중적 대화를 가능하게 하는 방법론을 모색하고 세계철학을 향한 국제적인 또는 상호문화적인 협력을 추진하는 데에 집중하는 경향을 보인다. 그럼에도 Wimmer와 Mall은 문화적 다원주의의 상황 아래서 가능한 보편적인 철학적 진리 또는 이른바 세계철학(World-Philosophy)의 성립을 모색하고 있다는 점에서 동일한 지점을 지향하고 있다. 다만 작업의 강조점이 약간 다를 뿐이다. 그러면 아래에서는 위에서 살펴본 Wimmer의 논의를 보완하는 관점에서 Mall의 방법론적인 반성작업 특히 상호문화적 해석학에 대한 논의를 간단히 정리해보려 한다.

(1) 문화와 철학

Mall이 자신의 상호문화철학을 체계적으로 서술하고 있는 대표적
저작『문화의 비교 속에서의 철학』은 철학이 자신의 문화적인 제약
속에 있으면서 동시에 문화적 제약을 뛰어넘는 보편적인 것을 추구한
다는 사실에서 출발한다. 물론 과거의 철학은 자신의 보편성만을
강조하고 자신의 문화적 구속성에 대해서는 외면하거나 무지하였다.
그러나 현대의 다문화적 상황은 각각의 철학이 언제나 자신의 문화적
제한성(=지역성)을 반성하는 속에서 보편적인 것(=지역초월성)을
찾아나갈 수밖에 없다는 것을 분명히 보여주고 있다.

여기서 혹자는 이렇게 질문할 것이다. 문화적 제한성을 인정하는
순간 우리는 상대주의의 함정에 빠지는 것은 아닐까? 그러므로 문화적
제한성을 인정하면서 동시에 보편적인 진리를 찾으려는 상호문화철학
의 시도는 자기모순이 아닌가? 하지만 상호문화철학은 모든 철학이
자신의 특수한 문화에 제한되어 있다는 사실로부터 모든 철학이 각기
나름대로 타당성을 갖는다는 식의 상대주의로 나아가거나, 여러 지역
의 철학 간의 생산적인 상호작용을 거부하는 데로 나아가지 않는다.
상호문화철학은 철학의 문화적 제한성이 오히려 철학 간의 비교와
상호이해를 가능하게 하는 기초라고 간주한다.

이런 견해가 가능한 이유는 상호문화철학이 '문화'를 고정불변의
실체로서가 아니라 역동적 과정으로서 보기 때문이다. 모든 문화는
인간다운 생존과 번영을 위한 '인간들'의 치열한 노력과 분투의 결과로
서 생겨났고 또 생겨나고 있는 것이라는 점에서 공통적이다. 이런
점에 주목할 때, 문화는 단지 '우리'와 '그들'을 분리시키고 양자의

상호 소통을 원천적으로 가로막고 있는 분리대 같은 것이 아니다. 문화는 우리와 그들의 구별의 원천인 동시에 그 구별된 것들 간의 소통을 가능하게 하는 다양한 공통분모들이 담겨 있는 영역이다. 우리는 자신의 편견을 반성적으로 바라보고 타자와의 관계에서 관점전환을 수행함으로써 언제 어디서든 그리고 많든 적든 이러한 공통분모를 찾아낼 수 있다. 그리고 그 공통분모는 어디까지나 문화 속에서 찾을 수 있다.

(2) 영구 철학

문제는 아직도 많은 철학자들이 선험적 전제나 관념적 도식에 기초한 자신의 사유내용이 지역적 특수성을 훌쩍 뛰어넘는 보편적 진리일 수 있다는 편협한 생각에 빠져 있다는 데 있다.(Mall 1996, 18) 이러한 근본주의적인 사고는 당면한 다문화적 상황에서 긴급히 요구되고 있는 문화 간의 상호접근과 상호이해의 과정을 현저하게 가로막고 있다. 그러므로 현재 요구되고 있는 것은 진리에 대한 확신 또는 광신이 아니라, 진리에 대한 겸손한 태도이다. 그러므로 Mall의 상호문화철학은 어떤 철학적 전통에도 "영구 철학(philosophia perennis)" (ibid., 7)이라는 특권적 지위를 허용하지 않겠다는 점을 분명하게 선포한다. 하지만 여기서 주의할 것은 Mall이 '영구 철학' 즉 보편적 진리에 대한 추구 자체를 포기하고 있는 것은 아니라는 점이다. 다만 영구 철학의 성립은 상호문화철학의 이념에 입각한 인류의 공동적인 철학적 작업이 과연 성공적으로 진행되느냐의 여부에 달려 있는 문제이고, 따라서 우리들의 실천의 문제이다.

여기서 현대와 같은 포스트모던 시대에 '영구 철학 또는 보편적 철학적 진리'를 주장하는 것은 결국 또 하나의 독단적 태도로 빠지지 않을까 하고 의심하는 독자를 위해 다음과 같은 Mall의 설명에 주목할 필요가 있다: "상호문화철학은 다음과 같은 철학적 견해와 통찰을 확립하고 전파하는 작업이다. 즉, 어떤 보편적인 철학적 진리가 있다면, 그것은 첫째로 인류 공통적이고 유비(analogy)적 성격을 가지며, 둘째로 어떤 특정한 전통·언어·문화·철학도 특권화하지 않으며, 셋째로 자신의 '지역적인 지역초월성(orthafte ortlosigkeit)'으로 인해 다양한 철학적 형태를 가지고 나타난다."(ibid., 16) 다시 말하면 보편적인 철학적 진리는 본질에 대한 직관이나 이데아에 대한 선험적 인식에서 유래하는 것이 아니라, 다양한 문화권의 철학적 사유들 간의 유사성이나 공통성에서 유래하는 것일 수밖에 없다. 따라서 보편적인 철학적 진리는 우월한 사고능력을 지닌 어떤 문화나 문명의 산물일 수 없다. 그것은 대화, 관용, 상호이해의 산물인 것이다.

(3) 상호문화적 해석학과 '겹침'의 영역

그러므로 '영구 철학'의 내용은 어느 하나의 탁월한 철학적 전통에 의해서 발견되거나 제시되는 것이 아니라, 다양한 철학적 전통들의 대화와 상호이해의 과정에서 등장하는 공통성의 영역에 다름 아니다. Mall은 이러한 공통적 영역을 찾아내는 방법론으로서 — 또는 Wimmer의 용어를 빌어서 말한다면 다중적 대화의 방법론으로서 — 해석학에 눈을 돌린다. 해석학은 해석과 이해의 방법 또는 기술로서 오랜 역사를 지니고 있다. 그러나 Mall은 서구의 일방적 문화적 주도권이 붕괴된 현대의 다문화적 질서는 기존의 해석학의 기본입장과 결별한 새로운 해석학을 요구한다고 주장한다.(ibid., 25)

Mall에 따르면 Gadamer를 포함한 기존의 해석학은 자신이 "본래적인 철학, 참된 종교, 참된 문화, 본래적인 과학과 역사를 지니고 있다"(ibid.)는 기본 입장에서 벗어나지 못하였다. 이로 인해 기존의 해석학은 타자를 이해하려는 시도 속에서, 타자를 타자로서 이해하기보다는 이해되어야 할 타자를 본질적으로 변형시킴으로써 타자를 단지 자기의 그림자로 만들어 버렸다. 또는 아직 '미지의 것'을 '기지의 것'으로 환원시킴으로써 타자를 이해하려는 시도에 그쳤다. 그러나 여기에는 자기와 타자의 완전한 공약가능성이라는 의심스러운 입장이 전제되어 있다. 반면 현대의 포스트모더니즘이 제시하는 차이의 해석학은 자기와 타자의 완전한 불가공약성을 전제함으로써 상호 간의 이해의 가능성을 원천적으로 차단해 버린다. Mall은 이러한 포스트모더니즘의 입장도 받아들일 수 없는 것이라고 간주한다. 이와 달리 상호문화적 해석학은 타자의 타자성을 또는 타자와의 거리(distance)를 그대로 유지하면서 그 타자와 교류하며 상호 이해를 통해 친숙해지는 제3의 방식의 접근을 모색한다.

Mall에 따르면 이러한 제3의 접근 방식을 취할 때, 해석학은 '유비적인 해석학'이 된다. 유비적 해석학은 모든 문화적 전통 간에 이미 어떤 경험적으로 확인할 수 있는 최소한의 유사성이 존재한다는 가정에서 출발하며 이 유사성 즉 '겹침(overlapping)'에 기초해서 비로소 신중하게 그리고 점진적으로 서로를 이해하려는 해석적 과정을 진행시키려 한다. "유비적인 해석학은 … 최초의 의사소통과 번역을 가능하게

하는 겹침에서 출발한다. 이 겹침은 생물학적·인류학적인 것에서부터
정치적인 것에까지 다양한 영역에 걸쳐 있다."(ibid.)[6] 이러한 겹침에서
출발할 때 비로소 만남 속에서 타자의 '타자성'은 부당한 환원이나
자의적인 가감 없이 온전하게 고려될 수 있다. 다시 말해서 타자의
타자성을 성급하게 '나'의 시각을 통해서 본다거나, 나에게 이미 알려진
것에 기초해서 자기중심적으로 해석하는 오류에서 벗어난다. 그러므
로 다른 문화에 대한 해석 작업은 이러한 겹침의 영역에서 출발해야
한다.

그러나 문화적 전통 간의 겹침은 자동적으로 확보되는 것이 아니라
우리의 노력 속에서 발견되고 형성되는 것이다. 다시 말해 겹침은
인간의 다양하고 상이한 삶의 방식들 속에 간직되어 있는 것이며,
우리는 어떤 선험적인 전제나 존재론적 원리에 입각해서가 아니라
우리의 실제적인 경험 또는 상호작용에 기초해서 그것을 발견하고
또 정당화해야 한다. "문화들 그리고 철학들 사이에 어떤 겹침이 있다는
것은 의심할 여지가 없다. 그리고 이 겹침이 아무리 작고 미미하다
할지라도 상호문화적 이해의 본래적 토대를 형성한다는 것도 의심의
여지가 없다."(ibid., 22)

---

6 이러한 겹침을 존립하게 하는 다양한 토대에 대한 논의는 Mall, ibid., 45~54
참조

5. 독일의 상호문화교육[7]

한국에서 다문화교육은 짧은 기간에 다양한 정책과 프로그램을 개발하고 실천적으로 적용하는 한편, 다문화경험을 가진 다른 나라들의 사례와 이론적 작업들을 수용하는 데서 많은 성과를 축적하였다. 여기서 다루고자 하는 독일의 상호문화교육의 이론과 실천에 대해서도 이미 적지 않은 연구가 제출되어 있다. 그럼에도 '상호문화성'이나 '상호문화철학'의 문제의식과 연관하여 독일의 상호문화교육이 갖는 특성에 대해 연구한 글은 별로 없는 것 같다. 이 장에서는 위에서의 논의를 배경으로 하면서, 독일 정부와 교육학계가 1960년대 초 외국인 이주 초창기에 적용하였던 '외국인 교육'이 어떻게 비판되고 극복되어 현재의 '상호문화교육'으로 발전되어갔는가를 살펴보려고 한다.

1) 용어의 문제

먼저 지적하고 넘어가야 할 것은 용어의 문제이다. 현재 한국에서 급속히 증대되고 있는 인종적·문화적 다양성에 대한 교육적 대응방식은 다문화교육, 상호문화교육, 간문화교육, 국제이해교육 등 다양한 방식과 명칭 아래 제시되고 있다. 이들은 하나의 동일한 사태에 대한 대응방식이면서도 각기 약간씩 다른 역사적 배경과 개념적 정립과정을 배후에 지니고 있다.

　다문화교육의 개념은 주로 캐나다, 미국, 오스트레일리아 등 공식적

---

7 제5장의 내용은 대부분 필자가 쓴 「독일의 상호문화교육과 타자의 문제」(교육의 이론과 실천, 제16권 1호, 2011)에서 간추린 것이다.

인 이민국가로서 일찍부터 인종적, 문화적 다양성 문제와 대결해왔던 나라들에서 사용되고 발전되었다. 영미권의 학문적 영향을 많이 받는 우리나라에서도 다문화주의와 다문화교육이라는 용어가 압도적으로 더 많이 사용되고 있다. 상호문화교육은 간문화교육 또는 문화 상호이해교육 등으로도 번역되는데, 주로 독일과 유럽의 연구경향을 대변하고 있다. 그러나 다문화교육이나 상호문화교육은 모두 세계화, 이민 등을 통해 증대하는 사회문화적 이질성과 갈등에 대한 이론적·실천적 대응 과정을 가리킨다. 이렇게 공동적 문제의식을 공유하고 있기 때문에 양자의 명확한 경계와 구획을 나누기란 매우 어려워 보인다. 또한 독일의 상호문화교육은 명백히 먼저 시작된 영미의 다문화교육 논의로부터 많은 영향을 받았다는 점에서 양자를 1 대 1로 대응시키면서 양자의 경계를 분명히 하는 일은 별로 의미가 없어 보인다.

여기서는 2가지를 지적하고 넘어간다.

첫째, 두 개념이 포함하고 있는 역사적인 함축과 전개과정을 도외시하고 '다문화'와 '상호문화'라는 단어 자체의 중립적인 의미에서 본다면, 전자는 문화 간의 관용과 공존을 강조하면서 다양성 그 자체에 가치를 둔다면, 후자는 다양성을 중시하면서도 궁극적으로 다양성 간의 긴장에 기초한 상호작용 속에서 그들의 통일성이 확산되는 과정에 가치를 둔다고 할 수 있다.(정영근 2000, 7)[8] 이것은 단지 용어의 의미에 따른 구분이지만, 그럼에도 현재 한국에서 진행되는 다문화교육과 연관하여 큰 시사점을 가질 수 있다. 사실 현재 한국의 다문화교육

---

8 이 글의 제Ⅲ장 상호문화성에서도 이런 측면을 확인할 수 있었다.

의 이론과 실천은 한편으로는 일방적 통합 및 동화주의의 경향을 지니면서도 동시에 다른 한편으로는 다양성의 인정과 타인에 대한 관용을 강조하는 모순적인 경향을 보여주고 있다. 이러한 내적인 혼선은 한국 사회가 현대의 다문화적 사회질서에서 요구되는 '문화적인 다양성과 통일성의 긴장'이라는 문제를 분명하게 주제화하지 못하고 있는 데에 기인할 것이다. 이에 반해 상호문화교육은 '문화적 다양성과 통일성의 긴장'이라는 문제를 비교적 더 분명하게 주제화하는 데에 도움이 된다.

둘째, 용어의 혼선을 피하기 위해서, '다문화교육'을 가장 넓은 의미에서 문화적 다원성의 상황에 대한 모든 형태의 교육적 대응방식을 표현하는 보편적 용어로 간주하고자 한다. 이런 넓은 의미에서의 다문화교육은 미국, 캐나다 등의 다문화 교육뿐만 아니라 독일이나 유럽의 상호문화교육을 포함하는 개념으로 설정된다. 그리고 넓은 의미의 다문화교육의 유형을 논리적 차원에서 구분한다면 다음과 같다: a) 일방적 동화를 지향하는 유형 Ⅰ, b) 다양성의 인정과 보존을 지향하는 유형 Ⅱ, c) 다원성 속에서의 통일성을 지향하는 유형 Ⅲ. 여기에 따를 때, 독일의 상호문화교육은 대체로 일방적 동화와 통합을 지향하는 유형 Ⅰ을 비판하면서 등장한 다문화교육 모델로서 세 번째 유형, 즉 다원성 속에서의 통일성을 지향하는 유형 Ⅲ에 가깝다. 이에 반해 캐나다의 다문화교육은 대체로 유형 Ⅱ에 가깝다고 할 수 있다.

한편 국제이해교육은 유네스코가 1946년 출범하면서 선언한 "전쟁은 인간의 마음에서 시작되므로 평화를 지키는 일도 인간의 마음에서 구축되어야 한다"는 설립목적에 따라서 도입한 것으로서 나라마다 다양한 이름으로 이를 수용하였다.(이삼열 외 2003, 10). 세계 여러 나라의 다문화교육과 마찬가지로 국제이해교육도 시대 변화에 따라 변모를 겪었다. 처음에는 주로 제2차 세계대전의 교전당사국인 영국· 프랑스·독일 등의 화해와 평화적 관계 구축이 직접적인 목적이었지만, 제3세계 운동이 확산된 1970년대 이후에는 인권, 자유, 지배와 예속으로부터의 해방, 사회적 불의와 불평등의 해소, 평등권과 자결권의 확장, 탈식민화, 환경보호와 자원의 공유, 문맹·질병·기아에 대한 공동대응과 같은 폭넓은 주제들이 국제이해교육의 가치로 부각되었다.(이삼열 2003, 16)

그러므로 국제이해교육은 다문화교육과는 다른 발생 배경을 가지고 있다고 할 수 있다. 다문화교육은 원래 미국, 유럽과 같은 다인종 국가들이 경험하는 국내적인 갈등의 해소와 공존을 위한 교육에서 시작된 반면, 국제이해교육은 세계의 상호연관성과 교류가 증가하면서 전 세계인이 서로를 이해하고 또 공동으로 직면한 문제들을 해결해야 할 필요성에 대응하여 생겨났다.(김현덕 2007) 이렇게 국제이해교육과 다문화교육은 각기 국제적 또는 국내적인 차이와 다양성에 초점을 맞춘다는 점에서는 서로 입장을 달리하지만, 궁극적으로 다양하고 이질적인 문화적·인종적 배경을 가진 주체들의 관계 문제를 다룬다는 점에서는 일치한다. 따라서 양자의 관계는 상호 보완적이라고 할 수 있다. "1990년대 이후부터 이 두 교육 분야는 서로의 결점을 보완하기 위한 상호 협력방안을 모색하기 시작하였다. 즉, 다문화교육은 국내에만 한정된 편협한 시각을 넓힐 필요가 있었으며, 국제이해교육

은 세계문제에만 집중함으로써 공허하게 들릴 수도 있는 세계시민
양성이 국내적 지지기반을 확보해야 할 필요성을 느끼게 되었다.”(김현
덕 2009) 이러한 ‘다문화교육과 국제이해교육의 통합’ 경향은 독일의
상호문화교육에서도 볼 수 있다. 독일의 상호문화교육은 처음에는
다문화교육의 한 유형으로서 출발하였지만, 점차 국내뿐만 아니라
국제적 상황에서의 이질적 문화 간의 교류와 의사소통 문제를 다룸으
로써 국제이해교육의 요소들을 자신 속에 통합해 가고 있다.

2) 독일의 상호문화교육의 역사적 배경: 이주 노동자의 유입

독일에서 상호문화교육의 역사는 라인 강의 기적으로 불리는 급속한
경제부흥과정에서 1955년부터 시작된 외국인 노동자들의 유입으로
거슬러 올라간다. 독일 정부는 경제성장으로 인해 급증하는 노동력
수요를 국내의 노동력만으로 감당할 수 없게 되자 외국에서 노동력을
모집하기 시작하였다. 이후 오일쇼크로 인해 경제가 침체기로 접어든
1973년에 외국인 노동자 모집 중단조치가 취해질 때까지 수백만 명의
외국인 노동력이 독일에 유입되었다.(정기섭 2009, 107) 독일 정부는
대규모로 외국인 노동자를 수입하면서도 이들이 독일 사회에 정착하기
를 원하지 않았을 뿐만 아니라, 외국인 노동자의 정착 가능성을 차단하
기 위해서 엄격한 법적·제도적인 안전장치를 마련하였다. 독일은
이민국가가 아니라는 정책적 원칙이 확고하였고, 이 때문에 ‘로테이션
(=순환적 교체)’과 ‘송환’ 정책에 따라서 일정한 계약기간이 끝나면
기존의 노동자를 새로운 노동자로 교체하여 예외 없이 본국으로 돌려
보내려 하였다.

독일 정부는 외국인 노동자들에게 '손님 노동자(Gastarbeiter)'라는 명칭을 사용함으로써 이들이 독일에 정착해서는 안 되는 집단임을 분명히 하였다. 반면 '손님'이라는 지위가 요구하는 환대와 인격적인 대우의 권리 등은 별로 인정하지 않았다. 그러나 노동력의 수입은 단순한 상품이나 물건의 수입과 달라서 필요해서 부를 수는 있었지만, 일단 들어온 사람들을 마음대로 돌려보낼 수는 없었다.[9] 그 결과 1955년부터 1973년 외국인 노동자 모집이 중단되는 시점까지 독일에 이주하였던 외국인 노동자 중 82%만이 본국으로 귀국하였다.(ibid., 108) 본국으로 돌아가기보다는 독일에서의 삶을 선호하였던 노동자들의 요구와 숙련된 노동자들을 계속 채용하려는 사용자 측의 필요가 맞아떨어져 − 로테이션 원칙에 위배되는 − 계약 연장이 이루어졌다. 또한 외국인 노동자 모집 중단이 예고되자, 장기간 독일에 머무르려는 외국인 노동자들은 '외국인 법(1965년부터 시행. 인도적 견지에서 외국인

---

9 이러한 독일의 전례는 우리나라의 다문화정책에 대해서도 많은 시사점을 준다. 왜냐하면 한국 정부의 이주노동자정책도 이주노동자가 일정기간 체류한 후 본국으로 귀환하는 로테이션을 전제로 삼고 있기 때문이다. 이러한 한국 정부의 정책은 아직 변함이 없으며, 따라서 한국의 다문화 정책과 교육은 주로 국내에 정착하는 집단인 결혼이민자와 그 자녀들을 대상으로 진행되고 있다. "정부의 다문화정책은 국내에 체류하고 있는 이주민 중 결혼이민자와 그 가족을 주 대상으로 하고 있다. 결혼이민자를 위한 복지정책이 대부분을 차지하고 있으며, 이주여성의 인권보호나 한국 사회와 문화의 적응교육에 치중하고 있다. 한국인 배우자와 그 가족, 지역 사회 주민을 대상으로 하는 교육이나 정책 사업은 명목에 그치는 경우가 많다. 정부가 사용하는 다문화정책의 의미가 단순히 이주민 지원정책에 머물러 있음을 알 수 있다. … 대부분의 다문화교육 역시 이주민 지원교육에 머물고 있다."(한건수, 2009, pp.3~4)

노동자 가족의 독일 초청을 허용한 법)'에 근거하여 서둘러 본국의 가족들을 독일로 이주시켰다.

그 결과 외국인 노동자 모집 중단 이후에도 독일의 외국인 비율은 지속적으로 증대하였다. 일관된 송환정책에도 불구하고 외국인의 비율이 오히려 상승하는 현실 앞에서 독일 사회는 외국인 문제가 단지 일시적인 현상이 아님을 인식하기 시작하였고, 2005년 새로운 이주법이 발효될 때까지 독일의 이주민 정책은 '송환정책'으로부터 '통합정책'으로 고통스럽게 전환되는 기나긴 과정을 겪게 되었다.(ibid.) 이러한 전환 과정은 동시에 교육학적으로는 외국인교육학에서 상호문화교육학으로의 이행과 맞물려 있다.

먼저 독일의 상호문화교육의 역사적 전개과정을 살펴보고(4-2), 상호문화교육학과 외국인교육학의 원리적·방법적 차원에서의 차이를 검토한 뒤(4-3), '상호문화학습'과 '상호문화능력'을 중심으로 독일의 상호문화교육의 적용과 실천에 대해서 살펴본다(4-4).

3) 독일 상호문화교육의 전개과정

(1) 최초의 자연발생적인 조치로서의 '외국인교육학'

처음에 독일 학교에 등장한 이민자의 자녀들은 외국인 노동자들이 본국으로부터 불러들인 아동들이었다. 외국인 노동자들은 애초의 예상과 달리 독일에서의 생활이 장기화될 조짐을 보이자 자녀들을 독일로 불러들이기 시작하였다. 노동이민의 초창기에는 외국인 학생들의 존재는 교육학적인 관심의 대상이 되지 못하였다. 독일에서의 외국인 아동 및 청소년의 상황에 대한 연구는 1970년대 중반에 가서야

본격적으로 등장하기 시작한다. 이때의 외국인교육학은 외국인 학생들이 독일 학교에 등장한 데 대한 일종의 자연발생적인 대응이었다.

이주 배경을 가진 학생의 대거 등장은 독일 교육계에서 하나의 골치 아픈 문제로서 간주되었다. 특히 문제시되었던 것은 이들이 학습에 필요한 독일어 능력을 전혀 갖지 못하고 있다는 점이었다. 이와 더불어 약간의 논란이 있었지만, 독일 내에 거주하는 '모든' 아동의 취학의무를 규정하는 독일 헌법의 규정에 따라서 외국인의 자녀도 독일 정규학교에서 교육을 받아야 한다는 연방법원의 유권해석이 내려졌다.(Nieke 2008, 14) 즉 이제 독일 학교는 학령기에 있는 모든 내·외국인 자녀들을 교육하지 않으면 안 되게 되었다.

따라서 가장 시급한 과제는 가급적 빨리 외국인 학생들의 결핍된 독일어 능력을 보완하여 수업을 들을 수 있게 만드는 일이었다. 그런데 이들에게 신속하게 수업에 참여할 수 있을 만큼의 독일어를 가르쳐야 한다는 과제는 학교 및 수업 조직에서의 변화를 요구하였다. 즉 외국인 학생들은 일정한 독일어 능력을 습득할 때까지 정규 수업 외의 특수학급으로 배치되어야 하였다. 그래서 주로 독일어를 가르치는 '준비학급'이 생겨났다. 그러나 차후에 정규 교과과정을 따라갈 수 있도록 하기 위해서 '준비학급'에서도 독일어 외에 최소한의 핵심 교과들을 가르치게 되었다. 이와 함께 '준비학급'에 적합한 교수법이 필요해졌고 또한 '준비학급'을 거친 외국인 학생과 독일 학생이 함께 참여하는 정규 수업에 적합한 교수법도 새로 마련되어야 하였다. 이렇게 외국인 학생이 대거 학교 현장에 등장함으로써 생겨난 다양한 문제들을 해결하기 위한 다각적인 노력 속에서 외국인 학생을 위한 교육학으로서의

'외국인교육학'이 성립되었다.(Nieke 2008, 15)

그러나 외국인교육학이 단지 외국인 학생의 독일어 능력의 결핍에만 관심을 기울였던 것은 아니다. 그것만으로는 불충분하였다. 왜냐하면 로테이션 원칙에 충실하자면, 외국인 학생들은 일정 기간 후에 본국으로 돌아가야 하기 때문에 그들이 자신의 '민족적·문화적 정체성'을 상실하도록 방치해서는 안 되었기 때문이다. 따라서 외국인교육학은 한편으로는 독일의 교육 및 문화 속으로 외국인 아동들을 통합해야 하는 동시에 그들이 문화적 정체성을 잃지 않도록 노력해야 하는 모순적인 과제를 떠맡게 되었다. 그리하여 외국인교육학은 외국인 학생들을 그들의 고유한 '문화적 정체성을 보존하는 속에서 통합'(Auernheimer 1988, 22)해야 한다는 모순된 과제 앞에서 갈팡질팡하는 모습을 보였다.[10]

(2) '외국인교육학'에 대한 비판

그러나 1980년을 전후로 해서 그때까지 외국인 학생들을 위해 행해졌

---

10 현재 한국의 다문화 정책과 교육은 외국인 노동자의 자녀뿐만 아니라 더 많은 수를 차지하는 결혼이주민의 자녀들을 대상으로 한다는 점에서 독일의 상황과 다르다고 볼 수 있다. 그럼에도 한국의 다문화 정책과 교육은 다문화 배경을 가진 학생들의 언어적 문제에 집중하고 이들의 존재를 단지 해결해야 할 문제로만 간주하는 경향이 강하다는 점에서 독일의 외국인교육학의 기본구도와 유사한 모습을 보여준다. 더 나아가서 현재 한국의 다문화교육은 자연발생적인 동화적인 지향과 다문화가정 출신 학생의 문화적 정체성을 존중하려는 당위적 지향 사이에서 갈팡질팡하는 모습을 보인다는 점에서도 독일의 외국인교육학과 유사한 모습을 보이고 있다.

던 실천적이고 이론적인 노력들이 결국은 '동화주의 교육학'에 불과하
다는 신랄한 비판을 받게 된다.

외국인교육학에 대한 비판의 핵심을 이루고 있는 것은 외국인교육학
이 사실상 사회적·정치적 문제인 외국인 문제를 교육의 문제인 양
오도하고 있다는 지적이다. 독일의 외국인 지원 단체들의 연합체인
'외국인 지원 단체 연합'은 1980년의 연차 회의에서 "외국인 문제의
교육문제화에 반대하여"라는 슬로건을 내걸었다. 외국인 지원 사업에
참여하던 활동가들은 경기후퇴의 과정 속에서 교육의 여러 문제들이
보다 근본적으로 사회적·정치적 영역에서 기인한다는 점을 자각하기
시작하였다.

이들은 성급하게 교육학적 도움을 전면에 내세우는 것은, 외국인
문제가 마치 교육을 통해서 효과적으로 해결될 수 있을 것 같은 잘못된
인상을 불러일으킬 수 있다고 비판하였다. 외국인 문제는 정치적으로
생겨난 것이며 오직 정치적 수단을 통해서만 해결될 수 있다는 것이
그들의 주장이다. 이런 관점에서 발표된 논문으로 대표적인 것이
Hamburger 등이 발표한 『정치를 교육으로 대체하는 것의 불가능성에
대해』(1981)이다.

외국인교육학에 대한 또 한 가지 비판은 대상 집단을 차별화시킴으
로써 그들을 결핍, 심지어는 장애를 가진 집단으로 폄하한다는 것이다.
만약 우리가 외국인들을 특수한 이론과 실천을 통해서 다루어야 할
대상으로 규정한다면, 그것은 곧 외국인이 내국인과는 다른 특별한
결핍과 장애를 지닌 집단이라고 간주하는 셈이다. 이에 따라 특정한
대상 집단 중심의 외국인교육학이 아니라 외국인 노동자나 이주민의

자녀를 넓은 의미의 평등교육의 이념 아래서 다루어야 한다는 주장이 제기되었다. 즉 그들이 외국인이어서 여러 가지 결핍과 장애를 지니고 있다는 관점에서가 아니라 오히려 사회적·구조적으로 불이익을 당하고 있다는 관점에서 접근해야 한다는 것이다.

그리하여 외국인 학생이 지닌 본래적인 결핍과 부족을 신속하게 보완해야 한다는, 일견 자명해 보였던 외국인교육학의 정책방향에는 몇 가지 의심스러운 전제들이 내포되어 있다는 비판이 제기 되었다. 즉 그것은 사실상 일방적인 동화주의의 입장, 즉 외국인들을 일방적으로 독일문화에 적응시키려는 경향을 내포하고 있었다는 것이다. 비판자들은 이러한 경향이 왜 잘못된 것인가를 2가지 서로 다른 이유에서 정당화하였다. 첫째로 그것은 독일 이민자 정책의 공식적 입장인 '귀환의 원칙'에 위배된다는 것이다. 앞에서 말하였듯이 — 그리고 외국인교육학도 스스로 인정하였듯이 — 외국인 자녀는 일정기간 후 본국으로 돌아가서 살아야 하므로 외국인 교육이 '통합'의 목표를 강조한 나머지 '귀환 이후 본국에서 생활할 능력'을 약화시키거나 제거하는 것은 부당하였다. 둘째로 그 경향은 다수자 문화의 우월성을 전제하고 나서 이주한 소수자들을 거기에 일방적으로 동화시키려 하였는데, 이는 모든 문화는 나름대로 고유한 가치를 가지며 상호 동등한 권리를 갖는다는 사실을 부당하게도 무시해 버렸다는 것이다.

이러한 비판을 통해서 독일에서는 '다문화적 사회에서의 상호문화적 교육'이라는 새로운 문제의식이 형성되었다. 이러한 관점에 따를 때, 이주한 소수 집단들은 일방적인 문화적 적응의 요구를 받아서는 안 되며 자신의 생활방식을 방해받음 없이 유지할 수 있어야 한다.

이와 함께 교육은 모든 성장세대가 다문화적 사회질서 속에서 공생적
이고 평화적인 삶을 살 수 있도록 준비시켜야 한다는 새로운 과제를
떠맡게 되었다. 이것은 매우 중요한 교육학적 전환을 내포한다. 이제
독일의 상호문화교육은 다문화 가정의 자녀뿐만 아니라 내국인 학생들
을 대상으로 하며, 자기와 타자 즉 내국인과 이주민 사이의 지속적인
공생의 문제에 초점이 맞춰진다. 또한 단지 결핍의 존재로서 간주되던
외국인 학생이 독일 문화의 발전을 위한 자원으로서 긍정적으로 평가
받게 된다.

(3) 비판의 귀결: 독일 상호문화교육학의 등장과 발전과정

이렇게 해서 독일의 연구자들은 이민 배경을 가진 청소년들의 '결핍'을
보충하려는 관점으로부터 독일 학생과 외국인 학생 모두를 지속적인
다문화 사회에서의 삶에 대비시켜야 한다는 새로운 관점으로 이행하였
다. 그리고 이 새로운 관점에서 전개되는 교육적 노력을 '상호문화교육'
이라고 불렀다.[11] 이러한 이행의 배후에는 물론 외국인교육학에 대한

---

11 이렇게 해서 생겨난 상호문화교육의 착상이 모든 교육학자의 동의를 얻은
   것은 물론 아니다. 초기의 상호문화교육에 대한 독일 내에서의 비판은 3가지
   정도로 요약할 수 있다. a. 상호문화교육이 문화적인 상이성에 초점을 맞춤으로
   써 이주한 소수집단에 대한 차별의 본래적인 원인을 은폐할 수 있다는 것이다.
   이것은 상호문화교육이 외국인교육학에 대한 주요한 비판이었던 '정치적 문제
   의 교육화'라는 위험에서 완전히 벗어나는 데 실패하였음을 의미한다. b. 이주민
   이 본래 가지고 있는 문화의 보존을 강조하는 것이 사실은 새로운 생활환경에서
   점점 기능을 상실해가는 문화를 단지 민속전승의 차원에서 보존하는 것에
   불과할 수도 있다는 비판도 제기된다. c. 문화적 다양성을 지나치게 강조함으로

비판이 놓여 있지만, 더 심층적인 배경은 독일 사회가 '독일은 이민국가
가 아니다'라는 자기 기만적인 입장을 포기하고 독일이 지속적인 다문
화사회임을 인정하게 되었다는 데에 놓여 있다. 이것은 동시에 독일
사회가 외국인이나 이민자들이 단지 오늘 왔다가 내일 떠나는 '손님'이
아니라 지속적인 삶의 이웃이자 동반자임을 인정하게 되었음을 의미한
다. 따라서 다원적이고 다문화적인 상황에서 상이한 생활세계를 가진
사람들이 함께 어울려 사는 문제가 모든 교육적 노력에서 필수적으로
고려해야 할 요소임이 점차 분명해졌다.

하지만 '외국인교육학'이 공식적으로 폐기되었음에도, 애초에
Hamburger 등이 제기하였던 − 외국인 문제를 교육문제로 환원해서는
안 되며 정치적·법적 차원에서 다루어야 한다는 − 요구는 여전히 관철되
지 못하였다. 상호문화교육은 각 문화의 자립성과 동등성에서 출발하
여 내국인과 이주민 모두를 위한 교육이라는 방향으로 나아갔다.
반면, 이주민의 법적·사회적 차별의 문제는 단지 부차적으로만 다루
어졌다. 그리하여 독일 상호문화교육의 기본적인 지향점은 사람들이
타인과 관계를 맺고 또 세계를 지각하는 데서 기초가 되는 다양하고
이질적인 가치, 생활세계 그리고 상징체계들이 서로 상호 교류함으로
써 상호 연대성 또는 적어도 상호 승인의 관계를 이루어 내도록 하는
데에 초점이 놓이게 되었다.

독일 상호문화교육은 처음에는 내국인과 이주민들이 직접적인 교류
를 통해서 상대방의 문화를 알아가도록 만드는 일에 주된 관심을

써 오히려 차별이 강화되거나, 세계적인 재인종화, 재지역화라는 바람직하지
못한 경향을 강화시킬 위험이 있다는 비판도 제기되었다.(Nieke 2008, 18)

기울였다. 이주민의 출신국의 역사와 문화에 대한 관심을 강조하고 여러 문화가 어울리는 축제, 국제적인 음식 체험 등을 통해서 상호 간의 이해를 촉진하려 하였다.[12] 여기에는 다양한 문화 간의 접촉은 상호적인 자기반성과 학습 그리고 궁극적으로 양자의 갈등을 해소하는 제3의 문화를 발달시키리라는 가정(=접촉가설)이 가로놓여 있다. 그러나 이러한 '만남의 교육학'은 문화 간의 접촉이 자동적으로 상호문화적인 이해에 기여하리라는 순진한 낙관주의에 기초하고 있다.

이에 대해 문화적 갈등에 주목하고 반인종주의적 입장에 선 사람들은 '만남의 교육학'으로는 불충분하다고 주장한다. "다문화사회에서의 문화교육이 정체성 형성이나 문화적 차이를 서로 이해하고 존중하는 것만으로는 불충분하다고 생각하는 '비판적 다문화주의'는 평등과 정의를 억압하는 관계를 해소하고 그러한 사회적 구조를 변화시키고자 시도한다. 이 경우 상호문화교육은 단순히 차이를 인정하거나 소수자를 격려하며 편견을 줄여 나가는 수준이 아니라 인종차별주의의 부당함을 지적하고 대응하고 적극적 방안이 되어야 한다는 것이다."(정영근 2009, 166f)

반인종주의적인 경향의 비판적 다문화교육은 내국인과 그들의 인종주의적 태도에 주목하고 이를 완화하는 일에 주목하고, 이주민들에게 기회균등과 정치적 참여 가능성을 열어 주어야 한다고 요구한다. 왜냐하면 이주민들의 참된 문제는 교육의 부족이 아니라 바로 법적·정

---

12 정영근(2009)은 학교에서의 상호문화교육 프로그램을 제시하면서 '교과 외 프로그램'으로서 이러한 '만남의 교육학'을 예시하고 있다. 이러한 의미의 만남의 교육학은 현재 한국의 다문화교육프로그램에서 자주 등장하는 항목이다.

치적 차별에 있다고 생각하기 때문이다. 물론 반인종주의 교육학의 이런 비판적 입장이 독일 교육학계에서 지배적 지위를 점하고 있지는 못하다. 그러나 이러한 비판적 접근은 '만남의 교육학'에 머물러 있던 '상호문화교육'이 사회적 불평등의 문제를 포괄하는 더 근본적인 이론적 토대를 찾아 나서게 만들었다는 점에서 의의를 갖는다.

독일의 상호문화교육은 현재 Auernheimer, Nieke, Allemann-Ghionda 등을 위시한 상호문화교육학자들에 의해서 다양한 방식으로 전개되고 있다. 여기서 이들의 경향을 모두 살펴볼 수는 없다. 하지만 현재의 독일 상호문화교육의 기본방향을 압축적으로 보여주는 것은 2008년의 한 심포지엄에서 발표된 Allemann-Ghionda의 발표문이라고 생각된다. "상호문화교육과 사회적 불평등 – 비교교육학적 관점"이라는 발표문에서 그는 현재의 상호문화교육의 핵심을 '다원성 또는 다양성의 통합'으로 규정하면서 다음과 같은 교육의 필요성을 제기하였다. "넓은 의미에서 상호문화적이고 다원적(즉 다수자/소수자의 이분법을 극복)이고자 하는 교육은 각 개인의 사회문화적인 지평을 확장하기 위한 지식과 수단들을 제공해야 한다. 거기서 중요한 것은 상호문화적 능력들을 함양시키는 것이다. 즉 사람들은 모든 것을 문화적인 '고유성'이나 문화적인 '갈등'으로 환원함이 없이도 구별들 (차이)을 분석하고 이해할 수 있는 능력을 갖추어야 한다."(Allemann-Ghionda 2008)

이렇게 볼 때 그는 상호문화교육의 핵심을 바로 사회에 존재하는 다양성과 다원성에 대처할 수 있는 상호문화적 능력을 학생들에게 제공하는 데서 찾고 있다. 그러나 그가 상정하는 상호문화적 능력은

단지 문화적 영역에 제한되는 것이 아니다. "상호문화적이고 다양성과
연관된 문제들은 모든 국민과 연관된 사회경제적인 불평등의 문제들이
인식되고 그 해결이 모색되는 경우에만 이성적으로 분석되고 처리될
수 있다."(ibid.) 바로 여기서 상호문화교육이 '비판적 다문화주의'
또는 '반인종차별주의'로부터 제기된 비판을 수용하고 있음을 볼 수
있다. 또한 그는 상호문화교육의 과제를 이중 언어 학습, 이민과 다원성
및 다양성에 대한 지식과 이해를 제공하기, 이주민의 학교 적응과
성공적 학업을 위한 도움, 상호문화적 감수성과 능력의 학습, 우리의
삶이 국제적 또는 초국가적 또는 상호문화적인 맥락 속에 서 있다는
의식을 길러주기 등등으로 제시한다.(ibid.) 그리고 결론적으로 이러
한 과제의 해결을 위해서는 듀이의 민주주의 이론에 주목할 필요가
있다고 주장한다. 이에 대해서는 결론부분에서 좀 더 자세히 살펴볼
것이다. 필자는 듀이의 민주주의 이론이 다양성 속에서의 통일성이라
는 다문화교육의 궁극적 목적을 달성하는 데서 필수적인 계기가 될
수 있다는 데에 적극적으로 공감한다.

4) 외국인교육학과 상호문화교육학의 비교

이상에서는 독일의 다문화교육이 '외국인교육학'에서 '상호문화교육
학'으로 이행하는 과정을 역사적인 전개과정으로서 살펴보았다. 그러
나 이러한 서술만으로는 외국인 교육에서 상호문화교육으로의 이행이
지니는 이론적 의미가 분명하게 드러나지 않는다. 그러므로 이 절에서
는 외국인 교육과 상호문화교육을 횡적으로 대비시키면서 두 입장의
배후에 놓여 있는 이론적 전제들을 검토해 보려 한다.[13] 양자는 각기

110

직면한 문제에 대한 진단과 처방, 교육 대상의 설정, 교육 및 수업의
실행방식, 달성하고자 하는 (교육)목표, 추구하는 바람직한 사회모델
등에 있어서 명료한 대비를 보여주고 있다. 이러한 대비는 한국의
다문화교육의 문제 상황을 분석하고 올바른 실천 방향을 모색하는
데 유용한 틀을 제공할 수 있다.

(1) 문제에 대한 진단과 처방: '결핍' 대 '차이'

'외국인교육학'과 '상호문화적 교육학' 사이에는 문제에 대한 진단과
처방에서 중요한 전환이 가로놓여 있다. 그 전환은 외국인이나 타자가
지닌 언어적이고 문화적인 이질성을 더 이상 '결핍'의 범주를 통해서
해석해서는 안 된다는 통찰에 놓여 있다. 앞에서 보았듯이 외국인교육
학은 이주민의 자녀와 청소년들이 지닌 언어적·문화적 특성을 서술하
기 위해서 '결핍'이라는 범주를 사용하였다.[14] 또한 교사들은 외국인
학생들이 독일에서의 학업을 위한 전제조건들, 예비지식 그리고 학교

---

13 아래에서 외국인교육학과 상호문화교육학을 비교하기 위한 지표들은 주로
Diehm & Radtke(1999)의 제5장을 참조하였다.
14 이러한 반응은 당시의 독일 교육학이 '동일성'과 '동질화'라는 근대적 교육
패러다임 아래에 놓여 있었다는 사실과 연관이 있다. 근대적 교육은 보통의무교
육의 도입 이래 학생을 균질적인 집단으로 만들어 내는 데에 목표를 두었다.
이민자의 자녀들이 처음 독일 학교에 등장하였을 때 이러한 동질화의 경향이
명백하게 드러났다. 그 결과 한편으로 외국인 학생이 갖는 차이는 동질화를
방해하는 '문제' 또는 '결핍'으로 간주되었고, 다른 한편으로 외국인 학생들을
특별한 학급('예비반' 또는 '민족반Nationalklassen')으로 격리시킴으로써 정규 학급
의 균질성을 확보하려 하였다.(Marotzki 2004, 68f 참조.)

경험을 가지고 있지 못하다는 사실 그리고 수업언어인 독일어 능력이 없다는 사실을 단지 '결핍'으로 간주하거나 더 나아가 심지어는 '장애'로 간주하였다. 즉 이주 학생들의 서투른 독일어 능력은 교사들의 업무수행을 어렵게 또는 불가능하게 만드는 '장애물'로만 간주되었다.

그리고 이러한 결핍을 별도의 보충적인 수업을 통해서 보완하려 하였는데 이러한 시도는 대체로 실패로 돌아갔다. 많은 '준비학급' 학생들이 정규학급으로 이전하는 데 실패하였을 뿐 아니라, 간혹 성공한 경우에도 결과적으로 저조한 학업 성취에 머물렀기 때문이다. 외국인교육학의 실천가들은 이러한 결과에 대해서 자신의 교육적 입장 및 실천의 타당성을 비판적으로 검토하는 대신에 아동들 및 이민 가정의 심리사회적 바탕(이것은 다시 출신국의 문화를 반영한다)이 실패의 원인이라고 설명하였다. 다시 말하면 개별 학생들의 생애, 그들의 삶의 조건뿐 아니라 그들이 출생을 통해 습득한 문화 자체가 독일의 문화에 비추어 보면 열등한 것 또는 결핍적인 것이라고 주장하였다.

이에 상호문화교육학은 영미권의 다문화주의에 대한 논의를 참조하면서 이러한 '결핍 이론'에 반대해서 문화상대주의적 관점을 제시하였다. 지금까지 결핍으로만 간주되던 것이 이제는 상호적인 문화적 자극을 가능하게 하는 긍정적인 것으로 전환되거나 단지 다른 것으로 규정되었다. 말하자면, 문화 간의 차이는 이제 양자택일적인 논리적 도식에 따라서 'A'와 'not-A'로 구별되지 않고 A, B, C, D…로 구별되었다. 한편으로는 인권과 정의의 규범적 이념에 의지하여 자민족중심주의와 인종주의에 대한 명백한 거부의 태도가 교육학으로 도입되었고,

다른 한편으로는 문화인류학에서 주로 연구되던 '문화적 차이'가 교육학의 새로운 주도개념으로 격상되었다.

문화 상대주의적 관점에서 볼 때, 각 문화는 단지 서로를 배제하고 배척하는 관계에 있는 것이 아니라 서로 다르면서 동시에 등가적이다. 어떤 자의적인 기준에 따라서 문화 간의 위계를 설정할 경우에만 어떤 문화는 우월하고 다른 것은 열등한 것으로 평가된다. 그러나 모든 문화는 각자가 처한 조건에서 생겨나는 삶의 여러 문제들을 해결하는 과정에서 생겨난 것으로서 각각의 독자성과 고유성을 지닌다. 즉 모든 문화는 선악과 진위 그리고 미추에 대한 관점, 올바른 사회적 질서, 삶의 의미 같은 문제들에 대해서 각기 고유한 해결책을 제시하고 있는 것이다. 그러므로 이 해결책들은 나름대로 합리성과 지혜를 가지고 있으며 또 스스로를 보존할 수 있는 동등한 권리를 가진다.

상호문화교육은 기존의 국민교육 패러다임의 핵심이라고 할 '동질화'를 거부함으로써 차이나 타자를 단지 제거되어야 할 것 또는 열등한 것으로 보지 않고 다양성과 다원성을 모든 삶과 교육의 정상적이고 피할 수 없는 조건으로서 인정한다.

(2) 교육대상의 설정: '외국인 학생' 대 '모든 학생'

'결핍'이 '차이'로 전환됨으로써 교육대상의 전환이 일어난다. '외국인교육학'은 이주민 자녀의 언어적인 결핍을 보완하여 그들을 가급적 빨리 '정상아동'으로 만들려고 하였다. 그러므로 외국인교육학의 대상은 명확하게 이주민과 그 자녀들로 한정된다. 결과적으로 외국인교육학은 특정집단에 대해 차별적인 특성을 보였고, 반면 기존의 독일 교육의 체제와 원칙은 고스란히 유지될 수 있었다.(Auernheimer 1995, 9)

반면 문화의 상대성과 등가성이라는 새로운 규범적 이념 아래서는 모든 아이, 즉 내국인의 자녀와 이주민의 자녀, 더 나아가 모든 부모와 교사까지도 교육의 대상이 된다. 교육은 이방인이나 소수집단을 주류 집단으로 동화시키는 일이 아니라 동등한 권리를 갖는 이질적인 집단 들이 어떻게 하나의 사회 속에서 평화롭게 살아갈 것인가에 초점을 맞추어야 한다. 이러한 교육은 첫째로 문화적 차이에 대한 감수성을 배양하고, 둘째로 '고유한 것'과 '낯선 것'이 이분법적 관계(Dichotomie) 에 있지 않음을 보여주며, 셋째로 양자 간의 상호 존경 적어도 관용을 교육하려 한다. 그러므로 상호문화교육학은 - 바로 여기에 외국인교육 학과의 결정적인 차이점이 놓이는데 - 이주민 자녀가 전혀 없거나 극소수 인 학급에서도 실행될 수 있고 또 되어야 한다. 왜냐하면 모든 사회구성 원이 타자와 이질성의 존재가 예외적인 상황이 아니라 하나의 정상적 인 상태이며, 문화 간의 갈등은 평화적으로 해소되어야 한다는 사실을 배워야 하기 때문이다.

그러므로 교육의 모든 단계에서 모든 학생이 다민족 국가, 다문화 사회에서 살아가는 데 필요한 규칙들을 습득해야 한다. 이에 상응하여 교사교육, 즉 예비교사와 교사들을 위한 '상호문화적인' 양성과정 및 연수과정도 중요하게 부각된다. 왜냐하면 이들 역시 문화적 차이에 감수성과 문화적 차이에 대해 교육학적으로 적절하게 대처하는 능력을 배워야 하기 때문이다.

114

(3) 수업 및 교육의 실행방식: '부가적 보완교육' vs '일반교육'[15]

이주민의 자녀를 대상으로 하는 부가적 보완교육인 외국인교육학은 그들의 '결핍'을 보충하기 위해 외국인 학생들만을 대상으로 하는 다양한 형태의 보충·보완 수업을 시행하였다. 그러나 그것은 별로 효과가 없었기 때문에 비판을 받았을 뿐 아니라, 교육적으로 바람직하지 못한 분리·분할을 초래한다는 비판을 받았다.

이에 반해 상호문화교육학은 다양한 배경의 학생들이 함께 수업을 받고 교육을 받으며 서로 배우고 함께 생활하는 과정을 중요시한다. 다시 말하면 형식적인 어휘 및 문법 보충수업을 통해서 형식적인 언어능력을 훈련하는 일보다는, 집단 간의 생동적인 의사소통을 가능하게 하는 사회적인 학습이 중요시된다.[16] 이러한 사회적 학습의 중요한 요소들인 낯선 타자들에 대한 인정, 존경, 관용은 일상적인 교육 속에서 그들과 함께 협동하는 경험을 통해서 배울 수 있는 것이다.[17] 더 나아가 각 문화의 고유성 또는 특이한 요소들은 단지 타인의 특이한 태도와 행동방식을 해명하고 이해하는 데에 사용되는 것만이 아니라, 의도적으로 주제화되고 또 학습의 대상이 되어야 한다. 이를 통해서 교실과

---

15 여기서 '일반교육 vs 부가적 보완교육'은 정영근(2009, 168)이 상호문화교육 프로그램 구성의 준거 중 하나로서 제시한 개념을 독일의 외국인교육학과 상호문화교육학의 관계에 적용해 본 것이다.

16 상호문화교육과 사회적 학습 간의 연관성에 대해서는 Auernheimer(1990, pp.171~178) 참조.

17 이런 점에서 상호문화교육은 내국인 학생과 외국인 학생을 먼저 분리시켜서 교육해야 한다는 외국인교육학에 반대하여 처음부터 두 집단을 '통합'해서 교육해야 한다고 주장한다.

사회 내의 다양한 문화들은 상호적인 변형의 과정을 겪게 된다.

이런 상호문화적인 통합교육 프로그램을 실현하기 위해서는 필연적으로 교과서, 교육과정, 수업방식의 개정이 요구된다. 왜냐하면 교실의 다양성과 이질성에 맞추어 정치·문화적인 다양성과 차이가 교육과정에 유입되어야 하기 때문이다. 즉 학생들의 다양한 출신 배경과 삶의 상황에 맞추어 문화적인 다중관점을 취해야 한다. 이것은 특히 역사나 지리 과목의 수업 내용에 대한 상호문화적 관점에 따른 수정을 요구한다.[18] 또한 통합적인 수업에서 이루어지는 이질 문화 간의 만남은 자연발생적으로 이루어져서는 안 되고, 교육적으로 조직되어야 한다. 수업에 참여하는 사람들은 '이방인'들에게서 그리고 차이에 대한 지각과 해결에서 '자기 자신'에 대한 반성적 경험을 할 수 있어야 한다. 다문화적인 교실의 다양성과 이질성은 이제 더 이상 문제적인 상황으로서 파악되지 않으며, 이민자의 자녀들은 이제 더 이상 결핍된 존재들로 간주되지 않는다.

(4) 교육의 목표: '동화/배제' vs '다원주의적 통합'

'외국인교육학'은 두 개의 모순적인 교육 목표를 추구하였다. 하나는 외국인 학생들을 독일 학교 및 독일 사회에 통합시키기 위해서 언어적·문화적으로 '동화'시켜야 한다는 것이다. 이것은 독일에 거주하는 모든

---

18 여기에 대해서는 정영근(2009, 172f) 참조. 그리고 다문화주의적 관점에서 세계사 교육의 의미를 조명하는 글로서는 이영효(2003) 참조. 독일의 상호문화교육에서 자주 인용되는 예는 '십자군 전쟁'이다. 이 사건에 대해서는 다양한 민족적 독법이 존재할 수 있기 때문이다.

아동이 학교에 취학해야 한다는 법률적 요구를 충족시키기 위해서 그리고 최소한의 공동적인 삶을 위해서 어쩔 수 없이 요구되는 것이었다. 다른 하나는 외국인 노동자의 '귀환 원칙'에 따라서 외국인 학생들을 장차 독일 밖으로 내보낼 때 이들이 모국에서의 삶에 적응할 수 있는 문화적·언어적 능력을 보존시켜야 하였다. 이를 위해서 독일 학교는 외국인 학생들에게 '모국어 수업'[19]을 제공하였고 해당 국가의 영사관에서 파견된 교사를 통해서 본국의 전통과 문화를 가르쳤다. 그러나 이러한 정체성 보존의 노력은 타자에 대한 '배제'의 논리에 기초한 것이었다.

이에 비해 상호문화교육학의 목표는 비교적 분명하다고 할 수 있다. 상호문화교육학은 독일도 문화적·인종적으로 다원적인 사회가 되었음을 인정하고 이에 합당한 삶의 방식을 준비하려 한다. 문화적으로 다원적인 사회는 상이한 규범과 가치들이 병존할 수 있는 사회이다. 외국인교육학이 추구하였던 통합은 강요된 이중 언어습득, 문화적 적응을 통한 '일방적 동화'에 다를 바가 없었다. 상호문화교육은 이미 보유하고 있는 '문화적 정체성'을 존중한 위에서 이루어지는 사회의 통합을 고유한 교육적 목표로 삼는다. 여기에는 각 문화가 고립적이고 불변적인 실체가 아니라 상호대립과 긴장 속에서 자신과 상대를 이해

---

19 독일 학교에서 이주민 자녀에게 모국어를 가르치는 것은 다른 이유에서 이긴 하지만 상호문화교육학에 의해서도 계속해서 이루어지고 있다. 외국인교육학은 '귀환의 원칙'에 의해서 모국어를 가르쳤다면, 상호문화교육학은 외국인 학생의 문화석 적응과 문화적 자아정체감의 형성을 위해서는 독일어 능력뿐만 아니라 모국어 능력이 필요하다는 통찰에 의해서 모국어를 가르친다.

하고 더 나아가 동시에 공동적 삶의 기반을 마련해 갈 수 있는 역동적인 것으로 간주되고 있다. 또한 개인적인 차원에서 상호문화교육은 모든 학생이 다원적인 문화 사이에서 나름대로의 고유한 정체성을 형성하도록 도움을 주는 데에 관심을 기울인다.

(5) 사회모델: 단일한 국민국가 vs 다문화적 이주국가

두 교육학은 사회관에 있어서도 정면으로 대립하는 입장을 보인다. 외국인교육학에서 사회는 명확한 경계를 지닌 단일한 국민국가이면서, 문화적으로 동질적이고 단일한 언어를 가진 생활 공동체로서 이해된다. 반면 상호문화교육학에서는 세계화의 과정 속에서 일국적인 국민국가의 자립성이 약화되어 가는 과정에 주목하며 동시에 현재의 사회를 '다문화사회'로 이해하려 한다. 다문화사회는 여러 상이한 크고 작은 민족 공동체로 구성되며 거기서는 문화적 상이성이 차별의 원인이 되어서는 안 되며 반드시 평등한 법적·정치적 조건 아래서 존재해야 한다. 결국 상호문화교육학은 독일을 다문화적인 이주국가로서 인정하는 데서 출발하고 있다.

처음에 외국인교육학의 프로그램은 '이주와 관련하여 변화된 교육제도의 환경'에 대처하기에 급급한 것이었다. 그 과정에서 외국인교육학은 보수적인 사회정치적 틀에 자신을 맞추어 '동화'와 '보존'이라는 모순적인 목적을 추구하였다. 이와 반대로, 상호문화교육학은 의식적으로 현실에 대응하는 교육학적 개념들을 정초하기 위해서 다양성 속에서의 통일이라는 이상과 민주주의라는 사회정치적인 원칙에 의존하였다. 상호문화교육은 차이와 다양성을 통하여 통합을 이루는 '다문

118

화사회'를 자신의 이념적 배경으로 갖는다. 여기서 달성되어야 할 목표로서의 '다문화사회'는 기나긴 논의와 실천 그리고 교육의 과정을 통해서 실현되어야 할 과제라고 할 수 있다.

6. 결론에 대신하여: 타자와의 공생을 위한 실천모델 – 듀이의 민주주의 론을 중심으로

민주주의에 대한 듀이의 사상은 '정치적 지배형태로서의 민주주의'와 '윤리적이며 사회적인 이상으로서의 민주주의' 사이에는 아무런 필연 적인 또는 내적인 연관도 없다는 확신에서 출발한다. 듀이에 따르면 정치적 민주주의의 발전은 여러 상이한 사회적 운동들의 우연적인 수렴을 통해서 생겨난 것인데, "이러한 사회적 운동들은 결코 민주적 이상이 주는 영감이나 가능한 해결책에 대한 계획으로부터 연원하는 것이 아니다."(Dewey 1996, 81) 말하자면 사회적인 생활양식 속에서 실현되어야 할 민주주의의 윤리적 이상은 정치적인 제도로서의 민주주 의가 생겨나는 데서 아무런 역할도 하지 않았다는 것이다. 그리고 양자 사이에는 중요한 차이가 개재되어 있다. 즉 정치적 민주주의에서 는 우연적이고 외적인 요인들로부터 지배질서의 안정성을 보호하고 정치권력의 자의적인 사용을 방지하는 민주적 통치형태가 문제된다. 반면 윤리적이며 사회적인 이상으로서의 민주주의에는 "중요하고 심 지어는 더 고도한 요구"(ibid.)가 포함되어 있다.

또한 지배형태로서의 민주주의와 윤리적 이상으로서의 민주주의 사이에는 내적인 연관이 없을 뿐만 아니라, 근대의 산업화 과정에서

양자는 서로 대립 또는 긴장의 관계에 서기도 한다. "민주적 통치형태 - 보통선거권, 입법자와 행정 관리자의 선출 등 - 를 만들어 낸 바로 그 힘들이 바로 사회적이고 인간적인 이상을 가로막고 또 통치를 통해서 포용적이고 우애 있는 공공성(the public)을 만들어 내는 일을 방해하는 조건을 만들어 냈다. … 민주주의적 공공성은 아직도 미완성 이며 체계를 갖추지 못하고 있다."(ibid., 99) 이 인용문에서 보듯이 듀이는 외적이고 정치적인 민주화는 그 자체로는 민주적인 사회의 실현을 보장하지 못한다는 점을 분명히 하고 있다.

듀이가 보기에 산업혁명과 대량생산을 통해서 생겨난 '거대사회'는, 한편으로는 민주적인 통치를 위한 외적 조건을 만들어 주지만 다른 한편으로는 국민의 일상 속에서 진행되는 민주적인 삶의 양식을 위협 한다. 왜냐하면 거대사회에서는 경제적인 그리고 지배기술상의 필요 성이 공공성의 기능을 대체해 버리기 쉽기 때문이다. 그러나 이러한 거대사회의 기술 관료 지배 체제가 아무리 확고하다 하더라도 우리는 공공성의 회복을 시도하지 않을 수 없다. 국민들이 그들의 상이한 관심과 의견들을 교환하고 이를 통해 공동의 경험, 확신 그리고 태도를 공유할 수 있는 것은 오직 공공성의 영역을 통해서 가능하다.

이러한 공공성을 갖지 못한 사회에서 인간 간의 관계는 오직 필연적 인 힘들에 의해서 좌우되는데, 그러한 필연성은 어떤 행동의 유의미함 과 관련된 풍부한 삶의 국면과 맥락들을 모조리 배제해 버린다. "'사회' 가 몇몇 작가들이 생각하듯이 어느 정도 유기체일지라도 바로 그 사실 자체로 인해서 사회가 사회답게 되는 것은 아니다. 거기서 상호 작용과 교환은 사실적 차원에서 일어나며 그로부터 상호의존성이라는

결과가 따른다. 그러나 어떤 활동이나 어떤 결과에의 관여 및 참여는
모두 그보다 더 나아간 문제이다. 그것은 의사소통을 전제로 한
다."(Dewey 1996, 131) 도구적 이성 또는 목적-수단의 관계가 지배적인
사회에서 공공성과 의사소통은 차갑고 계산적인 필연성으로 대체되고
인간 간의 공동체적인 관계는 질식된다.

그런 상황에서 국민은 사회 발전의 방향에 대한 감각을 상실하고
헤매며, 통치형태로서의 민주주의는 단지 사회의 무의미하고 무목적
적인 운동을 추수할 뿐이다. 이러한 상황에서 벗어나는 길은 과연
무엇인가? 이러한 물음에 대한 응답으로서 듀이가 내세우는 것은
바로 '의사소통(communication)'이다. "산업적인 힘들에 의해 실제로
일어나는 결과는 그 결과가 미리 지각되고 또 거기에 대해 의견교환이
이루어지느냐 그러지 못하느냐에 의존한다. 예견은 희망과 노력에
영향을 미치기 때문이다."(Dewey 1996, 34) 듀이에게 있어서 의사소통
은 단지 공허한 언어의 교환이 아니라 행동의 의미와 관련된 기호와
상징의 교환이다. 이러한 행동과 태도에 영향을 미치는 의사소통이야
말로 "공동으로 공유하는 경험"(ibid., 124)을 가능하게 하는 힘이다.

인간 간의 개방적이고 자유로운 의사소통을 통해서 '거대한 사회'는
'거대한 공동사회'로 전화될 수 있다.(ibid., 112) 이 공동사회에서는
사회의 모든 사건이 공공성을 통해서 공동으로 지각되고 반성되며,
그리하여 맹목적이고 기계적인 과정에 대한 윤리적이고 합목적적인
개입이 가능해진다. 공공성과 의사소통을 통해서 성립되는 거대한
공동사회는 듀이에게 있어서 민주주의 사회와 동일한 의미를 갖는다.
"이념으로서 민주주의는 여타의 다른 원리들에 따르는 삶에 대한 하나

의 대안이 아니라 공동체적 삶 자체의 이념이다."(ibid., 129) 그러므로 민주주의에 대한 듀이의 관심은 민주주의의 올바른 정치적 형태를 제안하는 데 있는 것이 아니다. 국민이 민주주의에 어떤 정치적 형식을 구체적으로 부여할 것인가는 사회의 생활세계가 민주화되는 실제적인 과정 속에서만 대답될 수 있는 열려진 문제이다.

그러므로 듀이가 보기에 효과적인 공동체는 참여 민주주의적인 질서에 따라 움직이는 공동체이다. 그러한 공동체에서는 한 성원의 발전과 경험은 다른 성원의 발전과 경험을 자극하며, 따라서 지속적으로 새로운 경험들이 생겨나고 공동으로 검토되고, 유용하고 의미 있는 경험들은 축적되며 그렇지 못한 것들은 소멸되거나 폐기된다. 이렇게 축적된 경험들은 더 이상 개인적인 또는 우연적인 것이 아니라, 공동의 검토과정에서 확인되고 인정된 것이며 따라서 모든 사람의 사고와 행동에서 공통적인 지침이 된다. 따라서 집단 내부 또는 외부의 성원들 간의 자유로운 의사소통을 보장하는 집단은 어떤 우여곡절을 겪더라도 결국 다양성에 기초하여 공동체적인 지향을 발전시키게 될 것이다. 어떤 사회 체제 또는 집단에서 여러 가지 요인들에 의해서 개인 또는 집단의 자유로운 교류가 좌절된다면, 개인 또는 집단들에 의해 소유되고 의사소통되는 다양한 관심과 경험들이 서로 분리되어 사회적 원심력으로 작용한다.

듀이는 자유주의의 자율적이고 자립적인 개인으로부터 출발하면서도 동시에 공동체를 개인의 지성적 성장의 필수조건으로 간주한다. 개인의 자기실현은 다양한 개인들의 다양한 영역에 걸친 의미의 의사소통에 의존하기 때문에 개인은 사회성 또는 공동체 없이는 완전하게 실현될 수 없다. 학교, 민간집단, 정치조직 그리고 인종적 유대는 그 속의 개인들이 다른 집단들과의 접촉을 통해서 끊임없이 새로운 '지적인 자극'을 획득하지 못하면 자신의 지성을 협애하게 만들고 새롭고 낯선 상황에 대처하는 데서 어려움을 겪게 된다. 그러므로 '새로움' 또는 '낯선 것'을 금지하거나 배제하는 것은 집단의 지성적 발전에 역행한다. 집단적 정체성은 언제나 단지 정태적인 것이 아니라 이질적인 것들과의 다양한 교류 속에서 형성된 결과이면서 동시에 새로운 상황과 조건에 직면함으로써 연속적으로 재조정되어야 할 역동적인 것이다. 다시 말하면 듀이가 보기에 건강한 공동체는 자신이 공유한 관심들과 그 관심들에 대한 내적 또는 외적인 도전들에 대해서 생산적으로 대처할 수 있는 능력과 수단을 가지고 있어야 한다.

위에서 말하였듯이 공통의 이해에 참여하는 것을 보장하고 공동체를 만들어 내는 것은 의사소통이다. 개인들은 그들의 불균등하고 이질적인 경험들을 효과적으로 공유하고 의사소통하지 않고는 공동체를 형성할 수 없다. 현대의 다문화사회에서 이것은 필연적으로 인종, 민족, 성, 종교적 신념, 국적 등에서의 경험적인 차이를 포용하는 관점들을 취해야 한다는 것을 의미한다. 듀이에 따르면 이러한 차이들이 그 자체로 공동체를 위협하거나 붕괴시키는 것은 아니다. 공동체를 붕괴시키는 것은 의사소통되지 않은 또는 개인들의 자유롭고 풍부한 의사소통을 제한하고 민주적 공동체를 가로막는 장벽들을 만드는 데로 귀결되는 차이들이다. 인종적 또는 문화적 차이가 각 집단이 가진 '특수한 자산'(Aleman/Salkever 2001, 112)으로 이해될 때, 또는 다양한 경험을 소통하는 방식으로서 생각될 때 우리의 지성을 확장할

수 있다. 타자가 갖고 있는 — 인종적 또는 문화적 — 정체성을 자신의
정체성에 대한 위협으로서가 아니라 자신의 경험을 확장할 기회로서
인정하는 것은 공동체성을 위한 필수적인 조건이다.[20]

집단들이 공통의 목적을 발전시키고 공동체를 실현할 효과적인
수단을 발견할 수 있는 것은 이상에서 말한 상호 인정 속에서 가능하다.
듀이에 따르면 우리로 하여금 자신의 경험과 지성의 한계를 넘어서
나아가도록 우리를 도발하거나 촉발하는 것은 차이 또는 새로움이다.
효과적으로 의사소통된 차이는 상이한 집단들과 그들의 구성원들을
고립시키지 않을 것이다. 효과적으로 소통된 차이는 개인의 지적
성장에 필수적인 자유롭고 충만한 상호작용을 위한 조건을 제공한다.
우리의 인식을 변용시키고 또 복잡하게 할 수 있고 그래서 공동성을
마련해 낼 기회를 확대시킬 수 있는 것은 사회문화적 차이들의 의사소
통이다. 이러한 의사소통은 학습의 기회를 제공하고 또 지성을 확대하
기 때문에 듀이는 이 의사소통이 비판적이고 반성적인 기능을 갖는다
고 생각한다. 이러한 사회문화적 정체성의 소통을 Aleman/Salkever
는 "듀이적 다문화주의"(ibid., 112)라고 부른다. 왜냐하면 듀이는 차이
와 구별이 서로를 드러내고 갈등하며 소통하는 속에서 생겨나는 새로
운 의미가 공동적 삶의 토대가 된다고 보기 때문이다.

그러나 듀이의 정치철학은 구체적으로 어떻게 문화적 이질성 속에서

---

20 듀이는 『민주주의와 교육』에서 학교의 기능을 다양성의 조화로운 통합으로
   제시하면서 당시 미국 학교의 다문화성을 긍정적으로 평가하고 있다. "학교에서
   인종과 종교와 풍습이 다른 아이들이 서로 뒤섞여 있다는 것은 모든 사람에게
   새롭고 보다 넓은 환경을 만들어 준다."(Dewey 2007, 65)

도 의사소통이 효과적으로 달성될 수 있는지, 이질적 문화 주체들 간의 의사소통을 방해하고 왜곡하는 요소는 무엇이며, 그것을 극복하기 위해서 개인들에게 필요한 능력들은 무엇인지, 또한 어떻게 하면 학교에서의 공동적 삶이 갈등과 분열이 아니라 서로의 문화적 지평을 확대하고 공통적 감각을 발전시키도록 수업을 조직할 수 있는지 등등에 대해서는 직접적인 대답을 주지 않는다. 그에 대한 해답을 찾는 것이 이제 앞으로 우리의 과제가 되어야 한다. 그리고 이러한 과제를 해결하기 위해서는 문화 간의 이해에 관련하여 더욱 진전된 문화인류학, 언어학, 해석학, 상호문화철학 등등의 학문적 연구 성과를 도입하고 또 그것을 교과과정과 교과서 그리고 수업프로그램에 적용하기 위한 다채로운 교수법적인 연구가 필요하다.[21]

---

21 듀이의 민주주의론과 다문화교육 간의 연관성에 대한 보다 상세한 검토를 원하는 독자는 필자가 쓴 「한국의 다문화교육을 위한 철학적 모색-존 듀이의 철학을 중심으로」(철학연구, 제49권, 2014)를 참고할 수 있을 것이다.

참고문헌

경기도 다문화교육센터 편(2009), 『다문화교육의 이론과 실제』, 양서원.

김정현 편(2010), 『상호문화철학의 논리와 실천』, 시와 진실.

김현덕(2009), 「미국에서의 다문화교육과 국제이해교육과의 통합에 관한 연구: 교사교육과 대학교육을 중심으로」, 『비교교육연구』 19(4), 29-51.

이삼열 외(2003), 『세계화시대의 국제이해교육』, 한울아카데미.

이영효(2003), 「세계사교육에서의 타자읽기: 서구중심주의와 자민족중심주의를 넘어서」, 『역사교육』 86권, 29-59.

정기섭(2009), 「독일의 사회통합을 위한 이주 외국인 자녀의 교육지원 현황 및 시사점 분석」, 『교육의 이론과 실천』 14(2), 105-134.

정영근(2000), 「세계화시대 상호문화교육의 목표와 과제-한국의 세계화교육에 대한 반성적 고찰」, 『한독교육연구』 6(1), 1-20.

정영근(2009), 「학교 상호문화교육 프로그램 개발의 준거와 실례」, 『교육의 이론과 실천』 14(2), 159-180.

정창호(2011), 「독일의 상호문화교육과 타자의 문제」, 『교육의 이론과 실천』, 16(1), 75-102.

정창호, 강선보(2014), 「한국의 다문화교육을 위한 철학적 모색-존 듀이의 철학을 중심으로」, 『철학연구』, 49, 67-103.

주광순(2010), 「플라톤의 자기연관성에 대한 상호문화철학적 이해」, 『대동철학』 Vol. 53, 227-252.

허영식(2010), 『다문화사회와 간문화성』, 강현출판사.

홍경자(2008), 「야스퍼스에서의 세계철학의 이념과 전망-세계화시대의 상호문화 철학을 중심으로」, 『철학연구』 Vol. 106, 407-428.

Aleman, M. & Salkever, K.(2001). Multiculturalism and the Mission of Liberal

Education. *The Journal of General Education*, 50(2).

Allemann-Ghionda, Cristina(2008). Interkulturelle Bildung und soziale Ungleichheit-eine vergleichende Perspektive, Symposium Heterogenität von Lerngruppen-eine Herausforderung an die Schulpädagogik. Köln, den 8. November 2008. http://lehrerfortbildung-bw.de/allgschulen/alle/migration/3heterogen/ 2012. 02. 02 열람.

Auernheimer, Georg(1995). *Einführung in die interkulturelle Erziehung*. Darmstadt: Wissenschaftliche Buchgesellschaft.

Beck, Ulrich(1997). *Was ist Globalisierung? Irrtümer des Globalismus, Antworten auf Globalisierung*. Frankfurt am Main: Suhrkamp.

Bernstein, Richard(1983). *Beyond objectivism and relativism: science, hermeneutics*, and praxis, Philadelphia: University of Pennsylvania Press. 정창호, 황설중, 이병철 공역(1996), 『객관주의와 상대주의를 넘어서』, 서울: 보광재.

Bildungszentrale für politische Bildung(2000). *Interkulturelles Lernen*, Bonn.

Dewey, John(1916). *Democracy and Education. An Introduction to the Philosophy of Education*. 이홍우 역(2007), 『민주주의와 교육: 교육철학개론』, 서울: 교육과 학사.

Dewey, John(1996). *Die Öffentlichkeit und ihre Probleme*, Darmstadt: Wissenschaftliche Buchgesellschaft. (원제: The Public and its Problems)

Diehm, I. & Radtke, F.(1999). *Erziehung und Migration. Eine Einführung*, Stuttgart: Kohlhammer.

Földes, C. & Weiland, M.(2009). Blickwinkel und Methoden einer integrativen Kulturforschung-Aktuelle Perspektiven interkultureller Philosophie als Grundlagenwissenschaft, *Erudition-Ecucatio*, 4(2009/3)

Harvey, David(1989). *The condition of postmodernity: an enquiry into the origins of cultural change*. Oxford: Blackwell.

Huntington, Samuel(1996). *The Clash of Civilizations and the Remaking of the World Order*, New York: Simon & Shuster. 이희재(1997), 『문명의 충돌』, 서울: 김영사.

Jaspers, Karl(1982). *Weltgeschichte der Philosophie. Einleitung. Aus dem Nachlaβ*, hrsg. von H. Saner, München/Zürich.

Kimmerle, Heinz(2002). *Interkulturelle Philosophie – zur Einführung*, Hamburg: Junius.

Mall, Ram Adhar(1995). *Philosophie im Vergleich der Kulturen. Interkulturelle Philosophie,· eine neue Orientierung*. Darmstadt: Wissenschaftliche Buchgesellschaft.

Nieke, Wolfgang(2008). *Interkulturelle Erziehung und Bildung: Wertorientierungen im Alltag*, Wiesbaden: VS Verlag fuer Sozialwissenschaften.

Wierlacher, Alois(2003). *Handbuch Interkutlurelle Germanistik*, J. B. Metzler.

Wimmer, Franz(2001): *Interkulturelle Philosophie. Geschichte und Theorie.* 2. überarb. Auflage. Internet-Auflage.

Wimmer, Franz(2003). Interkulturelle Philosophie, in Wierlacher(2003) S.182–187.

Wimmer, Franz(2004). *Interkulturelle Philosophie*, Basel: UTB.

헤겔 철학에서
다문화주의

이정은

1. 다문화적 삶과 헤겔의 연관성

1) 삶의 목적 - 행복

오래 전 TV 광고 중에 참으로 인상적인 카피가 있었다. "나는 이기적이다." 이 말을 듣자마자, 나는 '저런 문구를 사용해도 물건이 팔릴까?'라는 의문이 들었다. 내 예상과 달리 해당 상품은 히트를 쳤다. 왜 예상이 빗나갔을까?

한국은 예의범절을 중시하는 유교 문화권에 속하기 때문에 자기를 낮추는 겸손을 미덕으로 여겨왔다. 그러나 언제부턴가 타인보다는 자기를 존중하는 삶이 확산되었다. '자기 존중감'이 높아진 것은 바람직한 일이다. 그러나 그것이 자기중심주의로 변질되고 이기적 행동으로 이어진다면 우려할 만하다. 나에게는 내가 소중하지만, 타인에게는 타인이 소중하기 때문이다. 내가 타인에게 이기적으로 대하면, 타인도 나에게 이기적으로 대할 것이다.

인간관계의 지형이 이렇게 타인 중심에서 자기중심으로 변한 이유는 무엇일까? 근본적으로 인간은 자신의 욕구와 관심사를 실현하고자 하며, 욕구를 실현할 때 행복을 느낀다. 아리스토텔레스에 따르면 인간은 본성적으로 행복을 추구하는 존재이므로 한국의 지형 변화는 당연한 것이다.

행복을 추구하는 것은 인간의 본성이라는데, 그런데 지금의 나는 행복한가? 우리네 삶은 행복한가? 타인 중심에서 자기중심으로 바뀌면서 한국인은 더 행복해졌나? 너무 가난해서 '꿀꿀이죽'을 먹던 1960년대와는 비교가 안 될 정도로 물질적 풍요와 문화적 혜택을 누리는 오늘날에 한국인의 자살률은 왜 전 세계 1위일까?

21세기로 오면서 경쟁을 부추기는 요인들이 많아졌다. 자기 존중감이 높아지는 것에 반비례하여, 인정받기는 더 힘들어져서 우리네 삶은 끊임없이 요동친다. 인정받지 못한다는 박탈감은 예측 불가능한 파급효과를 낳고 있다. 타인을 거부하면서도 오히려 타인을 더 의식하고, 타인을 무시하면서도 오히려 타인의 인정을 더 갈구하는[1] 양가감정이 작동한다. 자기중심적으로 사는 사람들도 사실은 늘 타인을 그리워한다. 타인과 더불어 정을 나눌 때 행복을 느낀다.

혼자 살아갈 수 있다고 생각해도, 자신의 욕구와 성공과 행복은 혼자 힘으로 실현할 수 없다. 정말 그럴까? 가령 나는 핸드폰이 갖고 싶다. 나 혼자 만들기로 하였다. 그러면 핸드폰 제작을 위한 기초 이론을 알아야 한다. 이론을 습득하려니, '처음부터' 타인의 도움이 필요하다. 어머니의 뱃속에서부터 지식을 갖고 태어나는 사람은 없으니, 기본 지식과 원천 기술을 어찌 알아낼까?

이제 반대로 생각해보자. 스티브 잡스처럼 스마트폰을 개발해서 상품을 만들었다. 그런데 아무도 그것을 사지 않는다. 사업에 성공하려면 소비자가 필요하다. 스마트폰을 사는 타인이 필요하다. 광고나 선전이 아니어도 그것이 좋다고 입소문내는 사람도 필요하다.

---

1 인간에게서 인정 욕구가 얼마나 중요한지에 대해서는 이정은, 『사람은 왜 인정받고 싶어하나』(살림출판사, 2005)를 참고하라.

내가 개발한 스마트폰이 잘 팔려서 갑부가 되었다고 치자. 그 돈으로 많은 것을 사고 싶어도 소비문화가 형성되어 있지 않으면 어떻게 하겠는가? 기초 이론도 원천 기술도 타인과 만날 때 빛을 발하듯이, 나의 재산과 부富도 타인과 만날 때 만족을 누릴 수 있다.

타인과 맞서 있는 사람도 타인과 '더불어' 살아간다. '더불어'는 현재하는 우리들의 공동체이지만 과거 인간이 만들어 놓은 결과물이기도 하다. 나의 행복은 '과거 인간과 현재의 나와의 관계' 속에서, '과거와 현재의 연속적 영향 관계' 속에서 실현된다. 내가 행복해지려면 나뿐만 아니라 내 주변을, 타인의 상황과 관심사를 동시에 고려해야 한다. 내가 속한 공동체의 과거와 미래가 나의 행복에 영향을 미친다.

2) 21세기 한국인의 행복 – 헤겔의 동양관을 조망하여

(1) 늘어나는 외국인

태어나서 장년이 될 때까지 내 주변인은 모두 한국인이었다. 그러나 20세기 후반에 외국인이 조금씩 늘어나더니 이제는 동양인과 서양인을 막론하여 다양한 외국인이 이웃으로 살고 있다. 내가 사는 건물의 윗집에는 중국인 유학생들이 공동 거주를 하고, 아랫집에서는 영어권 친구들을 초대하여 밤늦게 파티를 하는 경우가 있어서, 다국적 건물처럼 느껴진다. 그들은 한국어와 한국 문화를 배우면서 정착하고 있고, 시민권을 취득하는 외국인도 늘어났다. 태어나서 죽을 때까지 한국에서만 살아도 다양한 외국인을 이웃으로 만나고 부대끼는 다인종, 다문화 사회 속에서 살고 있다.

과거로 거슬러 올라가면 우리는 동양인, 특히 중국인 그리고 일본인과 빈번하게 교류해왔다. 한반도의 지정학적 위치 때문에 이들과 끊임없이 문화 접변을 하면서 고유한 문화를 창출해왔다. 오늘날에는 문화 접촉 집단의 폭이 동남아시아인, 서양인, 아프리카인, 중동인 등으로 넓어졌다. 한국은 세계인이 여행하고 싶은 나라가 되었고, 전 세계 난민들이 보호를 위해 선택하는 나라이기도 하고, 한국 총각과 동남아시아 여성들의 국제결혼도 많아졌고, 일자리를 찾는 외국인 노동자들의 꿈의 터전이기도 하다. 과거 한국인의 아메리칸 드림처럼 동남아시아인의 '코리안 드림' 현상도 생겼다.

　근대화 이후로 서구화를 지향하는 한국인에게 서양인은 '발전에 대한 선망'뿐만 아니라 '제국주의에 기인하는 피해의식'도 안겨줬다. 미군은 우리를 보호하기 위해 한국에 주둔하지만, 일부 미군이 흉악한 범죄를 저질렀을 때 그를 처벌할 법과 권한이 우리에게는 없어서 분노를 자아내기도 하였다. 미국의 허락이 있어야 가능하였던 광주항쟁 진압도 문제가 되었다.

　그러나 이중 감정을 야기하던 그들이 이제는 군인이 아니라 옆집 아줌마, 옆집 아저씨로 더불어 살면서 동네일을 같이 하는 지역주민이다. 게다가 국제결혼으로 태어나는 혼혈 2세(결혼이주민 2세)들이 지방초등학교 학생 비율의 50%를 넘기고 있다. 한국의 고유한 문화가 곧이곧대로 유지되지 않을 상황이다. '한국 대 타국'의 관계가 아니라, '한국 안에서' 사는 한국인과 이주민, 한국인과 이주한국인의 관계를 어떻게 풀어나가야 하나?

　다양한 종족과 문화가 펼쳐지는 사회에서는, 설령 다수 집단이라고 해도 다른 문화 집단에게 인정받지 못하거나 그들과 공존하지 못하면

불행해진다. 그러므로 다문화 현상이 나타나는 이곳에서 인정과 공존을 위한 열린 마음이 필요하다. 문화적 공감대를 이루어야 하는 이웃과 더불어 행복해지려면, 한반도의 주체가 단일민족이라는 생각은 잠시 접어두고, 상이한 문화들을 인정하는 감수성을 키우고, 새로운 문화를 창출하기 위한 이론적 토대를 공부해보자.

(2) 서양의 동양관, 그 일반적 모델 – 오리엔탈리즘

문화와 가치관이 다른 이주민들과 공존하려면 우리 고유의 문화와 관점뿐만 아니라 동양 문화도 이해하고, 동양을 바라보는 서양인의 관점도 성찰해야 한다. 당면한 상황에서는 다른 민족의 문화, 생활 패턴과 사고방식을 아는 것이 중요하지만, 근본적으로 서양이 동양 (인)을 어떻게 생각하고 어떤 가치 평가를 내렸는지를 알아야 자연스러운 전면적 관계가 가능해진다. 서양이 동양을 이해하려는 노력은 오래 전부터 있어 왔고, 동양인도 서양의 동양관에 영향을 받아 왔기 때문에, 동양 이해의 형성과정을 알면 한국의 다문화 현상을 슬기롭게 헤쳐 나가는 데 도움이 된다.

서양의 동양 연구는 13세기에 시작된다. 처음에는 동양에 대해 아는 것이 별로 없어서 '동양에 대한 환상과 신비'가 주를 이루지만, 점차 자료가 축적되고 동양을 어지간히 이해하였다는 판단이 서자 분류 체계가 생긴다. 자신감을 갖게 된 18세기에 동양을 이해하는 인식론적·방법론적 틀을 구축한다. 그 뒤 끝에 서양의 틀로 동양을 이해하고 동서양을 위계적으로 분류하는 오리엔탈리즘(orientalism) 이 생긴다.

이런 분위기에서 동양의 역사적 내용을 철학 체계의 일부로 분명하게 정립한 철학자가 헤겔이다. 서양이 비백인종 내지 비서양인을 자민족중심주의(ethnocentrism)에 기초하여 열등한 존재로 간주하면서 형성한 오리엔탈리즘이 그에게도 나타나기 때문에, 헤겔의 동양관은 우리가 넘어야 할 산 중의 하나이다.

(3) 서양의 동양관의 반전 - 헤겔?

서양에는 수많은 철학자가 있는데, 하필 헤겔을 초점으로 삼는가? 헤겔 철학에는 오리엔탈리즘을 연상시키는 동양관이 들어 있지만, 동시에 다문화의 공존을 가능케 하는 등가치적 체계도 들어 있기 때문이다. 오리엔탈리즘을 극복하는 측면도 병존한다.

개별자들은 서로 다르고 차이 때문에 충돌하지만, 헤겔은 차이를 존재의 본질적 요소로 간주하여 '차이를 존중하는 철학'을 구상한다. 차이와 개별성 가운데서 동일성과 보편성을 실현하는 변증법을 구상한다. 차이와 동일성의 관계에 대한 고찰은 전체와 부분, 본질과 현상, 특수성과 보편성 같은 개념들로 구체화된다. 이것은 문화에도 그대로 적용된다. 문화 상대성과 문화 절대성의 관계에서 한쪽을 선택하는 것이 아니라, 보편성과 특수성의 관계이면서 동시에 등가치적 관계를 지니는 이중 구조 내지 중층 구조로 전개된다.

그래서 다문화의 공존을 위한 통찰력을 얻을 수 있다는 기대 아래, 헤겔 철학의 주요 내용들을 간략하게 살펴보고, 헤겔의 동양관으로 나아가려고 한다. 물론 헤겔의 동양관에서 한국 사회를 구체적으로 언급한 내용은 찾아볼 수 없다. 한국의 전통 문화와 관련이 있는 중국에 대해 상당히 길게 다룰 뿐이다. 헤겔의 『역사철학강의』에 나타나는 중국관을 중심으로 동양관에 접근하면서 우리 사회로 되돌아오도록 하자.

2. 헤겔 철학의 개인사적 배경

아무리 대단한 사람이라 해도, 어렸을 때는 세상물정 모르는 어린아이다. 성장하면서 위대한 사람으로 발전하듯이, 대단한 사상도 그러하다. 청년기에 겪은 경험과 시행착오가 때로는 한 철학자가 끝까지 견지하는 철학적 열정이나 생명력이 되기도 한다. 헤겔이 청년기에 겪었던 사건과 그때 생긴 비판 의식은 종교에서 철학으로 전공을 바꾸게 하며, 마지막까지도 법철학과 역사철학을 최종 목표로 삼게 한다.

한 인간을 이해하기 위해 개인적 삶과 시대적 삶을 모두 고찰해야 하며, 철학적 문제의식이 왜 그렇게 형성되는지를 파악하는 데 시대 개관이 상당한 시사점을 준다. 다문화 사회를 위한 통찰력에 초점을 맞추면, 시대 개관은 프랑스혁명과 오리엔탈리즘으로 압축할 수 있다.

1) 철학 교사를 꿈꾸는 청년 헤겔

헤겔은 뷔르템베르크 공국의 슈투트가르트 지역에서 1770년에 출생한다. 이곳은 현재로 치면 독일 지역이다. 대한민국이 한 민족의 역사임에도 불구하고, 삼국(고구려, 백제, 신라)·통일신라·고려·조선처럼 흥망성쇠를 거듭하면서 다양한 나라를 거치듯이, 독일도 많은 공국이 각축전을 벌인 과거 역사의 결과물로서 독일공화국을 형성한다. 신성로마제국이라는 느슨한 연대 안에서 오스트리아 왕국, 프로이센 왕국, 바이에른 왕국, 하노버 왕국, 뷔르템베르크 왕국 등 수십 개의 왕국들이 경합을 벌이다가 독일공화국이 분리되어 나온다.

헤겔이 태어난 뷔르템베르크 공국은 당시에 카알 대공이 다스리고 있었고, 프로이센은 일찍이 칸트가 「계몽이란 무엇인가에 대한 답변」에서 '계몽 군주'라고 칭송한 프리드리히 Ⅱ세(1740~1786)가 통치하고 있었다. 종교를 제외하면 만민평등의 기반이 되는 인간 이성을 부각시키던 시절이고, 헤겔은 그 영향을 받는다.

누구나 이성을 가지고 태어나며, 이성을 계발하면 절대적 진리 내지 최고로 도야된 단계에 이를 수 있다. 이에 기초하여 보편 교육 제도가 만들어지고, 프랑스혁명과 계몽주의는 그 기반으로 작용한다. 뷔르템베르크의 카알 대공은 종교를 활성화하면서도 가난한 하층민도 능력이 있으면 공부할 수 있는 방법으로 공국시험장학금을 재정한다. 헤겔이 청년기에 이를 때쯤, 프리드리히 Ⅱ세가 서거하고 반계몽적 행태를 보여주는 프리드리히 빌헬름 Ⅱ세(1786~1797)가 즉위한다. 그 뒤를 이어 프리드리히 빌헬름 Ⅲ세(1797~1840)가 통치하기 때문에, 계몽과 반계몽이 줄타기를 하면서 새로운 변화를 만들어 낸다.

헤겔은 청년기에 도시를 옮겨 다니면서 다양한 정치 문화를 접하고 새로운 사상을 모색한다. 사상적 궤적과 연보는 도시 이동과 관련이 있기 때문에 그의 철학적 여정을 튀빙겐(1788~1792), 베른(1793~1796), 프랑크푸르트(1797~1800), 예나(1801~1807), 밤베르크(1807~1808), 뉘른베르크(1808~1816), 하이델베르크(1816~1818), 베를

린(1818~1831) 시기로 나눌 수 있다. 그럼에도 베를린 시기로 마무리
되는 독창적 사유의 출발점은 청년기 튀빙겐 신학교에서의 경험이다.

(1) 종교적 민중 교사를 꿈꾸는 신학도 헤겔

헤겔의 어머니는 변호사의 딸로서 상당히 교육을 받았기 때문에 자신
의 아들이 천재적 능력을 지녔다는 것을 일찍 깨달았지만 남편의
관리직 월급으로는 아이를 충분히 교육시킬 수 없다고 느낀다. 다행히
헤겔은 한국으로 치면 소위 중·고등학교에 해당하는 김나지움 시절에
뷔르템베르크 공국장학금 시험에 일등으로 합격한다. 장학금 조건은
차후에 신학 관련 직종에 종사하는 것이다. 헤겔도 예수 같은 민중
교사가 되는 것을 꿈꾸었기 때문에 김나지움을 졸업하자마자, 공국장
학금으로 튀빙겐 신학교(1788)에 입학한다.[2]

헤겔은 튀빙겐 신학교에서 J. G. 피히테 및 J. C. F. 횔덜린과 만나게
되고, 여기서 맺은 우정은 헤겔의 삶과 철학에 중요한 영향을 미친다.
1789년에 프랑스혁명이 일어나는데, 자유와 평등과 계몽을 추구하던
튀빙겐 학생들에게는 멀리서나 전해들을 수 있는 꿈같은 사건이었다.
기쁘기도 하고 부럽기도 한 마음에, 그들은 프랑스혁명의 이념을
기리는 나무를 심고 '진리의 나무'라고 부르면서 축하연을 벌인다.

F. W. 셸링은 그들보다 1년 뒤에 튀빙겐 신학교에 입학하지만,
기숙사에서 같은 방을 쓰면서 특별한 관계를 형성하여 헤겔-횔덜린-셸
링 3인방을 이룬다. 헤겔의 사상적 궤적을 생각하면 3인방은 낭만주의

---

2 헤겔 전기와 관련해서는 다음을 참고하라. H. F. Fulda, 남기호 역, 『게오르크
  빌헬름 프리드리히 헤겔』(용의 숲, 2010).

140

자와의 긴밀한 조우를 의미한다. 헤겔은 고유한 체계를 형성하는
예나 시기에는 낭만주의를 비판한다. 그러나 낭만주의에서 온 유한자
와 무한자의 관계, 양자의 통일을 설명하는 신에 대한 직관, 아이러니와
상징, 종교와 철학의 관계와 관련된 착상이 청년기의 관심사였다.
　끝까지 남다른 관계를 형성한 사람은 튀빙겐 신학교의 선배인 피히
테이다. 피히테와의 우정은 말년의 교수직으로까지 이어진다. 헤겔은
마지막 여생을 베를린 대학 교수로 마감하는데, 그 교수직은 피히테의
후임 자리였다. 헤겔은 베를린 대학에서 원숙한 강의와 왕성한 저술
활동을 펼치지만, 불운하게도 콜레라에 감염되어 생을 일찍 마감한다.
헤겔은 사후에 피히테의 무덤 옆에 묻히기를 원하는데, 피히테와
나눴던 이승의 관계를 저승에서는 그렇게 이어간다. 유행병 때문에
출판할 기회를 놓친 베를린 시기의 저술은 유작으로 발표되거나,
아니면 후학들이 강의노트를 편집하여 출판한다.

(2) 민중 교사에서 철학 교사로 궤도 전환
헤겔은 예수 같은 민중 교사가 되기 위해 튀빙겐 신학교에 입학한다.
그러나 신학교에서 접하게 된 칸트 철학은 그의 인생을 바꿔 놓는다.
물론 이때 헤겔이 칸트의 저서만 탐독한 것은 아니다. J. J. 루소
및 F. H. 야코비처럼 계몽주의와 낭만주의가 교차하는 독서를 지속하
였고, 대표적 낭만주의자 횔덜린도 기숙사 동기이다. 독특한 고전주의
자 괴테의 책도 헤겔의 마음을 사로잡는다.
　그러나 무엇보다도 칸트 철학 강의는 '계시 종교'와 다르게 기독교를
이해하는 이성적 종교관을 야기한다. 뷔르템베르크 공국은 초자연주

의적 종교관을 중시하였고, 튀빙겐 신학교도 이성 종교를 비판하기 위해 칸트 강의를 연다. 그러나 헤겔은 계시보다는 이성의 역할에 더 경도된다. 철학적 이성 종교는 튀빙겐의 교육 방향과는 어긋나는 행보라서, 헤겔은 종교에서 철학으로 전공을 바꾸기로 결심한다.

칸트는 세상에 존재하는 다양한 종교들을 보편적 이성 종교로 규정하면서, 종교들은 단지 '신앙'에서 차이가 있을 뿐이라고 주장한다. 그에게 보편 종교는 실천 이성의 도덕 법칙에 따르는 도덕 신학[3]이다.

모든 종교를 객관화하여 등가치로 바라보는 태도는 칸트의 『순수이성비판』이나 『이성의 한계 안에서의 종교』에서 그 싹이 나타난다. 그러나 헤겔은 칸트의 도덕 신학보다는 자연 신학에 주목하면서 그리스도교적 참된 종교를 우위에 두고 전개한다. 신학은 모든 것의 으뜸이 되는 원리를, 그래서 진리를 추구한다. 철학도 마찬가지이다. 헤겔은 진리탐구를 위해 '신에 대한 완전한 인식 가능성'을 묻고, 종교에서 이성과 절대자의 고양을 종교 철학과 종교 변증법으로 정립한다. 이것은 결국 종교를 벗어나는 데로 나아간다.

헤겔은 튀빙겐 신학교에서 칸트 철학을 수강한 친구들과 함께 종교에서 철학으로 인생 목표를 바꾼다. 그럼에도 자신의 고유한 철학 체계를 형성하는 예나 시기까지는 종교와 관련된 철학적 문제의식에

---

3 칸트는 『순수이성비판』에서 '계시적 신학'에 대비되는 '이성적 신학'을 주장하고, 이성적 신학을 다시 초월적 신학과 소질적 신학으로 나눈다. 소질적 신학을 다시 '자연 신학'과 '도덕 신학'으로 구분한다. 그리고 『이성의 한계 안에서의 종교』에서도 신학을 '계시적 신학'과 '철학적 신학'으로 구분하면서 철학적 신학을 통해 계시성을 극복한 '보편 종교'의 가능성을 타진한다.

142

사로잡혀 있어서 종교적 습작들을 생산한다. 그때는 젊은 시절이었고, 게다가 계시 종교의 여과 장치 때문이었는지 모르지만, 헤겔은 청년기 종교 저작들을 마지막까지 출판하지 않는다. 후학들이 헤겔의 유품에서 발견한 청년기 습작들을 모아서 유고집으로 출판하는데, 그중의 일부가 한국에는 『청년 헤겔의 신학론집』[4]으로 번역되어 있다.

(3) 종교 문제와 정치 문제의 연관

헤겔은 청년기 종교 저작에서 유대교와 가톨릭을 비롯하여 여러 유형의 종교들을 비판한다. 그러나 프로테스탄티즘은 근대정신의 대변자이며 정신의 자유를 드러내는 것으로 간주한다. 로마의 가톨릭이 여전히 세력을 떨치고 있음에도 불구하고, 프로이센은 일찍이 프로테스탄티즘을 허용한다. 그래서 헤겔은 독일 민족이 그 어느 민족보다도 더 자유를 사랑하는 민족이라고 주장하면서, 게르만 민족국가를 역사 발전의 정점으로 삼을 때도 이것을 강조한다. 프로테스탄티즘은 누구나 신과 직접 교제할 수 있는 가능성, 그것을 가능케 하는 동등한 이성 능력, 무엇보다도 모두가 평등하게 지닌 자유 능력을 주장한다.

그러나 프로테스탄티즘이 헤겔에게 주는 의미는 그 이상의 것이다. 자유는 '종교' 차원에 그치지 않고 '정치'와 연결되는 개념이기 때문이다. 참다운 자유는 내적 자유나 주관적 자유에 그치지 않고, 삶의 총체적 기반이며 정치적 실천에서 객관적으로 실현되어야 한다. 그러려면 자유를 실현하는 법과 제도가 필요하다. '법제도'와 '정체'를 동반

---

4 G. W. F. Hegel, 정대성 역, 『청년 헤겔의 신학론집』(인간사랑, 2004)을 보라.

하지 않는다면 객관적 자유를 보장할 수 없다. 물론 프로테스탄티즘이 이런 의미의 정치적 자유를 주장한 것은 아니지만, 이성적 인간의 본질적 요소인 자유를 평등하게 천명하는 것은 정치적 자유를 논하는 기반이며, 만민평등을 관철시키는 사건으로 발전한다.

자유가 정치적 현실로 드러나는 결정적 사건은 프랑스혁명이고, 헤겔의 후기 저술인『법철학』과『역사철학강의』처럼 객관 정신을 다루는 곳에서 자유는 제도화된 형태로 실증된다. 자유는 세계사의 전개 과정에서 단계적으로, 논리적으로 현실화된다.

세계에는 무수히 많은 국가가 있고, 국가들은 각기 자립적 국가로서 차이를 지닌다. 이때 서로 다른 인륜적 국가들의 법과 제도는 관습과 문화를 반영하며, 관습과 문화의 인륜적 정점은 종교이다. 세계사는 법문화를 어떻게 형성하느냐에 따라 달라진다.

2) 유럽의 동양 이해를 반영하는 후기 헤겔

칸트 철학과 프랑스혁명의 영향을 받아서 신학에서 철학으로 궤도를 바꾸는 헤겔의 개인사가 펼쳐지듯이, 오리엔탈리즘이라는 시대 배경은 다문화와 관련된 그의 착상에 영향을 미친다. 헤겔의 체계 중에서 역사적 추이를 따라서 변증법적 논리를 전개하는 문헌은『역사철학강의』,『미학강의』,『철학사』이다. 여기에는 동양의 사상과 문화에 대한 분석이 담겨 있다. 그는 특히 후기의 베를린 대학에서 역사철학, 미학, 종교철학을 격 학기에 걸쳐 개설하는데, 이때 사용한 헤겔의 강의록이나 제자들의 노트를 비교하면, 강의가 반복되면서 동양에 관한 분량이 늘어나는 것을 알 수 있다. 동양에 대한 논의가 피상적이지

않도록 동양 문헌을 지속적으로 연구하였고, 그 과정에서 동양관이
점차 달라진다. 그의 동양관은 오리엔탈리즘으로 귀결되는 서양의
동양 연구와 밀접한 연관이 있으므로, 동양 연구와 관련된 시대 개관을
해보도록 하자.

(1) 동양 연구의 시작 - 13세기 오리엔탈리즘?
오늘날 우리는 정보화 사회에서 살기 때문에 대한민국을 떠나지 않고
도 인터넷을 통해 다른 나라의 도서관을 들락거리고, 마이클 샌델의
하버드대학 강의도 집에서 들을 수 있다. 오사마 빈 라덴의 검거
과정을 전 세계에 실시간으로 생중계하는 시대이니 자료를 구하지
못해 공부를 못한다는 핑계는 댈 수도 없다.

　그러나 헤겔 시대는 지리적·언어적 한계가 동서양을 가르는 심각한
장벽으로 작용하던 때이다. 물론 그 장벽에는 '자민족중심주의'라는
유럽인의 사고방식도 가세하지만, 아직 비행기도 기차도 심지어 자동
차도 없던 시절이니 지리적 한계를 극복하려면 한참을 기다려야 한다.
그럼에도 동양의 역사와 문화를 제대로 연구하여 객관적으로 평가하려
는 노력들은 있었다. 그 시작은 13세기의 동양 연구이다.

　동양 연구의 필요성을 촉발한 것은 서양인을 두려움에 떨게 하였던
칭기즈칸의 유럽 정복이다. 칭기즈칸의 용맹성은 동양에 대한 관심을
불러일으켜서 동양 연구가 순수하게 시작된다. 이때는 '자민족중심주
의' 내지 '백인중심주의'가 심각하게 형성된 시기는 아니다. 15세기까
지는 동양이 서양보다 과학 기술이 앞서 있었고, 문명사의 주도권을
쥔 면도 있었기 때문이다. 향료, 도자기와 실크로드처럼 호기심과

신비감이 어려 있는 동양이었다.

칭기즈칸은 몽골의 바이칼 지역 출신이지만, 중국의 베이징에서 유럽의 아드리아 해까지 정복 전쟁을 벌여서 승리한 탓에, 서양인에게는 무시보다는 극복해야 할 대상이었다. 이것은 오리엔탈리즘이 아닌 순수한 동양 연구, 순수한 동양주의를 자극한다. 그러나 15~16세기를 기점으로 서양 과학이 폭발적으로 발전하여 대형 함선과 총포가 개발된다. 대형 함선은 지역적 한계를 극복하는 도구가 되고, 큰 배에 많은 군대와 식량을 싣고서 먼 지역을 자유자재로 탐험하는 특별한 능력이 된다. 탐험왕 헨리가 다스리는 포르투갈의 호기심 어린 분위기가 확산되어 에스파냐 여왕의 후원을 받은 콜럼버스가 신대륙을 발견하고 동양 이야기를 쫓는 대탐험 경쟁도 본격화된다.

원주민의 노동력 및 풍부한 자원과 넓은 땅이 엄청난 혜택을 가져다 준다는 것을 유럽인에게 깨닫게 해준 사건이 신대륙 발견이었고, 탐험 경쟁은 점차 식민지 개척 경쟁으로 변질된다. 제국주의 양상으로 전개되면서 '탐험가-원주민'의 관계는 '지배-피지배' 관계로 전환된다. '백인의 지배'와 '원주민의 예속'으로, 나아가 '비백인의 종속'으로 도식화된다.

서양인은 새로 발견한 지역들을 침탈하고 지배한다. 처음에는 군대나 식민관을 보내 폭력적으로 지배하는 것이 용이하였다. 그러나 시간이 흐르면서 폭력으로는 한계가 있음을 깨닫게 된다. 그래서 원주민에 대한 정보를 최대한 수집하여 그들의 성향, 관습, 문화와 종교를 파악하고, 그들에게 맞는 전통적 지배 방식을 발굴해낸다. 선교사 파견은 종교적으로도 정치적으로도 중요하지만, 인류학적으로 볼 때 유화적 자세를 취하면서 자료를 축적하는 방법이 된다. 이렇게 해서 민속학(ethnography)과 민족학(ethnology)이 생겨난다. 이것들이 체계화되면서 소위 문화인류학이 구축된다. 문화인류학은 인류학의 한 분야이면서 동시에 다문화주의를 위한 중요한 선행 학문 이다.

(2) 분류와 체계화 - 18세기

다른 문화에 대한 호기심과 신비감, 게다가 실존적 요구가 맞물리면서 자료 축적이 지속되다 보니, 18~19세기에 자연스럽게 인류학과 사회 학 같은 학문들이 형성된다. 이것은 17~18세기에 식민지의 종교, 사상, 예술과 문화를 전문적으로 알려주는 전통 고전들을 탐독하고, 비유럽 지역의 언어를 배우고 번역을 활성화시킨 덕분에 가능하였다. 헤겔이 지역적·언어적 한계에도 불구하고 풍부하게 동양을 다룬 것은 13세기에 시작된 동양 연구가 학문적 결실을 이룬 18~19세기에 활동 한 철학자이기 때문이다.

18세기는 민속학적 자료와 번역물을 체계적으로 정리하는 방법론과 인식론이 서유럽에서 형성된다. 인식론적 틀을 적용하여 동양을 체계 적으로 분류하고, 문명의 발전 단계를 야만 → 미개 → 문명으로 도식 화한다. 체계적 분류가 이루어진다는 것은 동양의 문헌과 관점을 수동적으로 따라가는 것이 아니라, 서양의 방법론적·인식론적 틀에 맞추어 '서양의 방식'대로 능동적으로, 적극적으로 재구성한다는 의미 이다. 그래서 '순수한 동양관'이 아니라 '서양 관점의 동양관'이 형성 된다.

　서양의 관점으로 재구성하면서 동양을 '왜곡'하게 되고 '동양 폄하' 내지 '동양 무시'가 그 속에 녹아들게 된다. 문명의 발전 단계를 설정하고, 동서양 문화를 그 틀에 맞추어 분류하는 과정에서 위계질서를 만든다. 식민지 제국을 건설할 과학기술과 문화를 지닌 서양을 최고 단계로서 문명 단계로 분류한다. 동양은 야만이나 미개 단계이며, 그래서 문명 단계의 서양인이 마음대로 요리하고 자유롭게 기술해도 된다는 18세기적 자부심이 생겨난다. 서양의 이러한 동양관이 오리엔탈리즘이다.

　동양을 폄하함에도 불구하고, 동양의 영향을 받아서 고유한 자기 색깔을 드러내는 경우도 있다.

　헤겔 이전에 다방면에서 뛰어난 능력을 발휘한 천재로서, 신학적으로는 변신론을 체계화하고, 수학에서는 미분법을 발견하고, 베를린 아카데미를 최초로 창시한 합리론 철학자 라이프니츠(Leibniz, 1646~1716)가 살았던 시기에는 동양의 문헌들이 상당수 번역되고 불교도 꽤 소개되었다. 그래서 그의 단자론(monadism)이 불교 화엄종의 영향을 받은 것이 아닌가라고 추정하기도 한다.

　더 시간이 흐르면 슐레겔 형제처럼 아시아를 높이 평가하는 지식인층도 생긴다. 슐레겔, 노발리스 같은 낭만주의자들은 서양의 물질주의와 기계론이 낳는 폐해를 극복할 대안으로 한때 아시아를 제시한다. 유럽 문화가 소생하기 위해 아시아에 주목해야 한다고 본다. '타락하는 유럽'을 '아시아 문화'를 통해 소생시킨다는 것은 아시아를 우위에 두는 것처럼 보인다.

　그러나 에드워드 사이드는 그의 책 『오리엔탈리즘』에서 똑같은

148

사태를 다르게 분석한다. 서양인에게 중요한 것은 아시아 자체가 얼마나 가치가 있는가가 아니라, '유럽을 위한 아시아의 쓰임, 아시아의 용도'⁵가 어떤 가치가 있는가이다. 유럽을 위해 아시아를 쓰는 과정에서 본래의 모습 그대로가 아니라 '유럽식으로 변형된 아시아'를 쓴다. 유럽은 '유럽식 유럽'이고, 아시아는 '유럽식 아시아'로 해석되고 평가된다. 오늘날 문제가 되는 오리엔탈리즘은 '유럽식 아시아관', '유럽식 동양관'으로서 18~19세기 버전이다. 서양인 중에도 동양의 시나 문학 작품이 흥미를 유발하고 유용성을 낳고, 게다가 감동도 준다고 인정하는 사람들이 있다. 그러나 작품 그대로가 아니라 서양 관점으로 변형된 해석이 들어간 감동이다.

18~19세기 프랑스에서도 동양에 대한 연구가 활성화된다. 게다가 나폴레옹의 명령으로 동양 문헌과 서양 문헌이 교차 번역된다. 동양의 사상과 문화에 대한 연구가 빠르게 진척되고 서양인의 '주관적 재구성'도 분명해진다. 동양은 '오리엔탈리스트에 의해 주관적으로 변형되어' 재구성되며, 동양 자체의 표상이 아니라 '오리엔탈리스트가 만든 동양 표상'이 자유롭게 기술되어 나온다.

헤겔은 튀빙겐 시절부터 낭만주의자와 교우관계를 형성하고, 프랑크푸르트 시기에는 낭만주의에 경도되기도 하므로, 낭만주의자의 아시아 이해는 헤겔에게도 암묵적으로 나타난다. 예를 들면 인도는 무구별적인 종교 문화를 가졌지만, 신비한 나라로서 어떤 영적 힘을 지닌 나라⁶이기도 하다. 낭만주의적 강점을 전제하고서 긍정적으로

5 E. W. Side, 박홍규 역, 『오리엔탈리즘』(교보문고, 2004), p.214.
6 G. W. F. Hegel, 권기철 역, 『역사철학강의』(동서문화사, 2014), p.142 이하를

해석할 만한 여지와 그 반대의 측면이 나타난다.

(3) 아시아에 대한 야릇한 이중 감정

서유럽에서 동양을 높이 평가한다 해도 거기에는 '야릇한 이중 감정'이 들어 있다. 낭만주의자는 아시아를 '유럽을 소생시키는 대안'으로 본다. 그러나 아시아 자체가 아니라 '유럽식 아시아'이다. 그러다보니 낭만주의자도 나중에는 아시아를 대안으로 삼는 태도를 포기하게 된다. 서양인이 아시아로 가서 위험에 처한 아시아를 구하는 '용'으로 묘사하는 반전 소설도 등장한다.

일반인 사이에서는 중국 황실을 직접 체험한 마르코 폴로의 『동방견문록』이 널리 읽혔다. 13세기에 마르코 폴로Marco Polo는 배가 난파하여 중국에 불시착하게 되고, 이 사실이 황실에 알려진다. 황제의 특혜를 받아 대우를 받는 손님으로 살면서 황실의 질서 정연함과 고도의 문화에 경탄한다. 나중에 본국으로 귀환하여 『동방견문록』을 집필하는데, 서양인은 이 책을 사실로 받아들이지 않는다. 헤겔도 『역사철학 강의』에서 18~19세기 유럽인들도 『동방견문록』을 '실재'가 아니라 상상력에 의해 만들어 낸 '소설' 내지 허구로 간주한다고 알려준다.

서양에서 동양은 신비감이나 호기심 내지 두려움의 대상이었다. 그러나 동양인의 생김새와 피부색에 대한 서양인의 이질감이 악화되어 기형적이며 그로테스크한 것으로 변질된다. 동양에 대한 연구를 비법이나 비전을 은밀하게 전수(esoteric)하는 식의 일종의 신비적 이단

보라.

150

(gnosticism)으로 오도하는 사람들도 있었다. 심지어 『종의 기원』 (1859)을 출판한 찰스 다윈Charles R. Darwin이 네덜란드의 배 비글호를 타고 전 세계를 조사하던 19세기에도 서양은 남미 종족을 동물적 존재로 간주한다.

비유럽 종족을 동물적 기형성으로 간주하던 시절이면, 중국인도 백인과 동등할 수가 없다. 비백인의 문화이니 중국 문화도 열등한 문화로 간주된다. 엄청난 번역의 도움으로 동서양 비교 연구가 축적된 18~19세기에는 체계적 접근을 하게 된다.

헤겔은 ─ 낭만주의자와 동일한 소재를 사용하지는 않지만 ─ 아시아를 이중적으로 평가하면서 낮은 단계로 분류하는 당대의 경향과 유사한 점을 드러낸다. 동양을 비중 있게 다루는 『철학사』·『역사철학강의』·『미학강의』에서 객관성을 유지하려는 노력은 한다. 그러나 서양인 마음대로 변형하는 인식론적 틀과 자신감에 압도된 시대 분위기를 벗어나지는 못한다.

가령 『철학사』에서 헤겔은 철학의 시작을 '동양 철학'으로 분류한다. 그런데 당혹스럽게 다시 "동양적인 것은 철학사에서 배제되어야만 한다."[7]고 덧붙인다. 동양은 시작 단계도 아니라는 것이다. 그러면 철학사의 시작은 어디인가? 헤겔은 그리스, 탈레스, 좀 더 단호하게는 근대적 자기의식의 실마리를 보여준 소크라테스로 바꾼다.

이렇게 번복하는 태도는 『역사철학강의』에도 동일하게 나타난다. 헤겔은 세계사를 중국에서 시작한다. 마치 태양이 동쪽에서 떠서

[7] G. W. F. Hegel, 임석진 역, 『철학사』 I 권(지식산업사, 1996), p.139.

서쪽으로 지듯이, 세계사도 동방에서 시작하여 서방에서 완성된다고
주장한다. 동양은 본질적으로 역사적 동쪽이며, 그래서 본질적으로
역사적 서쪽이 될 수 없고, 본질적으로 세계사를 완성하는 장소가
될 수 없다. 세계사의 동쪽은 중국이다. 중국은 세계사의 실마리이고,
세계사 전체의 시작점이다. 중국이 전체의 한 부분인 것은 분명하다.

그러나 헤겔은 다시 뒤집어서 중국은 본질적으로 '몰역사적인 것'[8]이
라는 말을 덧붙인다. 몰역사적이기 때문에 중국은 '세계사의 실마리'도
될 수 없다는 것이다. 그럼 어디에서 세계사를 시작해야 하나? 헤겔은
철학사의 시작을 그리스 철학으로 삼듯이, 역사철학의 시작도 그리스
역사라고 다시 주장한다.

헤겔이 『철학사』와 『역사철학강의』에서 중국을 체계의 출발점으
로 분류했다가 곧이어 출발점도 거부하는 이유는 무엇인가? 낭만주의
자가 아시아를 타락한 유럽의 대안으로 삼았다가 단지 유럽을 위한
'아시아의 용도'나 '쓰임'으로 축소시키듯이, 헤겔에게도 '오리엔탈리
스트에 의해 변형된 아시아' 내지 '유럽식 아시아'에서처럼 동양에
대한, 중국에 대한 야릇한 이중 평가가 작용하기 때문이다.

이렇다면 헤겔에게서 오리엔탈리즘을 극복하는 '다문화주의적 통찰
력'을 얻어낼 수 있겠는가? 우려를 불식시키면서 가능성을 타진하기
위해 헤겔의 철학적 지평과 개념들을 살펴보자. 오리엔탈리즘을 극복
할 수 있다는 일말의 희망을 갖는 이유는, 헤겔이 차이를 존중하고
차이를 견지하는 동등성을 구축하기 때문이며, 그의 철학적 개념들이

---

8 G. W. F. Hegel, 김종호 역, 『역사철학강의』(삼성출판사, 1993), p.172.

지닌 남다른 의미 때문이다.

3. 헤겔의 형이상학적 - 인식론적 지평

헤겔은 청년기에 신학을 전공하였고, 철학으로 궤도를 전환한 후에도 종교와 관련된 질문을 철학적 문제로 발전시킨다. 동서양의 철학, 사상, 역사, 문화 등을 체계적으로 정리하는 후기에는 종교가 절대정신의 한 축이 된다. 종교도 진리를 탐구하기 때문에 철학적 진리의 한 축이며, 진리의 통일적 기반은 청년기부터 헤겔이 지속적으로 강조하였던 자기의식이다.

유럽의 동양 연구에는 그노시즘적 해석도 있고, 계몽주의적 발상으로 세계 종교를 조명하여 유교를 종교로 규정하는 볼테르(Voltaire, 1694~1778)도 있다. 그러나 헤겔은 동양 사상과 문화를 그노시즘으로 폄하하지도 않고, 유교를 종교로 간주하지도 않는다. 오히려 공자의 사상을 '도덕철학'으로 분류한다. 그러나 그 분류도 다시 포기하는데, 그 이유는 자기의식 때문이다.

1) 청년기의 자기의식에서 노년기의 정신으로

청년 헤겔, 특히 베른과 프랑크푸르트 시기의 종교적 착상에 따르면, 가톨릭과 유대교는 개인의 내면에서 나온 법칙보다는 외적으로 주어지는 계율을 일방적으로 강요한다. 헤겔이 비판하기에, 이렇듯 내면의 주체성에 기인하지 않는 종교들은 외적 권위에 복종하기를 요구하는 폭력적 형태로 변질되거나, 도덕성과 배치되는 교리를 산출할 수도 있다.

반면, 칸트가 내면의 양심에서 도덕 법칙을 도출하고 도덕성의 기반으로서 자유 의지를 부각시키듯이, 헤겔은 프로테스탄티즘이 내적 자유에 기초한다는 점을 강조한다. 그리고 종교적 자유에서 정치적 자유를 위한 동력을 얻는다. 청년기 헤겔은 예수의 본래 정신과 복음의 내용을 개인의 내면에서 나오는 이성적 도덕 질서, 즉 칸트적 양심으로 설명하면서 점차 정치철학적 체계로 발전시킨다.

(1) 헤겔의 도발적 착상 – 신 인식의 문제

헤겔에게 프로테스탄티즘은 세계사가 궁극적으로 실현해야 할 근대적 자유의 근간이다. 프로이센이 프로테스탄티즘을 빨리 허용한 것은 역사 발전의 정점에 설 만한 요건이다. 물론 고유한 철학 체계가 완성되어 갈수록 프로테스탄티즘도 비판하면서 진리 탐구로서 종교 철학을 구축한다. 누구나 이성을 지니면 '신에 대한 완전한 인식'이 가능하고, 신에 대해 완전한 인식이 가능하면 '계시'는 불필요해지기 때문이다. 그런데 헤겔은 계시를 인식 불가능성이 아니라, 신이 투명하게 드러나는 과정 내지 방법으로 의역하며, 계시성을 이성성으로 전환시킨다.

인간은 유한한 존재인데 어떻게 신을 완전히 인식할 수 있는가? 인간은 유한자이지만, 인간이 지닌 정신성은 '무한자'에게로 고양될 수 있고, 무한자는 유한자와의 관계로만 자신을 드러내기 때문이다. 인간은 창조된 존재이기 때문에, 창조자는 아니지만, 창조자가 준 이성 능력을 발휘하여 창조자를 파악하는 데까지 고양될 수 있다.

정신의 무한한 가능성을 따라가면 진리가 있는지, 진리가 무엇인지, 진리가 절대적인지도 판가름할 수 있다.

(2) 신 인식을 위한 청년기 철학 개념 – 자기의식

인간의 정신 능력을 높이 설정하는 헤겔도 계시 종교에 천착하던 청년기에는 '완전한 신 인식'을 구상하지 못한다. 청년기에는 종교와 신 앞에서 '유한자와 무한자의 관계'가 어떠한지를 철학적으로 묻는다. 그러나 '유한과 무한의 형이상학적 관계'를 묻고, 이것을 정립하는 과정에서 점차 초월적 종교를 탈각시키고 철학적 진리로 이행한다.

  헤겔은 유한과 무한을 통일시켜 이해하는 개념으로 '자기의식'을 제시한다. 인식 활동과 반성 활동을 자기의식에 기초하여 전개하고, 그 의미를 확장시켜 나간다. 자기의식은 '나에 대한 의식', '자기에 대한 의식'이다. 인간이 인식을 하려면 '대상'이 있어야 하고, 대상에 대한 의식이 '대상의식' 내지 '타자의식'이다. 이때 인식 대상이 타자가 아니라, 바로 나라면 대상의식은 '나에 대한 의식'이다. 내가 나를 대상으로 놓고 파악할 때 생겨나는 자기의식이다. 인식 대상도 나이고, 대상을 인식하는 주체도 나이다.

  그런데 헤겔은 다른 차원에서 자기의식을 설명한다. 대상을 인식할 때, 나는 그 인식에 항상 개입하고 있다. 대상인식에 개입하는 주체로서 나를 바라보면, '대상인식의 내용'은 내가 '개념'으로 규정하고 있다. 개념은 내가 만든 것이고, 나로부터 나온다. 가령 대상이 벚꽃이라 하자. 내가 대상(벚꽃)을 인식하고 규정할 때, 경험적 인식을 규정하는 개념을 사용한다. 그 개념이 만약 개별적이거나 경험적인 개념이 아니라 경험을 넘어서는 '보편 개념'이라면, 보편 개념은 벚꽃 자체에서는 경험되지 않는다. 그 개념은 내가 만든 것이다. 벚꽃을 인식할 때 적용하는 개념은 '나로부터 나온 것'이다. 그러므로 대상 인식을 가능케 하는 것은 나이며, 나의 개념에 의해서이다. 그런 개념을 도출하는 나에 대한 의식, 그것이 자기의식이다. 대상을 인식할 때 인식 내용의 진리성과 통일성은 나에게서 나온다.

그러므로 대상의식이 확대되고 인식의 정당성과 보편성이 심화되면, 자기의식도 확대되고 심화된다. 이때 어느 쪽이 더 중요할까? 대상일까? 나일까? 만약 여의도에 벚꽃이 없다면, 인식이 일어나지 않을 것이다. 그러나 벚꽃이 만개하여 아름다움을 자랑하는데 아무도 벚꽃을 볼 수 있는 능력이 없다면 어떻게 될까? 대상이 아무리 대단해도 내가 인식해주지 않으면, 즉 인간이 인식하지 못한다면 대상의 '존재성'은 어떻게 될까?

마치 굉장히 뛰어난 능력을 가진 친구가 있어도 그의 뛰어남을 아무도 알지 못하면, 그는 별 볼일 없이 취급당하고 별 볼일 없는 일만 요구받게 될 것이다. 내가 하는 인식은 나에게만 중요한 것이 아니라 대상에 영향을 미치며, 대상은 나의 인식의 영향을 받는다.

그러므로 대상의식은 자기의식이고, 대상의식이 확장되는 것은 자기의식이 확장되는 것이다. 자기의식은 '유한자의 자기에 대한 반성적 의식'이다. 유한자의 자기 확장은 자기의 무한화를 실현한다.

이렇게 유한자와 무한자의 간극이 극복된다. 청년기 헤겔에게 자기의식은 '유한자와 무한자의 차이'를 극복하여 '유한과 무한의 통일'로 나아가는 개념이다. 차후에 자기의식의 통일이 무한자의 자기전개,

더 나아가 절대자의 자기전개로 대체된다.

(3) 자기의식에서 절대 정신으로

대상의식에는 항상 자기의식이 동반된다. 대상의식이 없으면 자기의식이 불가능하지만, 반대로 자기의식이 없으면 대상의식도 불가능하다. 대상의식의 다양한 측면을 통일하는 것은 자기의식이다. 자기의식은 대상의식의 통일체일 뿐만 아니라, 자기에 대한 다양한 의식의 통일체이기도 하다.

의식의 다양한 측면을 하나로 통일하는 자기의식은 헤겔의 전 체계에서 점차 '절대이성' 내지 '절대정신'으로 전환된다. 절대정신을 정립하기 이전의 청년 헤겔에게 유한과 무한의 통일을 지시하는 개념은 지속적으로 달라졌다. 서로 대립하는 양 항의 통일은 '존재', '사랑', '생' 같은 개념들로 표현된다. 베른 시기에는 유한과 무한의 통일을 사랑 개념으로, 프랑크푸르트 시기에는 존재와 생 개념으로, 예나 시기에는 '절대적인 것'으로 바꾼다. 차후에 '절대적인 것'은 절대자로, 더 나아가 절대정신, 절대이념으로 발전한다.

헤겔은 예나 시기의 『피히테와 셸링의 철학체계 차이』(1801)에서 유한과 무한의 통일을 '절대적인 것' 내지 '절대자'라고 표현한다. 이 책에서는 유한과 무한의 분열을 '생의 분열'로 규정하고, 분열의 통일은 '생' 개념으로 가능하다고 본다. 삶의 분열은 헤겔에게 중요하다. 튀빙겐 신학교에서 진리의 나무를 심고 나무 주위를 돌면서 춤을 추던 청년 헤겔의 관심사를 고려하면, 생 개념은 삶의 실존적 고통을 연상시킨다. 다양한 이념과 사조가 난무하고, 정치적 격변이 끊임없이 일어나서 사분오열되는 당대에 생의 분열은 삶의 분열이기도 하다.

그러나 생의 분열을 개인사적으로만 규정하면 안 되고, 기본적으로 독일 관념론의 철학적 문제의식에서 출발해야 한다. 칸트는 현상과 물자체의 이원론에 시달리는데, 이원론을 극복하기 위해 자연 개념을 제시한다. 자연 전체를 총괄하는 유기체적 생 개념으로서 생명, 생명체가 중요한 틀이었다. 다른 방식으로 나아가기는 하지만, 베를린 대학에서 헤겔과 강의 경쟁을 벌였던 쇼펜하우어(A. Schopenhauer)는 칸트의 이원론을 극복하기 위해 생에 대한 욕구와 의지를 대안으로 내세운다. 청년 헤겔은 낭만주의자의 유기체적 생 개념에 기초하여 생의 분열을 유한자와 무한자의 관계로 설정하고 그것을 통일하는 형이상학적 지평을 고민한다.

생의 분열과 통일은 '절대자의 자기전개'로서 변증법적 과정이며, 그 내용을 본질과 현상의 관계, 보편과 특수의 관계로 설명할 수 있다. 자기의식의 분열과 통일은 절대자의 자기전개가 되며, 각 시대마다 등장하는 철학 체계로 구체화된다. 헤겔의 『철학사』에서 절대자의 자기전개는 세계정신으로 드러나며, 철학 체계는 세계정신의 작용이다. 시대를 대표하는 철학 체계는 시대의 정신이다. 세계사의 전개처럼 철학사의 전개를 거치면서 유한한 인간의 사유가 고양되어 무한자의 정신이, 절대정신의 전개가 가능해진다.

2) 정신의 자기 전개 – 차이와 동일성의 관계

헤겔에게 철학의 목표는 진리를 찾는 것이다. 진리는 한꺼번에 주어지는 것이 아니라, 마치 계단을 하나하나 올라가듯 과도기 단계를 무수히

158

거쳐야 파악 가능하다. 진리의 각 부분은 서로 다르고 차이가 있으며, 그 차이들을 내적 계기로 정립하면서 진리가 정립된다. 다양한 차이는 진리의 계기이면서 절대정신의 자기 동일적인 계기들이다.

(1) 전체와 부분

진리를 파악하려면 계단을 하나씩 올라가야 한다. 그렇다면 진리는 마지막에 드러나는가? 진리는 마지막에 드러나지만, 계단이 없으면 진리가 아니다. 부분이 없으면 드러나지 않는다. 그래서 헤겔의 진리는 부분들의 전 과정을 총괄하는 '총체성'이다. 그저 '전체'인 것이 아니라 '부분들의 전체로서 총체'이기 때문에 헤겔에게 진리는 학문적 체계가 될 수밖에 없다. 학적 체계로서 총체성이라는 의미를 설명하기 위해, 헤겔은 총체성을 '보편'이 아니라 '구체적 보편'이라고 주장한다.

이를 위해 전체와 부분의 관계를 남다른 방식으로 설명해보자. 헤겔에게 절대자는 자기를 분열시키고, 분열된 것을 자신의 계기로 정립한다. 이때 부분은 절대자의 부분이지만, 부분도 절대자이다. 총체성의 맥락에서 해석하면, 헤겔에게 부분은 '부분'이면서 '각기 전체'이다.

부분이면서 전체라니? 부분이 '전체의 부분'이면서 동시에 '전체'라는 말을 어떻게 이해해야 할까? 비유를 들면, 생명체는 무수히 많은 세포로 이루어져 있다. 세포는 생명체의 부분이다. 그러나 세포 하나하나에는 그 생명체의 유전 정보가 들어 있다. 세포는 생명체의 부분이면서 생명체 전체를 담고 있다. 철학사적으로, 라이프니츠의 단자론을 불교식으로 표현할 수도 있다. 털(터럭) 하나는 세상의 미미한 존재,

미미한 부분이지만, 그러나 터럭 하나에 전 세계가 반영되어 있다. 터럭은 부분이면서 전체를 반영하는 단자(모나드)이다. 단자는 부분이면서 전체를 조명한다.

한국 사회에서 유행하던 말 중에서 전체와 부분을 이해하는 데 도움이 되는 유행어가 있다. 전체와 부분의 관계보다는 상호 주관성과 상호 인정에 더 적합하지만, 전체와 부분의 관계에 대한 핵심을 담고 있다. 너 안에 내가 있다. 내 안에 네가 있다. 타자 속의 나, 나 속의 타자, 우리 안의 나, 나 속의 우리 같은 말들이다. 이런 상호 구조를 다시 바꾸면, 내 안에 '나와 타자'가 있고, 타자 안에 '나와 타자'가 있다.

서로 대립하는 것들은 부분이면서 양자가 모두 들어 있는 전체이다. 이것을 문화에 적용하여 서로 차이나는 문화들은 특수한 것이면서 보편적인 것이라고 해명할 수 있는데, 이를 위해 본질과 현상의 관계도 이해해보자.

(2) 본질과 현상

절대자는 자기를 '현상'으로 드러내고, 현상을 다시 자기의 본질적 계기로 정립한다. 이때 현상 모두가 절대자의 드러남인가? 본질의 드러남인가? 존재자들은 서로 다르고, 그 존재를 이것이 아닌 바로 '그것'이라고 할 수 있는 '본질적 차이' 내지 '본질적 규정'을 지닌다. 여의도의 '벚꽃'을 '진달래꽃'이나 '개나리꽃'이 아니고 '벚꽃'이라고 부르는 본질적 요소가 있다.

철학자는 이렇게 차이나는 존재자들 모두의 보편적 원리를 탐구한다. 그런데 인간이 파악한 보편적 원리 내지 보편적 규정이 존재자에게 본질적이라는 것을 어떻게 아는가? 드러나기 때문이다. 만약 어떤 사물의 본질이 내면에 숨겨져 있기만 하면, 우리는 그 사물을 파악할 수 없다. 본질 그대로든 변형된 형태로든 드러나야 하며, 드러난 것이 '현상'이다.

그런데 현상이 본질과 다르면 어떻게 될까? 전적으로 다르면 우리는 본질을 파악할 수 없다. 본 모습이든 아니든 드러나야 하고, 드러난 현상은 '본질적 현상'일 수도 '비본질적 현상'일 수도 있다. 현상에는 '우연적 현상'도 있고, 본질적 현상이 아님에도 본질처럼 속이는 '가상' 도 있다. 본질은 현상과 일치할 수도 일치하지 않을 수도 있다. 그럼에 도 우리가 본질을 알아내는 것은 현상을 통해서이다. 본질과 현상의 일치를 인정하면서, 또 불일치를 목도하면서 양자의 간극을 극복한다. 간극을 극복하는 과정은 '시간적 경과'로도, 시간적 경과를 '논리적으로 재구성하는 체계'로도 논할 수 있다.

하나하나의 현상은 본질 자체는 아니어도, 본질을 드러내고 파악하 는 통로이다. 반면, 본질은 드러나지 않으면 알 수 없다. 그래서 현상은 본질에 본질적인 것이다. 현상은 본질의 본질이고, 본질은 현상의 현상이다.

(3) 특수와 보편

본질이 현상으로 드러날 때 현상들은 차이가 있다. 차이 때문에 차이들 을 하나로 모아낼 공통성, 더 나아가 보편성이 있는지를 묻게 된다. 서로 다르고 차이가 있음에도 불구하고, 동일한 이름과 동일한 개념을 적용하는 이유는 보편성 때문이다.

철학은 이 세상에 존재하는 것들이 서로 다르고 차이가 있어서, 그것들의 공통 원리를 파악하는 데서 시작한다. 최초의 철학자 탈레스는 '만물의 공통 재료(근원)는 무엇인가?'라는 질문을 던졌다. 만물은 다 다르고, 서로 다른 재료로 구성되며, 그래서 서로 다른 원리를 지닌다고 추정하게 된다. 철학자는 차이나는 존재자들의 공통 재료를 물으면서 공통 원리를 탐구하고, 공통 원리 가운데서 본질적 원리와 보편적 원리를 도출한다.

보편적 원리는 모든 존재자에게 적용되는 것이라서 특정한 어떤 대상에 들어 있는 경험 가능한 모습으로 설명하기가 어렵다. 가령 '색깔'을 예로 들어보자. 존재자들은 색깔을 지닌다. 색깔은 모든 존재자에게 보편적으로 들어 있다. 이 대상에는 들어 있고 저 대상에는 들어 있지 않은 그런 것이 아니기 때문에, 색깔은 모든 존재자가 보편적으로 지니는 개념이다. 그러나 우리는 색깔 자체를 경험할 수는 없다. 우리가 경험할 수 있는 것은 '색깔 자체'가 아니라 '어떤 특정한 색깔'이다. 빨강·파랑·노랑·하양, 이것들은 색깔의 한 종류로서 '특정한 색깔'이지 '색깔 자체'는 아니다. 그런데 우리가 색깔의 한 종류인 빨강을 경험할 때도 '빨강 자체'가 아니라 '어떤 빨강'을 경험한다.

철학에서 다루는 개념은 보편 개념이며, 보편성은 우리의 감각 경험으로 환원할 수 없다. 그래서 보편성은 감성 능력이 아니라 사유 능력 내지 이성 능력으로 파악하며, 그 보편성은 나로부터 나오는 나의 개념이다. 헤겔이 대상의식이 자기의식이라 주장할 때처럼 보편 개념은 대상과 관계하지만 나에게서 나온 나의 개념, 나의 의식이다.

이렇듯 보편성은 직접 경험할 수 있는 것은 아니다. 그러나 우리가 존재를 파악하려면 본질이 현상으로 드러나듯이, 보편도 자신을 드러내야 한다. 보편이 구체적 개별자를 통해 드러나는 것이 '특수성'이다.

특수성은 개체를 통해 보편적 본질을 드러내는 차원이다. 보편적 본질을 곧이곧대로 드러낼 수 없기 때문에 특수성은 보편적 본질이면서 보편적 본질이 아니다. 보편은 특수가 아니지만 특수로 드러나야 한다. 특수한 것은 보편이 아니면서 보편의 드러남이다.

이와 같은 발상을 전 세계에 존재하는 국가들에도 적용할 수 있다. 전 세계에는 무수히 많은 국가가 있다. 과거의 역사를 거슬러 가면 엄청나게 많은 국가가 명멸하였다. 이때 가장 참되고, 바람직한 국가는 어떤 국가인가? 국가의 본질은 무엇인가? 국가의 명멸 속에서 세계사가 실현해야 하는 가장 본질적 국가는 무엇인가?

국가의 보편성은 특수성으로 드러난다. 한 국가에서만 드러나는 것이 아니고, 무수히 많은 개체 국가들 속에서 드러난다. 무수히 많은 국가는 무수히 많은 문화를 형성하며, 서로 다른 국가들이 이합집산을 하듯이 문화 집단 간에도 이합집산을 하면서 하나의 통합 문화가 만들어진다. 서로 차이나는 통합 문화들은 각각이 특수하면서 보편의 드러남이다.

4. 헤겔 역사철학에서 동양관

전 세계에는 100여 개가 넘는 국가가 있고, 이 국가들은 무수히 많은 차이를 지닌다. 그럼에도 불구하고 모두가 보편성을 지닌 국가인가? 모든 국가는 우열을 가릴 수 없는 동등한 가치를 지니는가? 동등한 가치를 지닌다면, 사람들은 어느 나라에서 살고 싶어 할까? 아무 나라에서 살아도 만족할까? 만약 어느 날 독재자가 출현하여 학생들을 특정 국가에 마음대로 편입시킨다면, 독재자의 결정을 따를까? 왜 못 따를까? 어차피 국가이기는 마찬가지인데!

21세기로 올수록 전 세계 국가들은 유사한 헌법과 제도를 만들어가고 있다. 물론 국가 간 정체 차이는 있다. 그럼에도 프랜시스 후쿠야마는 『역사의 종말』(1989)에서 전 세계가 점차 (미국식) '자유민주주의'[9]를 채택하는 방향으로 나아간다고 하면서, 대한민국도 1987년부터 변화가 일어났다고 주장한다.

일찍이 고대부터 논의되어 온 대표적 정체로는 왕정·귀족정·민주정이 있고, 그 변형태가 다양하게 나타난다. 기본 골격이 유사해 보여도 국가 내부를 조밀하게 살펴보면 같은 항목으로 분류할 수 없는 편차들이 발견된다. 국가라는 틀을 갖추었다고 해서 모든 국가를 '같은 국가'로 간주할 수는 없다.

그리고 각 국가는 정체 차이뿐만 아니라, 관습과 문화에서도 차이가 있다. '내가 속할 국가'를 독재자가 임의대로 결정하는 것을 거부하는

---

9 F. Fukuyama, 이상훈 역, 『역사의 종말』(한마음사, 1992)을 참고하라.

이유는, 정체가 같아도 관습과 문화에서 차이나기 때문이다. 호불호 문제는 가치 평가와 관련되기도 한다.

초창기 인류학은 문화 차이를 '가치' 문제와 더불어 '위계'와 '발전'의 차이로 접근한다. 차이가 있는 문화를 수평적으로 받아들이지 않고 수직적·위계적으로 분류한다. 그래서 19세기에 인류학을 야만-미개-문명의 단계로 정립할 때, 서유럽인은 비백인에 대한 백인의 소명 내지 의무(white man's burden)를 강조한다. 문명인은 야만인이나 미개인을 '문명화시킬 의무'가 있고, 문명국이 야만국과 미개국을 문명화시키는 것을 하나님이 주신 소명이라고 생각한다. 이미 문명화된 사람은 '백인'이므로, '문명인의 의무'는 당연히 '백인의 의무'가 된다.

헤겔은 백인의 의무 같은 우월감이나 치졸함을 표출하지는 않지만, 세계사를 다루는 『역사철학강의』에서 그도 서양 중심적 분류를 한다. 세계사 발전의 정점을 서유럽의 근대적 민족 국가들로, 좁게는 프로이센 민족 국가로 규정한다.

그러나 헤겔은 서양 중심적 해석을 뒤집어엎는 측면도 동시에 지닌다. 그 측면을 논증하기 위해 헤겔 특유의 의미를 지니는 전체와 부분, 본질과 현상, 특수와 보편의 관계를 앞에서 살펴보았고, 그것을 서양 중심적 해석을 뒤집어엎는 데서 활용하면 된다.

1) 역사철학의 원리 - 정체와 문화

헤겔에게 철학적 진리는 한순간에 드러나는 것이 아니라, 철학사의 전개를 통해 점차로 드러난다. 철학사는 각 시대에 출현하는 철학 체계를 '하나의 원리'로 꿰뚫는다. 철학사는 시대정신을 반영하면서 하나의 통일된 원리를 정립하며, 시대정신은 세계정신의 전개이다.

　인간들의 상호작용의 결과물인 역사도 각 시대의 연속물이기 때문에 시대정신은 계기마다 '어떤 국가 형태'와 '어떤 국가의 인륜성'으로 나타난다. 국가 형태와 관계를 통해 역사에서 단계적으로 드러나는 시대정신을 '하나의 통일된 원리'로 정립하는 학문이 역사철학이다.

　역사철학을 꿰뚫는 하나의 원리는 '자유'와 '자유의 실현 정도'이다. 자유의 실현 정도는 인륜적 국가의 법과 제도로 구체화된다. 그러므로 헤겔은 자유를 객관적으로 실현하는 장치를 정체, 헌법과 제도로 주장한다.

　그런데 한 국가의 법의 수준은 '문화적 요소', '종교와 철학의 수준'과 긴밀하게 연결된다. 헤겔은 절대정신의 계기를 예술·종교·철학으로 분류하고, 한 국가의 법은 예술·종교·철학과 연관성을 지닌다는 맥락에서 국가의 법과 제도의 발전을 절대정신의 논리적 전개를 투영하여 설명한다. 일반인의 관점에서 절대정신을 제거하고 설명한다면, 몽테스키외의 법과 관습의 관계로 변형하여 이해해도 무방하다.

(1) 역사철학의 대상 – 국가와 법

역사철학의 탐구 대상은 세계사이다. 철학사가 세계정신의 전개이듯이, 시대정신을 담아내는 인륜적 국가들의 관계인 세계사도 그러하다. 세계정신의 전개가 가능하려면 철학 체계가 필요하듯이, 역사철학이 가능하려면 무엇보다도 '국가'가 존재해야 한다. 국가가 없으면 세계사 내지 역사철학은 불가능하다. 가족 공동체나 부족 공동체는 역사철학의 대상이 아니고 그저 국가의 하부 단위이다.

국가가 성립되려면 '정치적 요소'가 필요하고, 정체가 형성되어야한다. 만약 정체가 없으면 국가가 아니고, 그러면 역사철학도 논할수 없다. 정체는 헌법과 제도를 통해 구성되며, 법과 제도의 발전수준이 자유의 실현 정도를 가늠할 수 있게 해준다.

역사철학은 세계사의 국가들을 고찰 대상으로 삼지만, 그렇다고해서 모든 국가를 역사철학의 대상으로 삼는 것은 아니다. 무수히명멸하는 국가들의 흐름 가운데서 역사를 꿰뚫는 '하나의 통일 원리'를찾기 때문이다. 동시대의 국가들이라고 해도 '하나의 원리'를 드러내는시대적 국가인가를 따져서 취사선택이 이루어진다. 각 시대마다 하나의 통일 원리와 시대정신을 대변하는 국가를 '세계사적 국가'라고하고, 세계사적 국가의 발전 수준이 자유를 가늠하는 척도가 된다.

그렇다면 세계정신이 시대정신으로 드러나는 세계사에서 역사의통일 원리는 무엇인가?

①세계 역사에는 일관되게 관철되는 하나의 원리, 법칙이 있다.

②세계사를 훑어보면 많은 국가가 존재하면서 흥망성쇠를 반복하지만, 명멸하는 가운데 하나의 원리를 순차적으로 드러낸다.

③그 원리에 따르는 '역사의 발전 법칙'이 있다.

④역사 발전의 척도는 '자유'이다. 역사는 자유의 전개이고, 역사의발전은 자유가 점차로 실현되는 것이다.

⑤자유의 실현은 무엇보다도 '자유 의식의 진보'를 동반한다. 자유의식을 견지하려면, 소위 노예 의식을 떨쳐버려야 한다. 인간은 누구나태어날 때부터 평등하고, 누구나 자유롭다는 의식을 보편적으로 자각해야 한다.

⑥자유 의식의 진보는 '의식 발전'에 그쳐서는 안 되고, 인간의 삶에서 '실질적 해방'을 이루어야 한다. 그러므로 자유 의식의 진보는 '자유의 권리'를 객관적으로 확립하는 것과 맞물린다.

⑦자유의 권리를 확립하고 실현하는 객관적 장치는 '법과 제도'이다. 역사 발전은 자유의, 자유를 구체화하는 법과 제도의 발전이다.

⑧주인–노예, 영주–농노 관계처럼 지배–피지배 구조가 존속하는 사회는, 인간이 자유로운 존재라는 의식을 갖기는 어렵다. 자유 의식이 싹터서 모두의 의식이 고양된다면, 주인–노예 제도, 봉건제도를 철폐하여 자유를 보다 더 실현시키는 '새로운 제도'를 만들어야 한다.

⑨제도의 발전, 그 제도를 뒷받침하는 법의 발전이 자유의 실현이고 역사의 발전이다.

⑩국가의 발전은 자유가 보편적으로 실현되는 것이고, 자유의 실현은 법과 제도의 변화를 통해 정치 발전과 정체 실현으로 구체화된다.

⑪역사 발전의 법칙은 헌법, 제도와 경체의 발전과 맞물리므로 역사의 발전은 정치의 발전이다. 근대적 공화제와 헌법의 실현이다.

(2) 법 제도와 문화의 관계

그런데 왜 헤겔은 역사 발전을 논하면서 법과 제도를 중시하는가? 법은 집단적 동일성뿐만 아니라 그 집단의 주체성과 자율성에 기초하여 개인이 지닌 자유와 권리를 보편적으로 실현하는 장치이면서 자유의 바로미터이기 때문이다.

헤겔은 자유와 법의 실현 정도에 따라서 동양 시대, 그리스 시대, 로마 시대, 게르만 시대로 구분한다. 그런데 왜 법이 그 시대의 모든 것을 대변한다고 보는가? 헤겔은, "역사상 철학이 등장하는 데는 오직 자유로운 헌법 체제가 형성되어 있어야 한다."(117쪽)고 본다. 절대정신으로서 철학이 등장하려면 객관정신으로서 법의 체계가 형성되어 있어야 한다. 법적 체계로 드러나는 시대정신은 철학 체계로 전개되는 세계정신의 이면이다. 철학으로 통칭되는 시대의 수준, 시대의 문화 수준은 법의 수준과 유기적 관계를 지닌다.

법은 시대의 모든 것을 표출하는 정신은 아니지만, 절대정신의 세 계기인 예술, 종교, 그리고 철학과 긴밀하게 연결되기 때문에 철학과 법의 상호작용을 주장할 수 있다. 정신의 수준은 철학으로 압축되고, 자유의 수준은 정체와 법으로 압축된다. 그런데 정신도 곧 자유의 작용이고, 법과 정체도 자유의 구체화이기 때문에 철학과 법은 내적 연관성을 지닌다.

이것을 다문화사회에 직면한 우리에게 비춰 보면, '법과 문화는 분리되지 않는다.'로 표현할 수 있다. 국가 간에는 헌법과 제도의 차이만이 아니라 인종, 관습과 문화의 차이도 있는데, 양자는 서로 긴밀하게 연결되어 있다. 그 연결성을 헤겔이 언급한 몽테스키외(Montesquieu, 1689~1755)를 통해 우회적으로 설명해보자.

몽테스키외는 계몽주의에 기초하여 법과 정체의 근대적 발전을 주도하기 위해 『법의 정신』(1748)에서 삼권분립을 주창한다. 그는, 어떤 법이 가장 정의롭고 합리적인지를 연구하는 과정에서 다른 나라의 법을 참고한다. 각 나라를 여행하고 법을 살펴보면서 나라마다 법의 차이가 심하고, 서로 모순되는 법을 정당한 법으로 채택한 나라들도 있다는 것을 발견한다. 왜 모순이 생기는 것일까?

그는 연구와 여행을 병행하는 과정에서 '법'은 '그 법을 만든 사회의 관습 내지 문화'와 긴밀하게 연관된다는 것을 알게 된다. 실정법은 관습법을 상당히 따르고 있고, 공동체가 지닌 관습과 문화는 법에 반영되어 나타난다. 나라마다 법이 다른 것은 국가 공동체의 문화와 관습이 다르기 때문이다. 흔히 법과 문화는 별개이고 서로 다른 영역이라고 생각하지만, 법과 문화가 유기적으로 연결된 점을 찾아낸 몽테스키외는 각 공동체가 지닌 특수한 측면들, 즉 관습법에 대한 조망을 책 제목에 반영한다. 그래서 『법의 정신 또는 법이 각국의 정부 구성, 풍습, 기후, 상업 등의 구성과 맺는 관계에 관하여』라는 긴 제목의 책을 출판한다.

헤겔도 '법'과 '문화 또는 관습'이 연결된다는 착상을 활용하지만, 몽테스키외를 그대로 베껴오는 것은 아니다. 국가 및 자유로운 법이 형성되어 있어야 철학이 등장한다는 헤겔 자신의 테제에 따른다. 그리고 시대정신을 대변하는 법 제도가 자유의 전개라고 하는데, 인간 정신의 본질도 자유이다. 양자가 지닌 자유의 공속성 때문에 정신의 전개와 법 내지 정체의 발전은 분리될 수 없다. 자유는 정신 문화를 통해 드러나며, 법과 문화에는 자유가 작동한다.

(3) 세계사의 발전 단계 – 세계사적 국가

헤겔의 역사철학적 관점에 비추어 보면, 몽테스키외는 다른 긍정적 요소도 지닌다. 법과 문화의 연관성뿐만 아니라, 서양 유럽이 형성한 '백인의 의무'나 '위계'도 비판하기 때문이다. 몽테스키외는 야만–미개 –문명이라는 3단계 발상을 고안하고, 3단계가 너무 거칠다고 생각해서 10단계를 주장하는 콩도르세도 있는데, 이들은 서양인이 지닌 백인중심주의 내지 자민족중심주의를 비판하면서 문화 등가치성을 주장한다. '모든 문화는 동등한 가치가 있다.'는 것이다.

이것은 '문화 상대주의'의 단초가 된다. 20세기에 보편화되는 문화 상대주의는 몽테스키외, 콩도르세 같은 계몽주의 내지 진보주의 진영의 사람들에 의해 18세기에 천명되었다. 이들은 - 의도와는 다른 변형들이 생겨나기는 하지만 - 인류학의 문명 발전 단계를 위계로 간주하는 대중과는 다른 노선에 서려고 한다. 서로 다른 문화는 동등한 가치를 지니며, 절대적 가치가 아닌 상대적 관점에서 접근할 것을 요구한다.

문화의 발전 단계와 '상대적 동등성'이 회자되는 18~19세기의 시대 분위기를 반영하듯이, 헤겔은 역사철학의 발전 법칙을 전개한다. 세계사는 발전 법칙에 따라 전개되며, 동서양 모두 역사의 진보사관으로 분류 가능하다. 세계사에는 하나의 통일 원리에 따라 각 시대를 대표하는 국가 또는 제국이 나타난다. 동시대에 존재하는 국가들은 무수히 많지만, 시대의 발전 정도를 대표하는 국가는 '세계사적 국가'이다. 세계사적 국가의 자유 실현 정도 내지 법제도화를 통해 발전 도식이 등장한다.

역사철학의 발전을 대표하는 국가는 시대마다 다르다. 헤겔은 시대 순서에 따라서 세계사를 동양 시대, 그리스 시대, 로마 시대, 게르만 시대로 구분한다. 동양 시대는 소위 동양의 왕정이며, 군주가 다스리는 제국이다. 그리스 시대는 고대 도시 국가들이 중심을 이루며, 로마 시대는 로마 제국과 그 뒤로 이어지는 중세와 관련이 있다. 게르만 시대는 근대 민족 국가를 의미하며, 자유를 염두에 두면 프로테스탄티즘 국가가 중심이다.

헤겔이 시대별로 세계사적 국가를 다르게 설정하고 바꾸는 이유 내지 척도는 '법 제도와 자유의 실현 정도' 때문이다. 자유를 척도로 삼아 '한 사람'이 자유로운가 아니면 '모든 사람'이 자유로운가라는 질문을 던져 본다.

일반적으로 왕정과 군주정보다는 민주정이 더 나은 정체라고 생각할 가능성이 있다. 그러나 이것이 반드시 일치하는 것은 아니다. 왕정이면 서 민주정인 국가들도 있다. 민주정체를 법의 기반으로 삼으면서 왕은 정치권력과 별개의 활동을 하는 경우도 많다. 영국에는 아직도 여왕이 존재하지만, 정치권력의 수장은 수상이다. '한 사람이나 몇 사람만이 자유로운 왕정'과 달리, 공화제적 법 제도에 기초하여 '모든 사람이 자유로운 민주정으로서 왕정'인 나라도 있다.

그러나 왕정 내지 군주정이 변질되면 전제정으로 전락하고, 대부분 의 사람들이 자유를 박탈당하게 된다. 역사철학의 첫 단계인 왕정 시절에는 대부분의 사람들이 자유롭지 못하였다. 왕이나 특정한 몇몇 사람들만 자유로울 수 있었다. 그런 정체에서 만들어지는 법은 국민의 대의를 반영하기보다는 왕이나 몇몇 사람들의 의지가 곧 법이 된다.

헤겔이 역사철학에서 처음에 세계사적 국가로 분류했던 동양 제국을 차후에 제거하는 이유는, 그 제국이 '자유의식'이 없고 정체와 법도 만민평등의 관점에서 형성한 것이 아니기 때문이다. 그곳에서는 한 사람(왕)만 자유로울 수 있었다. 그리스 시대와 로마 시대에는 자유의 식이 생겨나지만, 그때는 몇 사람(자유민들)만 자유로울 수 있었다. 게르만 시대에 들어서면 모든 사람이 자유롭다는 자유의식 내지 이념

이 생긴다. 만인이 동등하게 자유롭다는 사상을 펼친 것은 프로테스탄
티즘이다. 헤겔이 프로테스탄티즘을 일찍 수용한 프로이센 민족국가
를 역사발전의 정점으로 삼은 것도 그런 이유에서이다.

청년기에 헤겔이 프랑스혁명에 열광한 이유도 자유에 있다. 혁명은
자유를 실현할 '공화제적 법 제도'에 한발 더 다가가게 한다. 그런데
역사 발전의 정점을 게르만 민족 국가라고 하면서도, 헤겔이 『역사철
학강의』의 서문에서 살짝 언급하는 미래의 나라[10]가 있다. 북아메리카
이다. 세계사의 대상은 이미 존재하였던 나라여야 했기 때문에 과거부
터 현재까지 실제로 존재하였던 국가에만 초점을 맞춘다. 북아메리카
는 거기에 부합하지 않아서 분석 대상에서 제외한다. 그럼에도 부상하
는 아메리카를 미래의 나라로 기대하는 이유는, 미국혁명은 프랑스혁
명보다 먼저 일어났고, 경제보다는 정치에 더 초점을 맞추기 때문이다.
헤겔이 판단하기에 시민 모두가 정치에 참여하는 외적 자유뿐만 아니
라, 그것을 반영하는 공화제적 법이 보편적으로 실현되었기 때문이다.

20세기 들어서 프랜시스 후쿠야마가 『역사의 종말』을 쓰면서, 헤겔
이 역사 발전의 정점 내지 역사의 완성은 '미국식 자유민주주의'라고
하였다고 주장하는 이유도 '서문' 때문이다. 그러나 헤겔이 주장하는
미래의 나라는 미국식 자유민주주의를 의미하는 것은 아니다. 비록
헤겔이 미래의 나라가 가진 자유와 공화제적 법 제도를 중시하지만,
개인주의에 기초하여 형성된 미국식 모델은 서유럽의 공동체주의적
민족 국가와는 근본적으로 지평이 다르기 때문이다.

---

10 G. W. F. Hegel, 김종호 역, 『역사철학강의』, 삼성출판사, 1993, p.151.

2) 헤겔의 동양관 – 동양 문화에 대한 헤겔의 평가

이제 헤겔의 동양관으로 다시 돌아가 보자. 헤겔이 역사의 발전을 공화제적 법 제도와 자유의 실현으로 간주한다면 동양 또는 중국은 어떻게 평가해야 하는가?[11] 인류 역사상 무수히 많은 국가가 명멸하였음에도 불구하고, 헤겔은 '세계사적 국가'의 자격을 갖춘 세계사의 시작을 일단은 중국과 몽고[12]라고 규정한다. 고대로 거슬러 올라가면, 동방 세계 내지 동양은 광범위하였고 게다가 엄청난 영향력을 발휘한 페르시아·인도 등 여러 나라가 있다. 그러한데도 헤겔은 고대를 대표하는 세계사적 국가를 고대 중국이라고 한다.

(1) 세계사의 시작 – 중국인가?

헤겔은 세계사의 '시작'을 중국이라고 천명한다. 그런데 이어지는 설명에서 중국을 '몰역사적인 것(역사적이지 않은 것)'[13]이라고 비판한다. '몰역사적'이라는 것은 달리 말하면 역사적이지 않다는 것이다. 역사적이지 않은데 어떻게 세계사의 시작이 될 수 있는가? 헤겔은 세계사의 시작이라는 주장을 철회하면서, 고대 중국은 심지어 시작도 될 수 없다는 말까지 덧붙인다.

왜 세계사의 시작이 될 수 없는가? 헤겔은 역사 발전의 한 단계가

---

11 여성의 관점에서 헤겔의 동양관을 비판적으로 조명하면 다문화주의에 접근하는 데 도움이 된다. 이정은, 「헤겔의 동양과 여성이해 그리고 다문화주의의 가능성」, 『한국여성철학』 제8권(한국여성철학회, 2007)의 글을 참고하라.

12 G. W. F. Hegel, 김종호 역, 『역사철학강의』(삼성출판사, 1993), p.179.

13 위의 책, p.172.

되려면 어떤 국가이든지 간에 '보편성'과 '보편적 개념'을 지녀야 한다고 주장한다. 중국은 황제의 통치는 있으나, 제도적으로 접근 가능한 보편적 장치와 정체성이 있는지가 의문이다. 춘추전국시대의 중국은 여러 이론이 난립하면서 법과 제도가 순식간에 바뀌고 혼란을 거듭하기 때문에 공통성을 발견하기가 힘들다. 공통성이 없다면, 국가의 정체성을 말할 보편성을 도출하기는 더 어렵다.

그렇다면 중국은 역사 발전의 한 단계로 분류할 수 있는 보편성보다는 '보편적 표상'이나 '일반적 관념'을 가진 것에 지나지 않는다. 만약 보편성이 있다면 보편성을 드러내는 특수성이나 '개체성'이 있어야 하는데, 중국은 그런 특수성이나 규정성도 없어서 몰-규정, 무-규정 상태이다. 보편성이 특수한 규정을 지니지 않는다면 중국은 역사적일 수 없다. 중국은 몰역사적 상태이고, 역사의 시작이라고도 할 수 없다.

도대체 헤겔이 주장하는 보편성은 무엇인가? 그는 종교 내지 신 개념으로 접근한다. 고대 그리스나 로마 시대와 달리, 중국은 '보편적 표상'을 지닌 신을 설정한다는 점에서 진일보한 것처럼 보인다. 반면 그리스·로마신화의 신들은 '개체적 신', '개별적 신'이다. 한 명의 인간처럼 신화의 신은 개체이고, 인간을 닮아 있고, 인간처럼 개별적으로 행동한다. 그리스 신들은 기독교에서 말하는 '추상적 신'이나 사유에 의해 파악되는 '보편성을 지니는 신'은 아니다. 기독교의 신은 이성, 자유의지를 지니는 인격적 존재이며, 보편적 본질을 지닌다.

중국에는 종교도 있고 신도 있지만, 그리스 신들처럼 개체적 신도 아니고, 기독교처럼 보편적 본질을 지닌 신도 아니다. 신은 있지만 모호한 표상을 지닌 신일뿐이다. 보편성과 본질이 명확하게 개념화되지 않은 '표상적' 신들이다. 중국의 종교와 신은 보편적이라기보다는 '보편적 표상'의 수준이라서, 개념으로 정확하게 표현하기가 어렵다. 개체성을 지닌 것도 아니고 보편성을 제대로 실현한 것도 아니라서 신에 대해 구체적 규정을 내리기 어렵다. 이로 인해 신의 보편성을 설명할 만한 속성 내지 '특수성'을 개진할 수도 없다.

개체성이 없기 때문에, 중국의 신은 자신의 자아를 상실한 망아 상태와 같다. 그렇듯이 고대 중국 왕정 상태의 개인들은 개체적 존재이 기는 하지만 그리스인 내지 그리스 신이 지닌 것과 같은 개체적 의식은 없다. 개체성, 독자성, 주체성이 없다. 자기의 독자성과 주체성을 갖지 못한 망아 상태라서 자기의식도 자유의식도 없다.

헤겔은 고대 중국의 정치적 자유도 이와 유사하다고 본다. 고대 중국에서 개인들은 개체성과 인격성이 없고, 개체적 존재로서 지니는 자기의식도 자유 의식도 없다. 공동체의 구성원으로서 부분을 이루지 만, 부분으로서 가치는 없다. 그저 개체성의 망각이다. 개체성과 독자 성을 잃어버린, 즉 개체적 자아의 가치와 존엄성을 잃어버린 망아 상태에서 자신의 권리를 주장할 수 있겠는가? 개체성이 없으니 자기의 권리와 자유에 대한 의식이 없고, 자유를 실현할 법과 제도를 요구할 수도 없다.

고대 중국에도 법은 있지만, 개인들의 의지를 대변하는 법이 아니다. 만인의 법이 아니라 '특별한 한 개인'의 법이다. '정치권력을 쥔 왕이라 는 특별한 한 개인'의 욕구와 의지가 바로 법이다. 법은 있으나 '왕 개인의 의지'에 의해 만들어지기 때문에, 왕의 의지에 의해 얼마든지 바뀔 수 있다. 이러한 중국에서 자유로운 개인은 오로지 왕뿐이다.

왕을 제외한 나머지 개인들은 모두 망아 상태이며, 그런 점에서는 모두가 평등하다. 왕 앞에서 복종하는 존재로서는 평등하다. 실제로 자유롭지 못하고, 게다가 자유 의식도 자기의식도 없다 보니, 사상사적 의미의 사유 활동도 없는 셈이다. 이들에게 역사가 존재해도 역사철학의 한 단계로 분류할 만한 역사는 아니다. 법이 있어도 자유로운 법으로 인정하기 힘들다.

자유 의식, 자기의식이 없다는 이유 때문에 중국은 세계사의 시작에서 곧바로 퇴출당한다. 헤겔에게 세계사의 참다운 시작은 고대 그리스, 18세 이상의 자유민이 자유롭게 정치 활동을 하던 그리스 시대이다. 동양, 중국은 관심 대상으로 등장하기는 하지만 곧바로 체계에서 배제되는데, 역사철학에서 중국을 배제하는 헤겔의 태도는 중국 철학과 사상에도 동일하게 반복된다.

(2) 중국 문헌에 대한 이해 - 공자의 철학

헤겔이 태도를 바꾸어 중국을 평가 절하하는 것은 동양 사상을 대표하는 문헌들을 살피는 과정에서 더 분명해진다. 중요한 것은, 자유 의식과 자기의식이 발달하려면 필히 언어 발달이 동반되어야 한다는 것이다. 그렇다면 언어가 있는 민족은 자기의식을 지닌 민족이 되는가?

중국은 일찍부터 언어와 문자가 있었다. 갑골문자에서 시작해서 표의문자로 장족의 발전을 이루기 때문에, 중국은 언어에 기초하여 많은 문헌을 산출한다. 중국 문헌은 21세기에도 지대한 영향을 미치고 있다.

헤겔도 중국 전통을 대표하는 공자의 문헌을 접하면서 그 나름대로 큰 기대를 한다. 동양 철학은 대체로 개인 수양을 중시하기 때문에 헤겔도 그것에 초점을 맞추어 공자의 사상을 '도덕철학'으로 규정한다. '개인 수양'이나 '수양을 통해 성인이 된다.'는 발상이 서양 철학에는 없기 때문에, 헤겔은 공자 사상을 서양 철학의 분류 방식에 맞추어 윤리학 내지 도덕철학으로 간주한다.

그러나 헤겔은 공자의 문헌을 접하고서 매우 실망한다. 공자의 문헌은 차라리 번역되지 않는 것이 더 좋았을 것이라고 토로한다. 공자의 사상을 '도덕철학'으로 분류한 기존 입장을 바꾸면서 왜곡하기 시작한다. 유교는 인간사에 구체적으로 적용되는 '예의범절'을 다루며, 자세히 살펴보면 일종의 '처세술'¹⁴과 같다고 비판한다. 처세술이라 하니, 윤리학 내지 도덕철학으로도 분류할 수 없다는 것이다.

동양에서든 서양에서든 처세술은 철학이 아니며 사상도 아니다. 국어사전에서 처세술은 '사람들과 사귀면서 세상을 살아가는 방법이나 수단'으로 규정한다. 처세술은 어떤 경우에는 나쁜 의미로 사용되기도 한다. '사회에서 성공이나 출세를 위한 방법'이며, 삶을 영위하는 과정에서 자신의 욕구와 이해관계를 성취하기 위해 '잔꾀를 부리는 것'으로 간주된다. 물론 헤겔은 처세술을 나쁜 의미로 규정하지는 않는다. 그러나 아무리 좋은 의미의 처세술이라 해도, 공자의 사상을 처세술로 규정하면 공자의 본래 정신에서 일탈한 것이다.

---

14 G. W. F. Hegel, 김종호 역, 『역사철학강의』(삼성출판사, 1993), p.202.

(3) 동양 사상에 대한 총론

헤겔이 역사철학에서 중국을 '세계사의 시작'으로 간주했다가 '세계사의 시작'도 '참다운 사상'도 아니라고 번복하듯이, 철학사에서 동양 철학을 평가할 때도 유사한 번복이 일어난다. 동양 철학을 철학사의 시작이라고 주장하지만, 뒤이어 동양 철학은 철학사의 시작도 될 수 없다고 번복한다.

철학사는 각 시대에 등장하는 모든 철학 체계를 하나의 통일된 원리로 꿰뚫는다. 각 철학 체계는 철학사의 한 부분이다. 그러나 철학 개념들의 대립쌍에서 이미 살펴봤듯이, 헤겔에게는 한 부분이 곧 전체가 될 수 있다는 발상에서 "대립되는 요소 자체가 저마다의 총체성을 이루는 단계"[15]라는 이론을 지니고 있다. 부분은 전체의 부분이지만, 어떤 면에서 부분은 전체이기도 하다.

그렇다면 동양 철학도 철학사의 한 부분이면서 동시에 그 자체로 부분이면서 전체라고 할 수 있다. 그런데 왜 중국 철학은 그렇게 평가하지 않는가? 철학사에서 한 부분, 한 계기로 자리를 잡으려면 자기의식이 있어야 한다. 동양 내지 중국 철학은 자기의식이 없기 때문에 역사철학의 시초가 될 수 없고, 동양 철학은 철학도 아니게 된다. 헤겔은 "동양 철학이라고 부르는 것은 동양 전반에 팽배해 있는 종교적인 표상양식에 훨씬 가깝다는 것, 즉 철학으로 여기기에 알맞은 종교적 세계관"[16]이라고 결론을 내린다.

자유 의식 내지 자기의식을 지녀야 하기에, 철학사의 시작도 동양

---

15 G. W. F. Hegel, 임석진 역, 『철학사』 I 권(지식산업사, 1996), p.144.
16 위의 책, p.160.

시대가 아닌 그리스 시대가 된다. 특히 소크라테스에게서 자기의식이 나타나기 때문에 철학사의 시작은 그리스 철학이다. 고대 그리스에서 출현한 소크라테스의 자기의식은 근대적 자기의식의 실마리이고, 고대 철학은 근대 철학의 토대가 된다.

헤겔이 철학사와 역사철학을 어떻게 설명하든지 간에, 양쪽 모두에서 일관되게 강조하는 것은 자유 의식, 자기의식이다. 그러므로 자기의식이 없는 고대 중국은 어떤 것의 시작도 될 수 없다. 이런 식의 결론은 중국에만 적용되는 것은 아니다. 다른 동양권 내지 비서양권 국가들을 규정할 때도 동일하게 나타나는 태도이다.

가령 인도를 보자. 자기의식이 발달하려면 언어가 발달해야 하고, 언어와 문자가 작동하는 곳에서는 문헌들이 산출되고, 자유 의식이 전개될 가능성이 있다. 인도는 언어가 있고, 언어를 통해 산출된 오래된 종교 경전도, 오래된 법전도, 사람들의 심금을 울리는 시서들도 있다. 헤겔도 이것을 인정한다. 그럼에도 불구하고 헤겔은 인도도 역사와 역사철학이 없다고 평가한다. 역사적이기 위해 필요한 자기의식이 없기 때문이다. 문헌들, 법전들, 그것들을 가능케 하는 언어가 있어도, 언어 발달이 동반하는 자유 의식과 자기의식이 없으므로 찬란한 인도 문명도 역사철학에서 배제된다.

5. 동서양 문화의 등가치성 – 문화 상대성과 절대성의 공존

헤겔 철학은 동양이나 중국에 관한 논의가 아니더라도, 그의 철학을 구성하는 모든 부분은 기본적으로 일정한 위계 구조를 지닌다. 물론 헤겔이 인류학에서처럼 세계 문명을 야만-미개-문명이라는 단계로 구분하여 수직구조로 전개하거나, 백인중심주의에 따른 지배 질서를 주장하는 것은 아니다. 그러나 체계를 위한 논리적 구조가 있고, 논리적 구조가 진행되는 과정은 발전 단계가 되고, 그리고 『역사철학강의』와 『철학사』에 적용되는 논리적 구조와 역사적 구조의 연관은 발전이라는 맥락에서 위계를 상기시킨다.

물론 헤겔은 서양의 시대 분위기를 반영하면서 동시에 다른 방식의 접근을 보여주고, 이것이 헤겔의 강점이기도 하다. 몽테스키외가 일찍이 문화의 동등한 가치를 주장하여 문화 상대성의 단초를 마련하듯이, 헤겔도 개체 국가와 개체 문화의 동등한 가치를 주장할 여지를 지닌다. 더불어 헤겔은 상대적 요소들을 하나로 꿸 수 있는 원리를 찾아나간다.

헤겔의 철학 체계는 절대적 원리이다. 그러나 체계의 각 단계가 있고, 그 단계들이 절대적 원리의 계기가 되지 않으면 절대적 원리도 실현될 수 없다. 그렇듯이 헤겔은 문화 절대성을 견지하면서도 문화 상대성을 허용하는 그런 절대성을 전개한다. 문화 절대성을 실현하는 요소들은 상대성을 지닌 문화를 통해 드러난다. 모든 단계는 절대적 원리의 계기로서 위계질서의 한 부분이지만 그 계기들은 어떤 면에서는 전체이기도 하므로, 절대성은 상대성 없이는 논할 수 없다.

문화에서처럼 국가 간 관계도 그러하다. 각 국가는 자신의 안녕과 복지를 목표로 삼기 때문에, 자국의 안녕과 복지를 추구하는 과정에서 — 설령 같은 정체를 가진 국가라고 해도 — 타국과 충돌하게 된다. 헤겔은 이런 충돌이 반복되는 이유를 국가가 마치 하나의 인간처럼 '인격체'이기 때문이라고 한다.

한 개인을 다른 개인과 구별하는 근거는 그 개인이 다른 개인과 구별되는 '독자적 인격'을 지니기 때문이며, 독자적 인격이 곧 그 개인의 개성이 된다. 인격은 그 개인을 인간으로 규정하게 하는 보편성이면서 동시에 다른 개인과 구별되게 하는 개체성의 기반이다. 그렇듯이 국가도 일종의 '인격'과 같은 특징을 지닌다. 한 국가는 '인격적 존재'로서 내적 동일성을 지닌다. 국가는 다른 국가와 구별되는 개체적 국가이면서 동시에 인격으로서 보편성을 지닌다. 그래서 헤겔은 세계에 존재하는 국가들을 하나로 통폐합하는 '세계 국가' 내지 '세계 시민사회'라는 칸트적 발상을 거부한다. 국가는 보편성과, 다른 국가와 구별되는 차이로서 독자성과 개체성을 같이 지닌다.

국가는 보편성과 개체성을 지니며, 보편성이 개체를 통해 차이가 나게 드러나는 방식이 특수성이다. 보편성은 자신을 특수성으로 정립하고, 한 국가라는 개체를 통해 구체화된다. 각 국가는 국가라고 할 수 있는 보편성을 지니지만, 개체 국가로서 독자성을 지니기 때문에 특수하게 드러난다. 현존하는 국가들이 유사한 법 제도에도 불구하고 한 국가로 통폐합될 수 없는 이유는 개체성 때문이다. 개체성이 특수성을 만들어 낸다.

국가는 독자성을 견지한 개체 국가로서 절대성과 상대성을 모두 지닌다. 우리가 다른 인간을 내 마음대로 조종하고 부리고 지배할 수 없는 것은 그 개인이 인격을 지니기 때문이다. 인격과 개체성을 지닌 인간들끼리 비교하면서 한쪽은 절대적이고, 다른 쪽은 상대적이라고 할 수는 없다. 그렇듯이 인격체로 간주되는 국가 간에도, 국가의 문화 간에도 이 문화는 절대적 가치가 있고, 저 문화는 상대적 가치가 있다는 식으로 말할 수 없다.

각 국가의 문화는 특수하지만 보편성을 실현한다. 보편적 문화는 특수한 형태를 통해 실현된다. 다양한 문화가 공존하는 한국에서 상대 문화를 동등한 가치를 지니는 문화로 인정하고 존중하는 태도도 이런 맥락에서이다.

글을 마치기 전에, 오스트리아를 여행하면서 경험한 인상적 사례를 소개하고 싶다. 신성로마제국 시절, 합스부르크 왕조의 후손으로서 헝가리와 보헤미아의 여왕을 지냈던 마리아 테레지아(1717~1780)의 여름 별궁을 구경하였다. 이 여왕은 마리 앙투아네트(1755~1793)의 어머니로, 마리 앙투아네트의 사치스런 생활을 꾸짖을 정도로 단호하고 다부진 사람이었다.

그녀의 여름 별궁은 아름다워서 관광객이 많았다. 각 방마다 다양하게 꾸며 놨고, 그중에 동양풍 방도 있었다. 그런데 모든 방을 개방하면서, 딱 한 군데만 개방하지 않았다. 어쩔 수 없이 창문을 통해 그 방을 들여다보았다. '도대체 무엇 때문에 개방하지 않는 것일까? 대단한 무언가가 있겠지?' 장식품이 별로 없던 그 방에 덩그러니 놓여 있는 것이 눈에 띄었다. 단아하면서 아름다운 도자기, 중국풍 무늬의 도자기. 그 방의 포인트는 그것이었다. 잔잔한 충격이었다.

참고문헌

신옥희, 「화해와 조화의 윤리학-다문화적 지구적 미래를 위한 하나의 이념으로
　　서」, 『한국여성철학』, 제16권, 한국여성철학회, 2011.
이정은, 『사람은 왜 인정받고 싶어하나』, 살림출판사, 2005.
_____, 「헤겔의 동양과 여성이해 그리고 다문화주의의 가능성」, 『한국여성철학』
　　제8권, 한국여성철학회, 2007.
_____, 「생물학적 몸에 대한 다문화주의적 접근은 필요한가?」, 『한국여성철학』
　　제10권, 한국여성철학회, 2008.
_____, 「헤겔의 문화-역사 발전과 악의 관계」, 『헤겔연구』 제26호, 한국헤겔학회,
　　2009.
_____, 「현대 여성주의 철학에서 보살핌 윤리-실천적 판단에서 특수 윤리와
　　보편 윤리의 전환 가능성」, 『한국여성철학』 제11권, 2009.
Fukuyama, F., 이상훈 역, 『역사의 종말』, 한마음사, 1992.
Fulda, H. F., 남기호 역, 『게오르크 빌헬름 프리드리히 헤겔』, 용의 숲, 2010.
Hegel, G. W. F., 정대성 역, 『청년 헤겔의 신학론집』, 인간사랑, 2005.
_____, 임석진 역, 『피히테와 셸링철학체계의 차이』, 지식산업사,
　　1989.
_____, 황설중 역, 『믿음과 지식』, 아카넷, 2003.
_____, 임석진 역, 『정신현상학』 1~2권, 한길그레이트북스, 2005.
_____, 임석진 역, 『철학사』 I 권, 지식산업사, 1996.
_____, 임석진 역, 『법철학』, 한길그레이트북스, 2008.
_____, 임석진 역, 『역사에 있어서의 이성』, 지학사, 1987.
_____, 김종호 역, 『역사철학강의』, 삼성출판사, 1993.
_____, 권기철 역, 『역사철학강의』, 동서문화사, 2014.
Huntington, S. P., 이희재 역, 『문명의 충돌』, 김영사, 1995.

Kant, I., 신옥희 역, 『이성의 한계 안에서의 종교』, 이대출판부, 1984.

Side, E. W., 박홍규 역, 『오리엔탈리즘』, 교보문고, 2004.

불교사상에 포함된
다문화주의적 요소

이병욱

1. 다문화주의의 소개

1) 다문화주의와 한국의 다문화주의 정책

요즘 다문화주의에 대한 연구가 성황이다. 다문화주의는 이상주의적 관점에서는 다음과 같이 정의할 수 있다. "상이한 국적, 체류자격, 인종, 문화적 배경, 성, 연령, 계층적 귀속감 등에 관계없이, 모든 인간이 인간으로서 보편적 권리를 향유하고, 각각의 특수한 삶의 방식을 존중하며 공존할 수 있는 기반, 곧 다원주의적 사회·문화·제도·정서적 인프라를 만들어 내기 위한 집합적인 노력이다."(사단법인 국경없는마을 리플릿, 2006) 그리고 제도적 차원에서 윌 킴리카Will Kymlicka는 다음과 같이 정의한다. "자유민주주의에 대한 광범위한 합의와 지지를 선결조건으로 한 상태에서 다양한 문화적 주체들의 특수한 삶의 권리를 제도적으로 보장하는 것이다."

그리고 다문화주의는 '유럽-제국주의형(유럽의 선진산업국가)', '미국형 혹은 신제국주의형(미국, 캐나다, 호주 등의 새로운 이주국가)', '아시아형 혹은 탈식민주의형(인도네시아, 말레이시아 등)'으로 크게 구분할 수 있는데, 한국의 다문화환경은 기존의 어떤 유형에도 속하지 않는다. 이는 다른 유형의 국가들과는 달리 한국 사회에서는 다문화주의를 고민할 기회가 적었다는 것을 의미한다. 또한 이는 한국 사회에서 다문화주의를 추진하기에는 제도적 기반과 시민사회의 동력이 부족하다는 것을 시사하는 것이기도 하다. 따라서 한국에서 다문화주의를 논한다면, 그것은 한국 사회의 특수한 다문화환경을 반영하는 것이어야 하며, 또한 그것은 한국 사회에 적용될 수 있는 다문화개념, 다문화모델, 다문화방법론을 발굴하는 것으로 연결되어야 한다.[1]

한편, 한국 정부의 다문화주의 정책담론은 2006년에 시작되었다. 2006년 2월 13일 행정자치부는 "한국이 급속히 다인종·다문화사회로 이행하고 있다는 이해 아래에" 부서의 행정목표를 설정하였다고 발표하였다. 2006년 4월 26일에는 노무현 대통령 주재로 다문화회의가 열렸다. 이 자리에서 노무현 대통령은 "한국이 다인종·다문화사회로 이행하는 것은 이미 거스를 수 없으며" 따라서 "다문화정책을 통해 이주자를 통합하려는 노력을 해야 한다."라고 선언하였다. 또한 이 모임에서 '혼혈인 및 이주자 사회통합 지원방안'과 '결혼 이민자 사회통합안'의 두 정책이 채택되었다. '혼혈인 및 이주자 사회통합 지원방안'에서는 "한국이 다문화 열린사회로 전환하는 것을 촉구하며, 혼혈인과 이주민이 차별 받지 않고 한국에서 환영 받을 수 있도록 하기 위해"라고 지원방안의 취지를 말하고 있다.

그리고 2006년 법무부에서는 공청회를 개최하였는데, 이 자리에서 당시 법무부 장관 천정배는 "현재 한국에는 이미 85만 명의 외국인이 거주하고 있는 등, 급속히 다인종·다문화 사회로 전환하고 있다."고 말하고, 서구사회의 경험에서 보았듯이 다문화정책을 통해서 이주자를 통합하지 않을 경우 심각한 사회불안이 생길 수 있다고 우려하였다.

---

1 오경석, 「어떤 다문화주의인가?」, 오경석 외, 『한국에서의 다문화주의』(한울아카데미, 2007/2009), pp.38~43.

또한 천정배 장관은 2005년 출입국관리보고서 서문에서 "외국인은 한국 사회에 역동성과 다양성을 제공하는 소중한 인적 자원이라는 것을 인식해야"한다고 강조하였다.[2]

그러면 한국의 다문화정책 내용에 대해 알아보자. 한국 정부에서는 '결혼이민자'와 '혼혈인' 등, 곧 한국인과 혈족 관계에 있는 사람에 대해서는 '다문화정책'이라는 이름을 내걸고 적극적인 사회통합정책을 펼치면서도, '화교'와 '이주노동자' 등에 대해서는 차별 또는 무관심의 태도를 보이고 있다. 이는 이중적 태도이다. 한국의 다문화정책의 내용을 살펴보면, '결혼이민자'에게는 한국의 며느리, 어머니로서 책임감과 의무감을 교육하는 데 주안점이 있고, '코시안' 또는 '혼혈인'에게는 치열한 한국의 교육제도에서 코시안 또는 혼혈인이 경쟁에서 도태되지 않도록 하는 데 초점이 있다. '화교'의 경우, 최근 영주권 제도를 도입하고 외국인에게 지방선거 참정권을 부여하는 등의 제도적 변화가 있었지만 이는 다른 요인으로 인해 생긴 것이고, 다문화정책의 방향을 제시하는 보고서에는 '화교'가 누락되어 있다. '화교'는 한국 안에서 최대의 소수인종이라고 할 수 있다. 그리고 이주노동자의 경우, 이주노동자를 자주 접하는 한국인에 대한 교육만을 제시하고 있고, 다른 대책은 없다. 따라서 한국의 다문화정책은 실제로는 '동화정책'이지만, 명목상 '다문화정책'이라고 부를 따름이다.[3]

---

2 김희정, 「한국의 관주도형 다문화주의」, 오경석 외, 『한국에서의 다문화주의』, pp.65~66.

3 위의 책, pp.66~69, pp.76~77.

2) 이방인에 대한 해석학과 다문화교육

우선, '이방인에 대한 해석학'은 다음의 3가지 내용으로 이루어져 있다.

첫째, 다른 문화를 받아들일 때, 동일성의 논리에 근거한 사고방식을 버려야 하며 그 다른 문화의 고유성 속에서 파악하고 인정해야 한다. 다른 문화권에서 온 결혼이주민에게 한국의 음식, 언어, 예절만을 강조하는 것은 바로 동일성의 논리에 근거한 것이다. 일제의 식민지 정책으로서 일본식 성명을 강요하고, 조선어 사용을 금지하고, 신사참배를 강요한 것도 동일성의 논리에서 나온 것이다.

둘째, 다른 문화와 소통하는 데는 번역의 문제가 생기는데, 이 때 나와 다른 문화의 타자가 함께 번역의 주체로 참여해야 한다. 각 문화마다 문화적 기호가 다르다. 예를 들면 베트남에서는 아기 머리맡에 날카로운 칼을 놓아두는 관습이 있다고 한다. 이는 아기가 나쁜 기운을 타지 않고 무탈하게 잘 자라기를 바란 것이다. 그런데 한국의 시어머니는 이를 보고 경악하였다고 한다. 또 다른 예를 들자면, 유럽의 대학에서 말이 없는 아시아 학생들이 덜 똑똑하거나 자신감이 없는 학생으로 흔히 간주되곤 한다. 이 때 유럽인들은 아시아 학생들의 침묵을 자신의 관점에서 해석한 것이다. 그래서 문화의 번역은 나와 다른 문화의 사람이 함께 번역의 주체로 참여해야 할 필요가 있다. 왜 베트남 며느리가 아기 머리맡에 칼을 놓아두었는지 물어야 하고, 왜 아시아 학생들은 말을 많이 하지 않는지 물어야 한다. 베트남 며느리의 이야기를 경청할 때 베트남 문화에서 의미하는 것을 알 수 있고, 아시아 학생들에게 침묵의 의미에 대해 들었을 때 침묵의 의미에 대해 알 수 있을 것이다.

셋째, 다른 문화의 사람과 만나고 대화를 하다보면 그것을 통해서 자기 자신도 변한다. 자신이 변할 가능성을 차단한다면 진정한 만남이라고 할 수 없다. 다른 문화를 만나서 서로를 변화시키고 서로 새로운 것으로 거듭 태어나는 것이다.[4]

이러한 '이방인에 대한 해석학'은 한국인에게 이름은 생소한 것이지만 그 내용은 낯선 것이 아니다. 많은 한국동포가 해외에서 살고 있고, 그들이 거주하는 나라에서 다른 사람에게 희망하는 것이 바로 '이방인에 대한 해석학'이다. 한국은 세계에서 가장 대표적인 디아스포라의 나라이다. 남한과 북한의 인구를 합하면 7천만 명 정도가 되는데 해외에서 사는 동포는 750만 명 정도가 된다. 이는 인구의 10% 정도가 해외에서 산다는 것이고, 이 정도의 비율은 매우 높은 것이라고 할 수 있다. 입장을 바꾸어서 생각해보면, 해외 한인들의 다문화경험을 통해서 한국을 찾는 외국인들과 한국에서 살고자 하는 타민족 집단에게 어떻게 처신해야 하는지 배울 수 있다. 해외 한민족은 우리 자신을 비추어 보는 거울이고, 또한 외국인과 어떻게 살아야 하는지 알려주는 세계화의 나침반과 같다. 해외 한민족이 민족 정체성을 지속할 수 있었던 것이 자랑스럽다면, 한국에 온 이민자들에게도 민족의 정체성을 고취하고 자신의 문화를 향유할 수 있는 기회를 확대하도록 해야 한다. 이러한 활동이 한국 사회의 통합과 발전에 도움이 되는데, 이는 해외 한인들의 경험을 통해서 알 수 있는 일이다.[5]

---

4 최현덕, 「세계화, 이주, 문화다양성」, 유네스코 아시아 · 태평양 국제이해교육원 엮음. 『다문화사회와 국제이해교육』(동녘, 2008/2010), pp.98~102.

5 이태주, 「국경을 넘어 세계로 나간 한국인들의 다문화 경험」, 『다문화 사회의

그리고 파울로 코엘료Paulo Coelho에 따르면 이주민들은 새로운 나라에 들어간 뒤에 공통적으로 다음과 같은 문화적응의 4단계를 거친다고 한다. 첫째, 새로운 나라에 도착하고 그에 따라 새로운 인상이 형성된다. 이주민은 이주 후에 처음 몇 주 동안 새로운 나라에서 펼쳐질 삶에 대한 기대를 하면서도 또한 약간의 불안을 경험한다. 특히 자국의 문화에 익숙한 이주자(생계형)는 신분불안과 경제적 문제가 없을 것이라는 안도감에 잠시나마 빠져든다. 둘째, 이주민에게 문화충격이 가해지는 시기이다. 이때 어수선한 정착기를 거쳐서 새롭게 접하는 낯선 나라의 환경이 이주민의 본국의 환경과는 다르다는 것을 알게 된다. 이 시기에 다문화 구성원들은 자신들의 사회적 소외가 다른 나라에 이주해서도 벗어날 수 없는 족쇄임을 알게 된다. 셋째, 이주민이 문화충격을 극복하고 낙관하는 시기이다. 앞서 말한 문화충격을 벗어나고 사회적 소외극복 방법을 '암묵지'의 형태로 알게 된다. 넷째, 이주민이 문화에 적응하는 시기이다. 다른 나라에 이주한 지 2년 정도가 지나면 대부분의 이주민들은 새로운 정체성에 기초해서 자신의 내부적 갈등을 해소한다. 이때 새로운 정체성의 형성은 2가지로 나타난다. 하나는 '동화'인데 이는 주류문화에 동화되는 것이다. 다른 하나는 '통합'인데, 이는 자신의 문화적·종교적 정체성을 간직한 채 주류문화에 적응하는 것이다.[6] 파울로 코엘료의 정의에 따르면, 다문화교육은 '동화'가 아니라 '통합'을 위한 것이라고 할 수 있다.

이해』(동녘, 2008/2011), p.167, pp.188~190.
6 한준상, 「다문화 교육에 대한 호모노마드식 접근」, 『다문화사회의 이해』, pp.294~295.

   다문화교육은 인간의 본성에 대한 통찰을 통해 서로 수용하고 개입할 수 있도록 세계관의 변화를 도모할 수 있는 근본적인 교육기획이어야 한다.[7] 그리고 다문화교육과 국제이해교육은 서로 보완적 관계에 있다. '다문화교육'이 국내에 거주하는 소수민족에 초점을 맞추는 교육이라면, '국제이해교육'은 소수민족을 포함한 다른 국가의 문화와 국가 간의 문제에 초점을 맞추는 교육이다. 그래서 다문화교육과 국제이해교육은 교육목표에서 차이점이 있다. 그렇지만 다른 문화에 대한 이해라는 측면에서 보면 이 두 교육은 서로 일치하는 점이 있다. 자세히 말하자면, 다문화교육과 국제이해교육은 이질문화에 대한 이해를 강조하고, 다양성과 관점의 차이를 존중하며, 인간과 문화의 상호의존성을 이해하는 점에서 일치점이 있다.

   다만 차이가 있는 대목은 '다문화교육'이 같은 사회공동체 구성원의 다양한 문화를 대상으로 하고 있다면, '국제이해교육'은 세계 각국의 문화를 포괄한다는 점이다. 따라서 다문화교육과 국제이해교육은 서로 보완적인 관계에 있다고 할 수 있다. 왜냐하면 '국제이해교육'을 통해서 세계 각국의 이질문화를 이해하는 것은 '다문화교육'에서 추구하는 국내 소수인종의 문화를 이해하는 것에 도움이 될 수 있기 때문이고, 또 '다문화교육'에서 추구하는 국내 소수인종의 문화를 이해하는 것을 통해서 '국제이해교육'에서 추구하는 다른 문화에 대한 이해를 심화시킬 수 있기 때문이다. 이처럼 다문화교육과 국제이해교육은 서로 보완적인 관계에 있다고 할 수 있고, 동시에 이런 보완적인

7 양영자, 「한국의 다문화교육 현황과 과제」, 『한국에서의 다문화주의』, p.221.

관계를 통해서 서로의 한계를 극복할 수 있다.[8]

또한 다문화교육은 삶을 변화시키고 가치관을 확장시키는 교육이라고 할 수 있는데, 여기서는 한 가지 사례를 소개하고자 한다.

2006년 안산 이주민센터에서 2개 고등학교의 학생(1, 2학년)들을 상대로 해서 '찾아가는 다문화교실'을 운영하였는데, 그로 인해 기대이상의 성과를 거두게 되었다. 어떤 이유에서든 다문화교실에 참여하였던 학생들은 다문화교육을 통해서 의식의 변화와 개념의 확장을 경험하였다. 또한 학생들은 한국 사회가 한국 사람만이 사는 곳이 아니라는 것을 알게 되었고, 학생들은 한국 사회에서 다양한 인종과 다양한 문화가 서로 어울려 존중하며 살아가야 한다는 사실을 배우게 되었다. 한편 교육의 주체로 참여한 이주민들은 더 이상 이방인이 아니라는 것을 몸소 느끼게 되었다. 특히 이주민들이 단순히 노동력을 제공하는 존재만이 아니고, 이주민들은 자신들이 존엄성을 가진 인격체이자 문화적 가치를 인정받는 존재로서 자신의 가치를 다시 인식하게 되었다.[9]

그러면 혹시 다음과 같은 의문이 생길 수 있다. 다문화교육을 통해서 '문화의 다양성'을 기르는 것은 좋은데, '문화의 다양성'이 왜 바람직한 것인지 의문을 제기할 수 있다. '문화의 다양성'의 장점은 다음과 같이 지적할 수 있다. 우선 한 사회 속에 다양한 문화가 공존하고 상생할

---

8 김현덕, 「다문화사회의 도래와 국제이해교육의 역할」, 『다문화사회와 국제이해교육』, pp.141~142.

9 류성환, 「현장에서의 다문화교육의 사례」, 『한국에서의 다문화주의』, pp.276~277.

때 그 사회에는 창조적 역동성이 발휘된다. '문화의 다양성'은 해당 사회의 문화적 자산을 풍부하게 하고, 나아가 '문화의 다양성'을 통해서 차이를 포용할 수 있게 되므로 '문화의 다양성'은 사회구성원을 성숙하게 한다. 또한 다른 문화와 공존하는 것은 자기 문화의 한계와 문제성을 알게 하는 계기가 된다. 다른 문화와 비교해 볼 때 자신의 문화에서 당연시 하던 것에 대해 문제를 제기하고 비판적 안목으로 바라볼 수 있다는 것이다.[10]

이 글에서는 불교사상 속에서 다문화주의와 다문화교육을 지지할 수 있는 부분이 있는지 검토하고자 한다. 2절에서는 불교사상의 전개에 대해 간단히 알아보고, 3절에서 불교사상 속에 있는 다문화주의의 요소에 대해 검토하고자 한다.

2. 불교사상의 전개

1) 초기불교의 사상[11]

불타(佛陀, Buddha)는 성이 고타마(Gautama, 瞿曇)이고, 이름은 싯다르타Siddhārtha이며, 붓다는 자이나교의 지나Jina와 같이, 수행 후에 얻은 이름이다. 그는 샤키야族Śākya족의 성자, 곧 석가모니(釋迦牟尼, Śākya-muni)라고 불리었다. 그는 히말라야산맥에 있는 샤키야족의 왕자로서 태어났다. 샤키야왕국은 작은 나라로서 당시의 강대국이던

---

10 최현덕, 「세계화, 이주, 문화다양성」, 『다문화사회와 국제이해교육』, pp.105~106.

11 이병욱, 『인도철학사』(운주사, 2004/2008), pp.71~80.

코살라Kosala국에 정복을 당할 위기에 처해 있던 나라이었다.

그는 29세 때에 당시의 사문沙門처럼 출가하여 수행을 하였다. 당시의 이름난 스승이었던 알라라 칼라마Āḷāra Kālāma와 웃다카 라마푸타 Uddaka Rāmaputta에게 선정을 배웠지만, 그들의 수행방법에 만족할 수 없어서 6년 동안 고행을 하였다. 그는 극심한 고행을 통해서 몸은 매우 쇠약해졌지만, 깨달음을 얻지 못하자 고행을 그만두었다. 그러고 나서 불타는 붓다가야Buddhagayā의 보리수 밑에서 명상하였는데, 그는 명상한 지 7일 만에 깨달음을 얻었다고 한다. 이때 그의 나이 35세이다. 불타는 깨달음을 얻은 뒤에 녹야원鹿野苑에 가서 그 전에 그와 같이 고행을 하였던 다섯 명의 수행자를 가르쳤다. 여기서 말한 것이 사성제四聖諦이다. 그는 그 후 45년 동안 교화활동을 펼치면서 많은 사람을 제자로 삼았다. 그는 생애의 대부분을 마가다Magadha국과 코살라국에서 보냈다고 한다. 그러다가 불타는 80세 때 쿠시나라 Kusinārā에서 생을 마쳤다.

(1) 사성제

사성제(四聖諦, Cattāri-arya-saccāni)는 4가지 성스러운 가르침이라는 뜻이다. 이는 고(苦, Dukkha), 집(集, Samudaya), 멸(滅, Nirodha), 도(道, Magga)로 구성되어 있다. '고'는 인생의 현실은 고통스럽다는 가르침이고, '집'은 인생이 고통스러운 원인은 잘못된 욕망에 있다는 것이며, '멸'은 인생의 고통을 없앨 수 있다는 것이고, '도'는 인생의 고통을 없애는 길을 제시해주는 것이다.

'도'에서 팔정도(八正道, Ariya-aṭṭhaṅgika-magga)를 제시한다. 그것

은 정견(正見, Sammā-diṭṭhi), 정사유(正思惟, Sammā-saṅkappa), 정
어(正語, Sammā-vācā), 정업(正業, Sammā-kammanta), 정명(正命,
Sammā-ājīva), 정정진(正精進, Sammā-vāyāma), 정념(正念, Sammā-
sati), 정정(正定, Sammā-samādhi)이다. 팔정도는 쾌락을 추구하는
행위와 지나치게 고행苦行을 하는 것의 두 극단을 피하고 중도를 취하는
것이다.

(2) 3법인三法印 또는 4법인四法印

3법인에서 '법인法印'은 불교의 징표, 불교의 증거라는 의미이다. 이는
제행무상諸行無常 등 3가지 또는 4가지 조건이 갖추어지면, 그 가르침
을 올바른 불교로 인정할 수 있다는 것이다. 법인法印은 불교라는
도장을 찍는다는 의미이므로, 이는 그만큼 이 명제들이 중요하다는
것을 보여주는 것이다.

이 내용은 다음과 같이 정리할 수 있다. 모든 것은 변하는 것이고,
변하는 것을 변하지 않고 항상한 것이라고 잘못 파악하면 끝내는
고통을 수반하게 되고, 고통이 있는 것은 진정한 자아가 아니라는
것이다. 그때 진정한 가치라고 할 수 있는 열반을 얻게 된다는 것이다.
그 내용을 살펴보자.

① 제행무상諸行無常: 모든 것은 무상하다

이 세상 만물은 변한다. 이 변한다는 사실을 직시해서 어떤 것에도
집착하지 않는 지혜를 얻고자 하는 것이 "모든 것이 변한다."고 말하는
이유다. 무상하다는 것은 다음의 3가지 의미를 갖는다.[12]

198

첫째, 무상無常하기 때문에 고苦라는 것이다. 사람들은 득의의 순간에는 잘 모르다가 일의 사태가 자기가 원하지 않은 쪽으로 진행될 때, 사람들은 좌절하고 그러한 순간에 무상함을 느끼게 되는 경우가 많은 것 같다. 그러할 때 자기반성을 통해서 사람들은 사태를 올바르게 인식하여 종교심이 싹트게 된다.

둘째, 무상無常은 세상 어느 것도 상주불변常住不變하는 것은 없다는 것이다. 만약 자신이 추구하는 세속적 가치가 언젠가는 변하고 사라지게 되는 것이라고 생각하게 된다면, 그렇게까지 혼신의 힘을 기울이면서 집착하지는 않을 것이다. 그래서 무상無常의 가르침을 통해서 자기 자신이나, 가까운 사람이나, 재산, 지위, 명예에 대해서 확고부동한 것으로 생각하는 아집我執과 탐애貪愛에서 벗어난다는 것이다.

셋째, 무상無常을 자각해서 사회와 인생에 대한 올바른 인식을 할 수 있고, 또한 그 인식에 기초해서 정진精進과 노력을 할 수 있다. 우리는 내일을 알 수 없는 삶을 살고 있다. 그렇기 때문에 우리는 오늘의 일은 오늘 마쳐야 하며 내일로 미루지 않아야 한다. 오늘 이 순간은 다시 돌이킬 수 없다. 한 번뿐이다. 그래서 불교에서 "태어나고 죽는 일이 중대하고 무상한 세월은 빠르다(生死事大 無常迅速)"라고 말한다.

② 일체개고一切皆苦: 모든 것은 고통스럽다
세상 모든 것은 고苦라는 것이다. 여기에 3고三苦와 8고八苦가 있다.

---

12 水野弘元, 김현 역, 『원시불교』(지학사, 1985), pp.81~83.

3고三苦부터 살펴본다.

첫째, 고고(苦苦, dukkha-dukkha)인데, 이는 일반적인 고통을 말하는 것이고, 누구나 고통이라고 인정하는 것이다. 일반적으로 사람들이 고통을 피하고 쾌락을 추구하자고 말할 때 사용되는 고통은 '고고苦苦'를 뜻하는 것이다.

둘째, 괴고(壞苦, vipariṇāma-dukkha)이다. 이는 쾌락이 끝나고 오는 허전함을 뜻하는 것이다. 쾌락은 짧고 그 공허함은 길다. 서양철학에서는 이것을 '쾌락추구의 역설'이라고도 말한다. 이는 쾌락을 추구하면 추구할수록 오히려 고통스럽다는 것이다. '괴고'의 의미는 쾌락은 존재하지만, 결국에는 그 쾌락도 긴 시간단위로 보면 고통으로 변한다는 것이다. 이런 체험이 절실해지면 더 이상 쾌락을 추구하기 위해서 자신의 노력을 낭비하지 않게 될 것이다.

셋째, 행고(行苦, saṃkhāra-dukkha)이다. 이는 무상無常한 것에 대해 항상할 것이라고 잘못 생각하기 때문에 생기는 고통이다. 모든 것은 변한다. 지금 자기 자신이 영원히 변하지 않을 것이라고 굳게 믿고 있는 것도 언젠가는 사라지게 되어 있다. 그것을 모르고 자기가 추구하는 것이 변하지 않을 것이라고 굳게 집착하고 있다면 그 생각이 틀렸다는 것이 언젠가는 밝혀질 것이고, 그때 그 사람은 낭패감을 맛보게 된다는 것이다.

그러면 8고八苦에 대해 살펴본다. 처음의 4가지는 생生, 노老, 병病, 사死인데, 이는 사람이 태어나면 늙고 병들고 죽는 것은 그 누구도 피해갈 수 없는 고통이라는 의미다. 생生이 고통에 들어간 것은 윤회의 관점에서 제시된 것이다. 이는 고통의 세계에 태어난 것 자체가 고통이라는 것이다.

다섯째, 원증회고怨憎會苦는 원망하고 미워하는 사람을 만나야만 하는 고통이다. 이는 아무리 싫은 사람이라고 해도 이 세상에서 사회생활을 하다보면 만나지 않을 수 없다는 것이다. 이것도 사람이 피해갈 수 없는 고통이다.

여섯째, 애별리고愛別離苦는 사랑하지만 헤어져야만 하는 고통이다. 이는 아무리 사랑하는 사이일지라도 언젠가는 헤어지게 되어 있다는 것이고, 이것도 인간이라면 피해갈 수 없는 숙명이다.

일곱째, 구불득고求不得苦는 간절히 구하지만 얻지 못하는 고통이다. 아무리 좋은 자리에 있더라도 구한다고 해서 다 얻을 수 있는 것은 아니다. 물론 사회적 지위가 낮은 경우에는 구할 수 없는 것이 많아지겠지만, 아무리 높고 좋은 자리에 있더라도 구해서 얻지 못하는 것이 있고, 이것이 인간의 숙명적 한계상황이라는 것이다.

여덟째, 오취온고五取蘊苦은 앞에서 말한, 여러 가지 고통은 세계를 의미하는 5온五蘊을 제대로 보지 못하고 집착하기 때문에 생긴다는 것이다. 이는 지혜가 없이 대상에 집착을 하게 되면, 고통에서 벗어날 길이 없다는 말이다.

③ 제법무아諸法無我: 모든 존재에는 자아가 없다
어리석은 범부는 5온五蘊에 대해 '나'라는 견해我見를 내어 거기에 집착하지만, 지혜가 있는 사람은 5온에 대해 '나'라는 견해를 일으키지 않는다는 것이다. 이러한 5온의 내용은 다음과 같다.

첫째, 색(色, rūpa)은 물질과 육체이고, 둘째, 수(受, vedanā)는

즐겁다, 고통스럽다, 즐거운 것과 고통스러운 것의 중간이라고 느끼는
감수작용이고, 셋째, 상(想, saññā)은 사물이 무엇이라고 판단하는
표상작용이고, 넷째, 행(行, saṅkkha)은 표상작용에 수반되는 의지작
용이고, 다섯째, 식(識, viññāṇa)은 안식眼識·이식耳識·비식鼻識·설
식舌識·신식身識·의식意識을 뜻하는 것이다.

④ 열반적정涅槃寂靜: 열반의 경지는 고요하다

앞에서 말한 대로, 모든 것은 무상無常한 것이고, 무상한 것을 항상하다
고 잘못 생각하면 결국에는 고통을 일으키게 되고, 고통을 일으키는
것은 진정한 자아가 아니라는 통찰을 하게 될 때 열반(涅槃, 범어
Nirvāṇa, 팔리어 Nibbāna)을 얻게 된다. 열반의 의미는 탐貪, 진瞋,
치痴를 불어 끈 상태라는 것이다. 이는 다른 각도에서 접근하자면,
내면의 고요함이 즐거움으로 승화되는 경지 곧 '적멸위락寂滅爲樂'의
경지를 말하는 것이다. 또한 이는 집착을 버린 마음의 평온함을 말하는
것이다.

(3) 연기緣起

연기(緣起, Paṭicca-samuppāda)의 이치는 사물이 서로 의존하고 있다
는 '상호의존성'을 밝히고 있는 것이다. 이는 세상의 어떤 사물도 서로
관련되어 있다는 것이다. 이 세상 만물 어느 것도 독립적으로 존재하는
것은 없다. 가령 글을 쓴다는 것을 예로 들어보자. 내가 글을 쓴다고
생각하기 쉽지만, 다른 조건이 갖추어지지 않으면 글을 쓸 수 없다.
영하 10℃를 오르내리는 혹한에서 아무런 난방장치도 하지 않은 채

글을 쓸 수는 없을 것이다. 비록 내가 돈을 주고 난방장치를 구입하고 연료를 마련하였다고 해도 그 누군가가 난방장치를 만들고 연료를 보급하지 않았다면, 나는 글을 쓸 수 없었을 것이다. 이처럼 난방장치에는 여러 사람의 功功이 응축되어 있으므로 결국 내가 글을 쓴다고 하는 하나의 행위에도 수많은 사람의 功功이 집약되어 있음을 알 수 있다. 이것이 연기의 가르침이다. (연기의 철학적 의미에 대해서는 뒤에서 설명한다.)

2) 부파불교의 전개: 상좌부와 대중부의 분열[13]

불타가 열반에 들고 나서 100년 정도가 지나서 부파불교시대가 전개된다. 처음에는 진보적 성향의 대중부와 보수적 성향의 상좌부로 나누어졌는데, 이것에 대해 2가지 설명이 있다. 우선, 밧지족 출신 승려들이 계율문제에서 10가지 문제를 제기한 데서 생겨났다는 설명이고, 다른 주장은 마하데바(Mahādeva, 大天)가 아라한Arhat에 대해서 5가지 문제를 주장한 데서 일어났다는 것이다. 이 내용을 순서대로 살펴보자.

우선, 밧지족 출신의 승려는 계율문제에서 더 자유스러운 해석을 내세웠다. 그 내용은 다음의 10가지이다.

첫째, 뿔로 만든 용기에 식염을 축적하는 관행(慣行, Kappa)인데, 이를 각염정角鹽淨이라고 한다. 둘째, 규정된 시간에서 태양의 그림자가 손가락 두 마디 정도를 넘긴 때의 식사관행인데, 이를 2지정二指淨이라고 한다. 셋째, 다른 부락에 가서 음식을 취하는 관행인데, 이를

---

13 이병욱, 『인도철학사』, pp.98~100.

타취락정他聚落淨이라고 한다. 넷째, 동일한 교구 안의 다른 주처住處에서 포살회를 운영하는 관행인데, 이를 주처정住處淨이라고 한다. 다섯째, 곧 도착할 비구의 동의를 예상해서 정족수가 부족하더라도 의결을 행하는 관행인데, 이를 수의정隨意淨이라고 한다. 여섯째, '화상'과 '아사리'의 습관에 따르는 관행인데, 이를 구주정(久住淨: 오래 머문 사람의 관례에 따른다는 의미)이라고 한다. 일곱째, 식사 후에도 응고되지 않은 우유를 마시는 행위인데, 이를 생화합정生和合淨이라고 한다. 여덟째, 발효하지 않은 야자즙을 마시는 관행인데, 이를 음도루가주정飮闍樓伽酒淨이라고 한다. 아홉째, 테두리에 장식이 없는 방석의 크기에 관한 관행인데, 이를 무연좌구정無緣坐具淨이라고 한다. 열째, 금은을 받는 관행인데, 이를 금은정金銀淨이라고 한다.

이 10가지 사항 중에서 열 번째 금은을 받는 것이 가장 문제가 되었다. 이는 당시의 시대상황이 바뀌었고, 그에 따라 계율문제를 어떻게 적용할지에 대해 견해를 달리한 것이다. 이 10가지 일을 보수파에서는 잘못된 것이라고 판정하였는데, 이에 대해 많은 수의 승려가 불복하였다고 한다. 여기서 상좌부와 대중부의 분열이 시작되었다.

위의 설명과 다른 전승이 있다. 그것은 마하데바(大天)가 아라한에 대해서 문제제기를 하면서 시작되었다. 그 내용은 다음과 같다. 첫째, 아라한에게도 아직 유혹이 있고(餘無誘), 둘째, 아라한에게도 모르는 것이 있으며(無知), 셋째, 아라한에게도 의심이 있고(猶豫: 의심하는 모습), 넷째, 아라한도 다른 사람의 도움으로 깨달음을 얻으며(他令入), 다섯째, 아라한도 소리로 인해서 깨달음에 도달한다는 것(道因聲故起)이다.

204

이것은 상좌부교단에서 최고의 깨달음을 얻었다는 아라한을 비방하는 말이다. 이 말로 인해서 교단의 화합에 문제가 생기자 당시의 왕 마하파드바 난다Mahāpadba Nanda가 중재를 해서 집회를 열었고, 그 내용에 대해 표결을 하였다. 그때, 마하데바(大天)의 무리는 다수파가 되어서 스스로를 '대중부'라고 불렀고, 소수파로 전락한 장로長老들은 자신의 입장을 견지하면서 스스로를 '상좌부'라고 말하였다. 여기서 상좌부와 대중부가 갈리게 되었다고 한다.

이 두 사건 모두에 관통하고 있는 것은 법을 중시하는 쪽(持法者)과 율을 중시하는 쪽(持律者)의 대립이라는 점이다. 우선, '율'의 10가지 문제는 모두 그다지 큰 의미가 있는 것이 아니므로, 설사 '율'을 어긴다고 할지라도 큰 문제가 있다고 생각하지 않았기 때문에 벌어진 것이다. 그리고 마하데바(大天)가 아라한을 비판하고 있는 것도, 다른 측면에서 보면 '율'을 지키는 쪽의 우두머리인 아라한을 비판하고 있는 것이므로 이것도 '율'을 어떻게 볼 것인가의 연장선 위에 있다고 할 수 있다. 이렇게 보자면, 핵심이 되는 것은 '율'을 관대하게 이해할 것인지 아니면 엄격하게 적용할 것인지에 있고, '율'에 대한 해석의 차이에서 '상좌부'와 '대중부'가 갈렸다고 볼 수 있다.[14]

처음에 상좌부와 대중부로 나누어진 뒤에 모두 합쳐서 18개 부파 또는 20개 부파로 더욱 나누어졌다. 세일론의 『디파방사(Dīpavaṃsa, 島史)』에서는 18개 부파를 말하고 있고, 『이부종륜론異部宗輪論』에서는 20개 부파를 전하고 있다. 그리고 상좌부가 스리랑카, 태국, 미얀마,

---

14 佐佐目教悟 外 공저, 권오민 역, 『인도불교사』(경서원, 1985), p.60.

라오스, 캄보디아로 전파되었다.

3) 대승불교의 등장과 밀교의 출현

B.C. 1세기에서 A.D. 1세기쯤에 활발한 힌두교의 움직임에 대항하기 위해서 새롭게 일어난 불교혁신운동이 대승불교이다. 이는 당시의 전통불교가 독선적이고 고답적인 태도를 지키고 있는 점에 대해 반성 하는 차원에서 제기된 것이다. 전통불교의 수행자들은 마을에서 떨어 진 지역에 있는 커다란 승원僧院에서 살면서 조용히 명상을 하고, 복잡한 교리에 몰두하고 있었다. 이런 태도를 비판하면서 새로운 불교운동을 일으킨 것이 바로 대승불교이다. 여기서 대승(大乘, Mahāyānā)이란 말은 큰 수레라는 말이다. 이는 대승의 가르침이 모든 중생을 이상의 세계인 피안彼岸의 세계로 날라주는 큰 수레와 같다는 의미다.

그러면 대승불교의 특징에 대해 알아보자. 대승불교의 특징은 다음 의 5가지로 정리할 수 있다.[15]

첫째, 대승은 스스로 이롭고 다른 사람을 이롭게 한다는 '자리이타自 利利他'의 가르침이다. 일반적으로 소승小乘이라고 불리는 부파불교는 자신의 구제에만 힘쓰고 다른 사람의 구제에는 관심을 가지지 않는다 고 한다. 그러나 실제로는 부파불교에서도 제자와 신도를 교화하였기 때문에 이타행에 관심이 없었다고 말하기 힘들다. 다만 대승불교에서 는 다른 사람을 위한 활동(利他)이 바로 자신의 이익을 위한 것(自利)이

---

15 히라가와 아끼라(平川彰), 「대승불교의 특질」, 平川彰 외 편, 정승석 역, 『대승불 교개설』(김영사, 1984), pp.20~25.

라고 강조하고 있고, 이처럼 자리自利와 이타利他를 겸하고 있다는
점에서 대승불교의 특징을 찾을 수 있다. 또한 이것이 대승불교에서는
회향(廻向, pariṇāmanā)의 실천으로 나타나기도 한다. 회향은 자신이
얻은 공덕(功德, puṇya)을 자기 자신만을 위한 것이라고 생각하지
않고, 모든 중생을 구제하는 쪽으로 활용한다는 것이다. 이것이 대승불
교 특유의 자비정신의 드러남이라고 할 수 있다.

둘째, 대승은 재가在家와 출가出家를 일관하는 불교이다. 부파불교
에서는 출가주의에 강조점을 두고 있었다. 그래서 출가하여 엄격히
계율을 지키지 않으면 해탈을 얻을 수 없다고 강조한다(물론 예외도
있다). 그에 비해 대승은 '재가'와 '출가'를 구분하지 않는 가르침이라고
할 수 있다. 또한 대승에서 '재가'에 의미를 두었다는 것은 불타의
유골이나 사리를 모신 탑(stūpa)을 숭배하였다는 점과 대승경전의
숭배가 행해졌다는 점에서도 다시 확인할 수 있다. 대승불교에서는
대승경전을 탑 안에 모시고 숭배하였고, 이와 함께 경전을 지니고(受
持) 읽고(讀誦) 베껴 쓰는(寫經) 행위에 많은 공덕이 있다고 권장하였
다. 이는 부파불교의 엄격한 출가수행과는 다른 신앙의 방법이었고,
더구나 큰 경제력이 없는 사람도 누구나 공덕을 쌓을 수 있는 기회를
제공하는 것이기도 하였다. 이 점이 대승불교가 '재가'를 강조하는
것으로 연결되며, 또한 부파불교의 사회경제적 기반과 대승불교의
사회경제적 기반이 서로 다르다는 것이 선명하게 부각되는 대목이기도
하다.

셋째, 대승은 현명한 사람이든 어리석은 사람이든 또 선한 사람이든
악한 사람이든 모두를 구제하려는 폭넓은 입장의 불교이다. 이러한

입장에서 대승에서는 난행도難行道와 이행도易行道를 제시하고 있다. '난행도'는 스스로 수행을 해서 부처가 되는 자력自力신앙에 속하는 것이라면, '이행도'는 부처님의 자비에 의지해서 구제 받는 타력他力신앙에 속하는 것이다. 또 다른 말로 하자면, '난행도'는 스스로 실천하는 행行의 불교라면, '이행도'는 불타의 자비에 의한 것이므로 신信의 불교라고 할 수 있다.

넷째, 앞의 논의는 '불타관佛陀觀의 변화'와 '불신론佛身論의 발전'으로 연결된다. 부파불교에서의 '불타'는 이끌어주는 스승(導師), 곧 법을 말해주는 스승이었다. 그에 비해, 대승에서는 불타관에서 큰 변화가 있었다. 자세히 말하자면, 대승에서는 불타의 개념이 일반화하였고, 구제자로서 뛰어난 능력을 가진 '불타'가 강조되었다. 그중에서도 특히 아촉불(阿閦佛, Akṣobhya Buddha)・아미타불(阿彌陀佛, Amitābha Buddha)・약사여래(藥師如來, Bhaiṣajyṣa-guru Buddha)가 많은 사람이 귀의하는 대상이었다. 나아가 우주의 곳곳에서 수없이 많은 '불타'가 살아서 활동하고 있다고 한다. 이는 부파불교에서 '불타'가 열반에 들어갔기 때문에 중생이 살고 있는 생사의 세계와는 아무런 관계가 없다고 말한 것과는 대조가 된다.

이처럼 대승에서는 구제자로서 '불타'가 강조되었기 때문에 구제하는 능력이 어디에서 생기고 어떻게 구제하는지 하는 문제가 중시되었다. 이는 자연스럽게 3신설(三身說, trikāya)의 형성으로 연결된다. 그것은 ① 화신(化身, nirmāṇkaya) 또는 응신應身은 중생의 교화를 위해 태어난 역사적인 부처이고, ② 보신(報身, saṁbhogakāya)은 보살이 원願을 일으킨 뒤에 오랫동안 수행하여 얻은 부처이고, 여기에는

그 부처가 머무는 정토淨土도 포함되며, ③법신(法身, dharmakāya)은
모든 부처의 근거가 되는 진여眞如를 뜻하는 것이다.

다섯째, 대승에서는 모든 사람이 보살菩薩이 될 수 있다고 주장한다.
부파불교에서 말하는 보살은 석가모니의 전신前身인 석가보살과 미륵
보살로서 미륵보살이 주된 것이다. 그에 비해 대승에서는 부처가
되지 않은 범부라도 보리심을 일으키면 보살이라고 주장하기에 이른
다. 그리고 보살은 대승불교의 이상理想을 잘 표현할 수 있는 인간상이
기도 하다. 원래 '보살'이라는 말은 보리살타(菩提薩埵, bodhi-sattva)의
준말이다. 보리살타는 보리(bodhi: 깨달음)를 추구하는 유정(有情,
sattva)이라는 뜻이고(이는 범부보살로 연결됨), 혹은 깨달음을 본질로
하는 자라는 뜻이다(이는 대보살과 연결됨). 이러한 의미의 보살은
자신을 구원하기보다 남부터 구원한다는 자비(慈悲, karuṇa)의 원(願,
praṇidhāna)을 세워서 열반에 태어나지 않고 생사의 세계에 태어나기
를 원하는 존재이다.

이러한 보살이 닦아야 할 덕목은 6바라밀(波羅密, pāramita)이다.
'바라밀'은 완성 혹은 도피안到彼岸이란 뜻이다. '완성'은 깨달음을
완성하였다는 의미이고(이는 대보살의 의미와 연결됨), '도피안'은 피안
곧 열반에 도달하는 전체의 과정을 의미하는 것이다(이는 범부보살의
의미와 연결됨). 이 기준에 따르면 아주 사소한 수행도 모두 '도피안'에
포함되고, 바라밀에 속하는 것이다. 그리고 바라밀은 6개의 항목으로
설명되는 것이 일반적이다. 그것은 보시(布施, dāna), 지계(持戒,
śīla), 인욕(忍辱, kṣānti), 정진(精進, vīrya), 선정(禪定, dhyāna), 지혜
(智慧, prajña)이다. '보시'는 자기의 소유물을 필요한 사람에게 주는

것이다. '지계'는 계율을 잘 지키는 것이다. '인욕'은 괴로움을 받아들여 참아내는 것이다. '정진'은 부지런히 노력하여 게으르지 않는 것이다. '선정'은 산란한 마음을 가라앉히고 고요히 관조하는 것이다. '지혜'는 모든 존재의 공空을 깨닫는 것이다. 이것이 가장 중요한데, 그 이유는 지혜바라밀에 근거해서 5가지 바라밀이 제대로 성립할 수 있기 때문이다.

한편, 앞에서 설명했듯이 보살이라는 개념에는 2가지 의미가 있다. 첫째, 범부凡夫보살이다. 이는 깨달음을 구하는 사람(有情)이라는 의미이다. 구체적으로 말해 범부보살은 누구라도 부처가 되겠다는 원願을 세워서 정진한다면, 그 사람이 바로 보살이라는 의미이다. 둘째, 대보살大菩薩이다. 이는 대승경전에 나오는 미륵(彌勒, Maitreya), 보현(普賢, Samantabhadra), 문수(文殊, Mañjuśri), 관세음(觀世音, Avalokiteśvara) 등을 지칭하는 말이다. 이 보살들은 현재 중생을 교화하고 있는 존재이고, 또한 이미 수행을 완성한 존재이기도 하다. 이렇게 이 보살들은 수행을 완성하고 중생을 교화한다는 점에서 범부보살과는 그 차원이 다르다고 할 수 있다. 그래서 대승불교에서는 이 보살들에 대한 신앙을 강조하고 있다. 대승경전에 따르면, 이 보살들은 수없이 많고, 우주 곳곳에서 활동하고 있으며, 스스로를 위해서 열반을 구하지 않고, 고통 받는 다른 사람을 위해서 봉사하고 있다고 한다. 그 봉사하는 모습은 여러 가지인데, 그중에서도 앞에서 말한 대보살들이 신앙의 대표적 대상이다.

이 중에서 가장 먼저 등장한 보살은 '미륵'이다. 미륵은 미래에 나타난다는 미래의 부처인데, 다음 생生에 부처가 되는 것이 결정되어 있고, 현재 미륵은 도솔천兜率天에 거주하고 있다고 한다. 이 '미륵'도 불교도에게 부처님과 같이 존경을 받은 존재이다. 이것을 계기로 해서 여러 대보살이 등장하였다. 자비를 상징하는 관세음보살, 지혜를 상징하는 문수보살, 실천행을 상징하는 보현보살 등이 대승경전에서 각각 묘사되었다. 이러한 대보살의 출현은 대승불교의 타력他力신앙의 길을 연 것이다.[16]

이상으로 대승불교의 5가지 특징에 대해 서술하였는데, 한 가지 더 추가할 점이 있다. 그것은 대승불교에서는 많은 경전을 제작하였다는 점이다. 그 가운데 대표적인 것은 『화엄경』, 『법화경』, 『무량수경』, 반야경전 계열, 『유마경』, 『승만경』, 『해심밀경』, 『열반경』이다.

『화엄경華嚴經』은 불타가 되는 수행단계를 50단계로 나누어서 설명하고 있는 경전이고, 이 『화엄경』은 중국에 전해져서 화엄종華嚴宗의 근본경전이 되었다. 『법화경法華經』은 소승(상좌부)불교와 대승불교의 조화를 말하는 경전이고, 이는 중국에 전해져서 천태종天台宗의 근본경전이 되었다. 『무량수경無量壽經』은 중생을 극락정토에 태어나게 한다는 내용의 경전이고, 이는 중국에 전해져서 정토종淨土宗의 근본경전의 하나가 되었다. 반야般若경전 계열은 어떤 것에도 집착하지 않는다는 공空의 가르침을 강조하는 경전이다. 『유마경維摩經』은 출가하지 않은 재가의 거사 유마힐維摩詰이 등장해서 불교의 가르침을 말하는 경전이다. 이는 재가 중심의 대승불교정신을 잘 보여주는 경전이고, 중국에서 『유마경』에 깊은 관심을 보였다. 『승만경勝鬘

16 이병욱, 『한국 불교사상의 전개』(집문당, 2010), pp.23~27.

經』은 출가하지 않은 재가의 여인 승만勝鬘부인이 부처를 대신해서
가르침을 말한 경전이다. 이것도 재가 중심의 대승불교정신을 잘
보여주는 것이고, 남존여비男尊女卑의 성향이 강한 인도에서 매우
이례적인 경전이라고 할 수 있다.『열반경涅槃經』은 모든 중생이 부처
가 될 수 있는 불성佛性을 가지고 있음을 말하는 경전이다.『열반경』은
경전이지만 논서의 치밀함을 보이는 경전이다.『해심밀경解深密經』은
인도 대승불교의 유식학파에서 중시하는 경전인데, 여기서는 심층무
의식으로서 아뢰야식阿賴耶識을 말하고 있다.『능가경楞伽經』은 모든
중생이 여래(부처)가 될 가능성을 가지고 있다는 여래장사상과 유식학
파의 사상을 결합한 경전이다. 이『능가경』은 중국에 전해져 초기
선종禪宗에서 중요시하는 경전이 되었다.

또한 대승불교에는 2대 학파가 있다. 그것은 중관학파와 유식학파이
다. (경우에 따라서는 여래장사상을 추가할 수도 있다.) 중관中觀학파
에서는 공空사상을 강조하고 범부의 집착을 논리적으로 깨뜨리려고
하였다. 그 대표적 저술이 용수의『중론中論』이다. 유식唯識학파에서
는 범부의 마음에 주목해서 8식설을 주장하였다. 세친의『유식삼십송
唯識三十頌』이 유식학파를 대표하는 저술이다. 그리고 이 대승불교가
중국, 한국, 일본, 베트남에 전파되었다.

A.D. 7세기와 8세기에 접어들어 힌두교가 인도에서 완전히 주류문
화가 되자 이에 대응한 불교의 흐름이 밀교密敎이다. 대승불교도 힌두
교의 영향을 받은 것이지만, 밀교는 힌두교의 영향을 더 많이 받은
것이다. 밀교를 대표하는 경전은『대일경』과『금강정경』이다.『대일
경大日經』은 중관사상의 영향을 받은 밀교경전이고,『금강정경金剛頂

經』은 유식사상의 영향을 받은 밀교경전이다. 그 뒤를 이어서 무상유가
無上瑜伽 탄트라가 등장하였는데, 이는 인도의 탄트라교의 영향을
받은 것이다.[17] 그리고 이 밀교계열의 가르침이 티베트, 네팔, 부탄
등에 전파되었다.

4) 중국불교의 특징

중국의 후한後漢 초에 처음으로 불교가 중국에 전파되었는데, 후한시
대에는 신선방술을 바탕으로 한 황로黃老사상을 매개로 하여 불교가
수용되었다. 위·진(魏晉)시대에는 노장老莊사상을 연결고리로 하여
불교가 이해되었는데, 이것을 격의불교格義佛教라고 한다. 남북조시
대를 거치고 수·당(隋唐)시대에 접어들면서 불교는 중국화가 되었다.

　중국불교의 특징으로 다음의 4가지를 거론할 수 있다.[18]

　첫째, 위경僞經의 성립이다. '위경'은 인도문화권에서 성립된 것이
아니고, 중국에서 작성된 경전을 말하는 것이다. 그 대표적인 것으로
『부모은중경父母恩重經』을 들 수 있다. 초기불교에서도 부모와 자식
간의 윤리에 대해 말하고 있지만, 그것이 중국의 유교문화처럼 강조되
지는 않았다. 그래서 효孝를 강조하는 중국문화에 적응하기 위해서
불교 쪽에서는『부모은중경』을 제작해서 유교의 효孝사상을 받아들였
다. 나아가 5계五戒와 5상(五常: 仁·義·禮·智·信)이 같은 내용이라는
견해가 불교와 유교 쪽에서 서로 제시되기도 하였다.

---

17 이병욱, 『한권으로 만나는 인도』(너울북, 2011/2013), pp.164~166.

18 조영록 외, 『동양의 역사와 문화』(국학자료원, 1998), pp.105~107; 이병욱,
　『한국 불교사상의 전개』, pp.27~29.

둘째, 불교교단과 국가권력의 관계에서 볼 때, 중국불교는 국가권력에 종속적인 위치에 있었다는 점이다. 인도불교에서 불교교단은 이념적으로 세속의 왕권과 관련이 없었고, 실제로 인도에서 세간의 정치가 불교교단에 간섭하는 일이 없었다. 그에 비해, 중국에서는 왕권이 강하였기 때문에 불교교단은 지배권력과 타협하지 않을 수 없었다. 물론 동진東晉의 혜원慧遠은 불교의 출세간성出世間性이나 초월성을 강조하기도 하였지만, 북조에서는 '제왕은 곧 여래'라는 관념이 유행하였고, 이런 관념이 수·당시대의 불교에 큰 영향을 주었다. 따라서 수·당시대에 접어들어 불교는 국가권력에 점차적으로 종속되었다.

셋째, 교상판석教相判釋을 중심으로 한 종파宗派불교가 성립하였다는 점이다. 교상판석은 줄여서 '교판教判'이라고도 한다. 이는 경전의 내용을 일정한 기준에 근거해서 분류하고 평가하는 것을 의미한다. 중국에 전해진 불교경전은 인도불교의 역사적 발전에 대응하여 전해진 것이 아니었다. 중국에서는 초기불교(소승)의 경전이나 대승불교의 경전이 순서에 맞추어서 전해진 것이 아니고 우연히 소개되었기 때문에, 초기불교와 대승불교의 경전을 모두 석가모니 불타가 직접 말한 것으로 중국인은 이해하였다. 이 점에서 중국인은 한문으로 번역된 한역경전을 체계적으로 이해하기 어려웠다. 따라서 이렇게 전래된 불교경전에 대해 체계화하고 평가하는 작업이 중국불교에서는 필요하였고, 이러한 작업, 곧 '교판'에 근거해서 여러 종파 불교가 성립되었다.

넷째, 출세간보다 세간世間에 비중을 두는 경향이다. 인도불교는 대체로 출세간적 경향을 띠었다고 평가할 수 있다. 그에 비해 중국의 문화는 현세간現世間에 의미를 두고 있으므로, 중국불교는 세간에 강조점을 두는 이념체계를 갖추게 되었다. 특히 이렇게 세간에 비중을 두는 종파는 '선종'이라고 할 수 있다. 선종의 대표적 인물인 마조馬祖는 평상의 마음이 도道라고 말하였다. 이는 도道가 우리 일상에서 멀리 벗어난 곳에 있는 것이 아니라 도道는 우리 평상의 마음속에 있다는 말이고, 다른 말로 표현하자면 도道의 존재방식이 초월적인 것이 아니라 도道는 세간 속에 있음을 지적한 것이다.[19]

5) 천태종의 사상[20]

중국불교의 3대 종파는 수·당시대에 성립한 천태종, 화엄종, 선종이다. 여기서는 천태종에 대해 알아보고자 한다.

천태종의 초조는 혜문慧文인데, 그의 자세한 전기는 알려져 있지 않다. 다만, 혜문은 6세기 중엽에 수백 명의 무리를 엄격하게 지도한 사람이고, 그는 『대지도론』에 의지해서 선관禪觀을 닦았다고 한다.

제2조 남악 혜사(南岳慧思, 515~577)는 혜문의 제자이고, 그는 『법화경』을 독송하고 좌선을 매우 충실하게 해서, 결국 법화삼매法華三昧라는 경지를 얻게 되었다고 한다.

제3조 천태 지의(天台智顗, 538~597)는 실제로 천태종을 일으킨 인물이다. 지의는 18세 때 출가해서 23세 때 대소산에서 남악혜사의 문하에서 법화삼매를 배웠다. 그는 대소산에서 7년 동안 머무른 후(실

---

19 이병욱, 「중국불교의 현세간주의 특색」, 『불교학연구』 15호, 불교학연구회 (2006)에서는 천태의 공空·가假·중中의 관점에서 중국불교의 여러 사상을 재검토하고, 이것이 현세간주의의 특색이라고 해석한다.
20 이병욱, 『한국 불교사상의 전개』, pp.29~36.

천법을 공부함), 지금의 남경인 금릉金陵에 7년 동안 머물렀다(교학불교를 공부함). 그 후 그는 575년(38세) 천태산에 들어가 11년 동안 도를 닦았고, 585년 진陳 황실의 간청에 의해 금릉에 머무르면서 『법화문구法華文句』를 강의하였으며, 589년 수隋가 진陳을 멸망시키자 여산에 은둔하였다. 그 뒤 지의는 고향으로 돌아가 옥천사를 건립하고, 거기서 지의는 『법화현의法華玄義』(593년)와 『마하지관摩訶止觀』(594년)을 강의하였다. 일반적으로 『법화문구』·『법화현의』·『마하지관』을 천태삼대부天台三大部라고 부른다. 이는 제자 관정(灌頂, 561~632)이 스승의 강의를 집필하고 정리한 것이다. 그리고 595년 진왕晉王 양광(楊廣: 후의 양제, 580~618)의 초청으로 지의는 양주에 가서 세 차례에 걸쳐 『유마경소維摩經疏』를 바쳤는데, 이것이 『유마경현소維摩經玄疏』 6권과 『유마경문소維摩經文疏』 28권(끝의 3권은 관정이 집어넣었다)이다. 이것들은 그가 만년에 이룩한 사상의 동향을 아는 데 중요한 문헌이라고 할 수 있다.

천태대사 지의智顗 이후에 천태종은 부진하였고, 당나라 중기에 들어서서 형계 담연(荊溪湛然, 711~782)이 등장하였다. 담연은 화엄종과 선종에 대항해서 천태종을 다시 일으키려고 하였다. 그리고 송나라에 들어서서 천태종은 산가파山家派와 산외파山外派로 나누어지게 되었고, 전통파인 산가파를 대표하는 인물이 사명 지례(四明知禮, 960~1028)이다.

한국에서 천태종의 성립은 비교적 늦었다. 고려 초에 체관諦觀이 중국에 들어가서 천태종을 연구하였고, 그는 『천태사교의』라는 천태학의 명저를 남겼다. 의천(義天, 1055~1101)에 이르러서 비로소 천태종이 한국에 세워졌고, 이 천태종의 흐름은 요세(了世, 1163~1245)의 백련사결사에 와서는 실천적 성격을 띠게 되었고, 이 결사는 원나라 간섭기에 활동한 운묵 무기雲默無寄에 의해서 그 근본정신을 더욱 발휘하게 되었다.

일본에서 천태종을 세운 인물은 전교대사 사이초(最澄, 767~822)이다. 그는 중국에 가서 1년 동안 담연의 제자인 도수道邃에게서 천태사상을 공부하고 보살계를 받았고, 순효順曉에게서 밀교를 공부하였으며, 소연翛然에게서 선종의 가르침을 배웠다. 일본에 돌아와서 사이초는 천태종을 세웠고, 천태·밀교·선·계율을 가르쳤다. 사이초는 히에이잔(比叡山)에 교육본부를 설립하였는데 이것이 일본에서 불교학의 중심지가 되었다. 히에이잔에는 현재 천태종의 3개 지파가 있다. 그것은 산문山門, 사문寺門, 진성眞盛이다. 이 가운데 진성종은 정토신앙을 추구한다. 한편, 사이초의 천태사상은 엔닌(圓仁, 794~864), 엔친(圓珍, 814~891), 안넨(安然, 841~?)으로 이어지면서 천태밀교의 사상으로 구체화된다.

천태종의 사상으로 여러 가지를 들 수 있겠지만, 이 글에서는 교판론敎判論과 실상론實相論이라고 불리는 일념삼천설과 일심삼관을 검토하고자 한다.

(1) 교판론

천태의 교판론은 오시팔교五時八敎이다. 오시五時는 첫째 화엄시, 둘째 녹원시, 셋째 방등시, 넷째 반야시, 다섯째 법화열반시이다. 팔교八敎는 화법사교化法四敎와 화의사교化儀四敎로 나뉜다. 화법사교는 삼장교, 통교, 별교, 원교이다. 화의사교는 돈교, 점교, 부정교, 비밀교이다.

'오시'는 불타가 도道를 이룬 뒤에 설법한 것을 5가지로 구분한 것이다. 첫째, 화엄시華嚴時는 불타가 도를 이룬 뒤에 처음 21일 동안 『화엄경』을 설법한 시기이다. 둘째, 녹원시鹿苑時는 불타가 『화엄경』을 설법한 다음 12년 동안 인도의 여러 곳에서 소승에 속하는 4가지 『아함경』을 설법한 시기이다. 셋째, 방등시方等時는 녹원시 뒤에 8년 동안 『유마경』, 『사익경』, 『승만경』 등의 대승경전을 설법한 시기이다. 넷째, 반야시般若時는 방등시 뒤에 22년 동안 반야부般若部의 경전을 설법한 시기이다. 다섯째, 법화열반시法華涅槃時는 불타가 최후 5년 동안 『법화경』을 설법하고, 열반에 들기 위해 한 낮 한 밤 동안 『열반경』을 설법한 시기이다.

'화법사교'는 불타가 중생의 소질과 능력에 따라 가르친 교리내용을 4가지로 구분한 것이다. 첫째, 삼장교三藏敎는 성문聲聞과 열등한 보살菩薩을 위해서 『아함경』 등을 말한 것이다. 이는 소승小乘의 가르침이다. 둘째, 통교通敎인데, 통通은 공통이라는 뜻이므로, 이것은 삼승에게 공통적으로 가르친 대승의 가르침이다. 셋째, 별교別敎인데, 별別은 이승二乘과 함께 하지 않는다는 뜻이므로, 이것은 다만 보살만을 위한 가르침이다. 넷째, 원교圓敎인데, 원圓은 편벽되지 않고 모든 것이 서로 융합되어 있다는 것이므로, 이 원교는 부처의 깨달음을 그대로 가르친 가르침이다.

'화의사교'는 부처가 중생에게 설법하는 방식에 따라 가르침을 4가지로 구분한 것이다. 첫째, 돈교頓敎는 처음부터 불타가 자신이 깨달은

내용을 가르치는 것이다. 『화엄경』이 여기에 속한다. 둘째, 점교漸教
는 내용이 얕은 것에서 내용이 깊은 것으로 점점 올라가면서 가르치는
것이다. 아함시, 방등시, 반야시의 가르침이 여기에 속한다. 셋째,
비밀교秘密教는 중생들이 서로 알지 못하게, 가만히 이익을 주는 가르
침이다. 넷째, 부정교不定教는 같은 가르침을 듣고서도 서로 달리
이해하는 경우에 해당하는 것이다. 그 이유는 불타는 일음—音으로
연설하나, 중생이 각자의 소질과 능력에 따라 달리 이해하기 때문이다.
앞의 비밀교는 누가 이익을 받고 어떤 가르침으로 이익을 얻는지
모르는 것이라면, 뒤의 부정교는 누가 이익을 얻는지는 알고 있지만
어떤 가르침으로 이익을 얻는지는 모르는 것이다.

(2) 일념삼천설과 일심삼관

'일념삼천설—念三千說'은 사람의 한 마음에 삼천 가지의 가능성이
간직되어 있다는 이론이다. 여기서 '삼천'이라는 숫자가 중요한 것이
아니고, 삼천은 전체를 의미하는 숫자라고 한다. 따라서 '일념삼천설'
은 사람이 무한한 가능성을 간직하고 있음을 가리키는 말이다. 현실의
사람은 가능성으로는 부처도 될 수 있고 지옥에 떨어질 수도 있지만,
현실에는 인간 세계에 머물러 있다. 이것이 '일념삼천설'에서 말하는
인간의 구체적 모습이다. 이 '일념삼천설'의 내용은 천태대사 지의智顗
의 『유마경현소』에 따르면 '관조할 대상'이고, '관조할 내용'은 '일심삼
관—心三觀'이라고 한다. (자세한 내용은 뒤에 소개한다.)

　　그리고 '일념삼천설'이 관조할 대상에 속하는 것이라면, '일심삼관—
心三觀'은 관조할 내용에 속하는 것이다. 천태 지의가 말하는 '일심삼관'

은 공空·가假·중中이 한마음같이 연결되어 있음을 말하는 것이다. 모든 존재하는 것이 공空이라고 보는 것은 대승불교의 일반적 이론이다. 이 공空을 가장 단순하게 접근하자면 내면의 집착하는 마음을 비우는 것이라고 할 수 있다. 그때 집착의 대상인 객관세계도 집착하는 것같이 존재하는 것이 아니라는 것을 깨닫게 된다.

인도불교에서는 공空을 강조하였는데, 이것이 중국불교로 넘어오게 되자 상황이 바뀌게 되었다. 모든 것을 버리고 이 사바세계를 초월하자는 이야기로는 중국인의 마음에 맞지 않는 그 무엇이 있었다. 그래서 공空의 세계에 철저히 파고드는 것도 중요하지만, 현실세계는 우리가 집착하는 방식과는 다르게 존재한다는 점을 분명히 하고자 하였다. 그것이 가假이다. 현실의 대상은 범부가 집착하는 것처럼 존재하는 것은 아니지만, 그렇다고 해서 아무런 가치도 없는 것이 아니라고 보는 것이고, 여기서 현실을 중시하는 중국인의 현세간주의(실용주의) 관점을 읽을 수 있다.

이러한 공空과 가假의 두 관점을 종합하는 것이 중中이다. 이는 공空이라고 해서 없다는 쪽에 치우치지도 말고, 가假라고 해서 있다는 편에도 비중을 두지 말라는 것이다. 이 2가지 극단을 넘어서는 것이 바로 중도中道이다. 그래서 '일심삼관'의 의미는 공空·가假·중中의 의미가 한마음같이 긴밀하게 연결되어 있음을 말하는 것이고, 다른 각도에서 보자면 공空의 의미를 가假를 통해서 분명히 드러내고자 하는 것이라고도 할 수 있다.

220

6) 화엄종의 사상[21]

화엄종의 초조初祖는 두순(杜順, 557~640)이다. 두순은 이론가가 아니고, 실천가였다. 그는 신통과 기적을 나타내 보였고, 그로 인해 당나라 태조에게 제심존자帝心尊者라는 호칭을 받았고, 왕족과 여러 신하들에게 존경을 받았다고 한다. 그의 저술로『법계관문法界觀門』이 있다고 알려졌지만, 현재는 그의 것이 아니라고 하는 주장이 설득력을 얻고 있다. 나아가 그가 화엄종과 관계없는 인물이라는 주장도 있다.

화엄종의 제2조는 지엄(智儼, 602~668)이다. 그는 종남산 지상사至相寺에 살았기 때문에 지상대사至相大師라고 불리기도 하고, 운화사雲華寺에서 활동하였기 때문에 운화존자雲華尊者라고 말해지기도 한다. 그의 대표적 저술은 젊은 시절의 저작『화엄수현기華嚴搜玄記』, 만년의 저작『50요문답五十要問答』과『화엄경공목장華嚴經孔目章』이다. 이 책들을 통해서 나중에 법장法藏에 의해서 완성된 화엄종 사상의 선구적 형태를 볼 수 있다. 그의 제자로는 화엄종을 크게 일으킨 법장과 한국 화엄종을 일으킨 의상(義相, 625~702)이 유명하다.

화엄종의 제3조는 법장(法藏, 643~712)이다. 그는 출생지가 명확하지 않다. 그는 화엄종을 크게 일으켰는데, 측천무후가 자신의 권력의 정당성을 찾기 위한 방안으로서 법장의 화엄종을 적극 지원한 것도 화엄종이 크게 일어난 것을 설명할 수 있는 이유의 한 가지다. 그의 저술은 29부 70여 권 또는 42부 80여 권이나 된다고 하는데, 그중에서도『화엄오교장華嚴五敎章: 華嚴一乘敎義分齊章』과『화엄경탐현기華嚴經

21 이병욱,『한국 불교사상의 전개』, pp.36~42.

探玄記』와 『대승기신론의기大乘起信論義記』가 중요하다.

화엄종의 제4조는 징관(澄觀, 738~839)이다. 그는 7황제의 스승이었고, 진국대사鎭國大師와 청량국사淸涼國師라는 호칭을 받기도 하였고, 대통국사大統國師로 불리기도 하였다. 그는 법장이 입적하고 25년이 지나서 태어났다. 따라서 징관은 자신이 법장을 계승하고 있다고 주장하지만, 활동하던 시대적 배경이 달랐기 때문에 그의 사상에는 법장의 사상과 구분되는 변화가 생길 수밖에 없었다. 징관이 화엄사상을 배운 것은 물론이지만 그밖에 선종과 천태종과 율종律宗의 가르침도 배웠고, 그것을 기초로 해서 『80화엄경소八十華嚴經疏』를 저술하였고, 나아가 『80화엄경소』에 대한 주석서인 『수소연의초隨疏演義鈔』를 쓰기도 하였다.

화엄종의 제5조는 종밀(宗密, 780~841)이다. 그는 『원각경』에 몰두하였다. 그래서 『원각경』에 대한 네 종류의 주석서를 저술하였다. 그것은 약소略疏·약소초略疏鈔·대소大疏·대소초大疏鈔이다. 그밖에 현재 남아 있는 저술 중에 중요한 것은 『도서都序』와 『원인론原人論』이다. 그가 입적하고 얼마 안 되어 회창의 폐불廢佛사건이 일어나서, 그로 인해 이론의 색깔이 강한 불교는 엄청난 타격을 받게 되었다.

한국에서는 의상이 화엄종을 열었고, 고려 초에 균여(均如, 923~973)가 화엄사상을 깊이 연구하였다. 그래서 균여가 중국의 종밀의 뒤를 잇는 화엄의 제6조라고 평가하는 학자도 있다. 일본에서는 신라 출신의 심상(審祥, ?~742)이 740년에 일본에 건너가 화엄사상에 대해 강의하였는데, 그는 중국 화엄종 법장의 제자였다. 도선道璿도 736년에 일본에 건너가 화엄사상을 가르쳤다는 기록이 있다. 일본에서 도다이지(東大寺)는 화엄종을 대표하는 사찰이다.

그리고 이 항목에서는 화엄사상의 기본 항목이라고 할 수 있는 교판론과 십현연기에 대해서 알아보고자 한다.

(1) 교판론

법장은 부처의 가르침을 5가지로 구분한다. 첫째 소승교, 둘째 대승시교, 셋째 대승종교, 넷째 돈교, 다섯째 원교이다.

첫째, 소승교小乘教는 성문과 연각, 곧 이승二乘의 가르침이다. 둘째, 대승시교大乘始教는 삼승三乘의 가르침이다. 이 가르침은 삼승의 사람이 함께 얻는 것이다. 이는 공空의 이치를 말하지만 그 가르침에 군더더기가 있는 것이다. 셋째, 대승종교大乘終教는 여래가 될 수 있는 성품이 모든 중생에게 간직되어 있다는 여래장如來藏을 말한 가르침이다. 넷째, 돈교頓教는 말이 단박에 끊어지고, 진리의 성품이 단박에 드러나며, 이해하고 실천하는 것이 단박에 이루어져서 한 생각의 잡념도 생기지 않는 가르침이다. 다섯째, 원교圓教는 『화엄경』의 내용이니, 이것을 원만圓滿수다라(修多羅: 경전)라고 말하기 때문에 원교라 이름하는 것이다.

법장은 이 5교에 근거해서 10종宗을 제시한다. 10종의 내용은 다음과 같다.

① 아법구유종我法俱有宗이다. 여기에는 두 종류가 있다. 첫째는 인천승人天乘이고, 둘째는 소승의 가르침인데, 구체적으로 말하면 소승 독자부犢子部의 가르침이다. 독자부에서는 자아를 인정하는데, 이 자아는 유위법(有爲法: 인연에 의해 만들어진 존재)과 무위법(無爲法:

인연에 의해 만들어진 존재가 아님)에 속하지 않는 것이다.

②법유아무종法有我無宗이다. 이것은 소승 살바다부薩婆多部의 가르침이다. 이 종에서는 모든 존재가 실제로 존재한다고 주장하고, 자아는 인정하지 않는다.

③법무거래종法無去來宗이다. 이것은 소승 대중부大衆部의 가르침이다. 이는 모든 존재는 현재에만 있는 것이고, 모든 존재는 과거와 미래에는 없다는 주장이다.

④현통가실종現通假實宗이다. 이것은 소승 설가부(說假部: 法假部)의 가르침이다. 여기서는 대중부의 가르침에서 한 걸음 더 나아가서 현재에 존재하는 것은 오온五蘊이고, 십이처十二處와 십팔계十八界는 현재에 존재하지 않는다고 주장한다.

⑤속망진실종俗妄眞實宗이다. 이것은 소승 설출세부說出世部의 가르침이다. 여기서는 세속은 모두 허망하고, 출세간의 법은 모두 진실하다고 주장한다.

⑥제법단명종諸法但名宗이다. 이것은 소승 일설부(一說部: 說一部)의 가르침이다. 여기서는 모든 자아와 존재는 실체가 없어서 모두 이름만 있을 뿐이라고 주장한다.

⑦일체법개공종一切法皆空宗이다. 이것은 앞의 5교에서 '대승시교'를 가리키는 것이다. 여기서는 모든 존재가 모두 공空이라고 주장한다.

⑧진덕불공종眞德不空宗이다. 이것은 앞의 5교에서 '대승종교'를 가리키는 것이다. 여기서는 모든 존재가 진여眞如이고, 모든 존재가 여래장의 실제의 덕德임을 주장한다.

⑨상상구절종相想俱絶宗이다. 이것은 앞의 5교에서 '돈교'와 같다.

여기서는 언어를 벗어난 이치를 주장한다.

⑩ 원명구덕종圓明具德宗이다. 이것은 앞의 5교에서 '원교'와 같은 것이다. 여기서는 법을 말하는 주체와 그 가르침을 듣는 대상이 제대로 갖추어지고, 또한 이 주체와 대상이 다함없이 자유자재한 이치(一卽一切)를 말한다고 주장한다. 이것이 바로 『화엄경』의 내용을 가리키는 것이므로, 화엄종의 교판론에서는 『화엄경』을 강조함을 알 수 있다.

(2) 십현연기十玄緣起

화엄사상의 핵심은 일즉일체一卽一切에 있다고 할 수 있다. 이것은 초기불교의 가르침인 무상無常·고苦·무아無我와 밀접한 관계가 있는 것이다. 무상·고·무아의 가르침은 다음과 같다. 모든 사물은 변하는 것이고, 변하는 것을 변하지 않는 영원한 것이라고 잘못 판단하는 것은 결국 고통을 일으키고, 고통을 일으키는 것은 진정한 자아가 아니고, 자아가 실현될 대상이 될 수 없다는 것이다. 그래서 변화하는 대상 어떤 것에도 집착하지 말 것을 초기불교에서는 전하고 있다. 이 점이 대승불교에 와서는 공空의 가르침으로 바뀌고 있지만, 모든 것에 집착하지 말라는 기본 정신은 초기불교와 맥이 닿아 있다. 이러한 공空의 가르침을 인식구조의 차원에서 설명하면, 보는 주관과 보이는 객관이 서로 떨어져 있는 것이 아니고, 근원에서 사무쳐 본다면 주관과 객관이 하나라는 것이다. 그래야만 어떤 대상에도 집착하지 않을 수 있는 힘이 생겨난다. 이처럼 주관과 객관의 일치를 체험한 사람은 시간과 공간의 한계를 넘어설 수 있고, 그런 사람에게 열리는 세계가 바로 일즉일체一卽一切이다. 다시 말해서, 공간의 한계를 넘어섰으므로 가장 큰 산인 수미산이 가장 작은 대상인 겨자씨에 들어가는 일이 생길 수 있고, 시간의 한계를 벗어났으므로 가장 긴 시간인 영겁永劫이 가장 짧은 시간인 찰나刹那와 같아질 수 있다는 것이다. 이렇게 보자면, 화엄사상의 핵심인 일즉일체一卽一切도 불교의 기본정신을 면면히 계승하고 있는 가르침인 것을 알 수 있다. 이러한 화엄의 가르침이 청량국사 징관으로 내려오면, 천태사상과 일정 부분 연결되고, 한편으로는 선종의 영향을 받게 된다. 또한 그의 제자 종밀로 내려오면, 『도서』를 통해서 선종과 화엄종의 일치를 도모하고, 『원인론』을 통해서 유교와 도교에 대한 비판적 검토를 분명하게 제시한다.

한편, 여기서는 십현연기 중에 중요한 2가지를 소개하고자 한다.

① 일다상용부동문一多相容不同門: 공空이지만 현실의 가假를 인정

이것은 일즉일체의 한 측면을 설명하는 것이다. 일즉일체는 앞에서 설명한 대로 주관과 객관의 합치에서 나타나는 경지이다. 이러한 의미의 일즉일체에 2가지 측면이 있다. 하나는 일즉일체이지만 현상계는 그대로 유지된다는 것이고, 다른 하나는 모든 것이 하나 속에 용해되어 있으므로 일즉일체라는 것이다. 한편, '일다상용부동문'에서 말하는 '일즉일체'는 현상계가 유지되는 측면을 말한 것이다. 이 점을 법장은 다음과 같이 말한다.

하나 속에 많음(多)을 간직하고 있어도 하나는 그 많음이 아니다. 또한 많음 속에 하나를 간직하고 있어도 많음은 그 하나가 아니다.[22]

위 인용문의 내용은 일즉일체를 이루고 있지만 현상계의 질서를 무너뜨리는 것은 아니라는 것이다. 그리고 법장은 이 점을 『화엄경』을 인용해서 더욱 분명히 한다.

그러므로 『화엄경』의 게송에서 말하기를 "한 불국토로 시방을 가득 채우고, 시방이 한 국토에 들어가 남음이 없도다. 세계의 본래의 모습도 무너지지 않으니, 비교할 수 없는 공덕 때문에 그렇도다."라고 하였다.[23]

위 인용문의 내용은 한 불국토로 시방十方의 불국토를 가득 채우고 시방의 불국토가 한 불국토에 들어가지만, 그렇다고 해서 현상계의 모습이 없어지는 것이 아니라는 의미이다.

② 제법상즉자재문諸法相卽自在門: 모든 법이 공空하다는 가르침

제법상즉자재문은 모든 법(法: 존재)이 서로 즉(卽: 공하면 실체가 없으므로 서로 통하게 된다)하여 자재하다는 뜻이다. 이는 모든 법이 자기의 본래 모습인 자성自性을 지키지 않음을 알아서 경계가 서로 혼융混融되어 있음을 말한다. 그래서 하나의 법에 모든 법이 들어갈 수 있다. 법장은 이것을 논증하기 위해서 『화엄경』을 인용한다.

---

22 『화엄일승교의분제장華嚴一乘教義分齊章』 제4권(『대정장』45권, 505상), "然此一中, 雖具有多, 仍一非卽是其多耳. 多中一等, 準上思之."

23 『화엄일승교의분제장』 제4권(『대정장』45권, 505상), "故此經偈云 以一佛土, 滿十方, 十方入一, 亦無餘. 世界本相亦不壞, 無比功德故, 能爾."

『화엄경』에서 말하기를 "처음 발심한 보살의 한생각의 공덕은 깊고 넓어 끝이 없으니, 여래가 이를 분별해서 말한다 해도 겁이 다하도록 다할 수 없다. 그러하니 어찌 하물며 끝없고 헤아릴 수 없는 겁劫 동안 모든 바라밀과 모든 지地의 공덕행功德行을 충분히 닦음에 있어서랴!"라고 한 것이다. 이 말의 뜻은 한생각의 공덕이 깊고 넓고 끝이 없다는 것이니, 그 이유는 법계에서 연기하여 하나가 전체에 즉卽하기 때문이다.[24]

위 인용문의 내용은 한생각의 공덕이 깊고 넓어 헤아릴 수 없다는 것이다. 그 이유는 일즉일체一卽一切이기 때문이고, 바꾸어 말하면 한공덕에 전체의 공덕이 간직되어 있기 때문이다.

7) 선종의 사상[25]

(1) 선종의 이해

선禪은 산스크리트어 디야나(dhyāna, 禪那)를 한문으로 음역音譯한 말이다. 이는 '고요히 생각한다'라는 의미이고, 다른 말로 바꾸어서 말한다면 '정려靜慮'라고도 한다. 이 선禪은 인도의 『우파니샤드』에 근원을 두고 있다고 한다. 나아가 이것이 불교의 모든 종파에서 중심적 위치에 있게 되었다. 초기불교의 팔정도 수행에서 정정正定이 강조되

---

24 『화엄일승교의분제장』제4권(『대정장』45권, 505중), "故此經云 初發心菩薩, 一念之功德, 深廣無邊際, 如來分別說, 窮劫不能盡, 何況於無邊無數無量劫, 具足修諸度・諸地功德行? 義言一念卽深廣無邊者, 良由緣起法界, 一卽一切故爾."
25 이병욱, 『한국 불교사상의 전개』, pp.42~43, pp.49~52.

고 있으며, 여러 종파에서도 선정에 강조점을 두고 있다.

그렇지만 중국의 선종에 이르러서는 독자적 의미가 부각된다. 그것은 불립문자不立文字 교외별전敎外別傳 직지인심直指人心 견성성불見性成佛로 요약된다. '불립문자'는 문자에 비중을 두지 않는다는 것이고, '교외별전'은 불교의 가르침 이외에 따로 전한 비밀스런 가르침이란 의미이다. 따라서 선종에서는 문자에 의미를 두지 않으므로 이론불교와는 구분되고, 그것이 불교의 가르침 이외에 따로 전한 가르침이라는 슬로건으로 구체화되었다.

'직지인심 견성성불'은 사람의 마음을 곧장 가르쳐 주어 자신의 성품을 보아 부처가 된다는 것이다. '이론불교'에서도 사람의 마음에 대해 말하지 않는 것은 아니지만, 이 경우 곧장 가르쳐 준다는 '직지直指'가 아니고 여러 가지로 자세하게 가르쳐 준다는 의미가 포함된다. 여기서도 선종의 특징이 다시 한 번 나타난다.

중국의 선종은 크게 4개의 종파로 구분할 수 있다. 그것은 신수(神秀, 606~706)의 북종北宗, 신회(神會, 670~762)의 하택종荷澤宗, 우두종牛頭宗, 홍주종이다. 그 가운데 선종의 주류는 홍주종이므로, 여기서는 홍주종에 대해서만 소개하고자 한다.

(2) 선종의 형성: 홍주종과 5가7종

인도에서 전래된 선禪이 현실적인 중국인의 종교로서 일상생활에 들어오게 된 것은 대략 9세기 이후의 일이다. 이는 인도불교에서 보이지 않았던 새로운 선종의 탄생을 의미하는 것이다. 이 선종의 성립을 이끌었던 주도적인 인물은 강서江西의 마조도일(馬祖道一,

709~788)과 호남湖南의 석두 희천(石頭希遷, 700~790)이다. 마조와 석두의 스승에 해당하는 사람은 남악 회양(南岳懷讓, 677~744)과 청원 행사(靑原行思, ?~790)인데, 이들은 모두 6조 혜능의 제자이지만, 오래된 돈황본『육조단경』에서는 혜능의 10대 제자에 포함시키고 있지 않다. 이는 마조와 석두의 활동으로 인해서 그의 스승이 자리를 잡았다는 것을 의미하는 것이고, 따라서 마조와 석두의 활동은 이미 『육조단경』의 시대를 넘어서서 새로운 지평을 펴고 있다는 것을 알 수 있다.

마조와 석두는 강남의 곡창지대를 무대로 실력을 늘려가던 지방의 절도사에게 귀의 받고 독자적인 불교노선을 확장시키고 있었다. 그래서 마조와 석두는 강서와 호남의 2대사大士라고 불리었다. 강서와 호남, 곧 강호江湖는 오랜 전통을 가진 장안과 낙양의 불교에 대응하는 말이다. 당唐 중기 이후의 선종은 선정과 지혜를 말하는 종교라기보다는 특히 일상생활 속에서 선禪을 실천하는 것을 강조하는 가르침이었다. 선종에서 말하는 것은 명상을 실천하는 좌선이 아니고, 그것은 일상생활의 모든 행동이 선禪을 실천함이 된다는 것이다.

마조의 전기에서는 그가 소처럼 걷고, 호랑이처럼 사람들을 바라보았고, 마조는 혀를 내밀어서 콧등을 덮을 수 있다고 묘사하고 있다. 이는 그가 위대한 사람이라는 것을 나타내는 것이다. 또한 마조의 독자성은 속성俗姓인 마馬씨로 불리었다는 데 있는데, 이는 새롭게 시작되는 선종의 시조始祖라는 의미다.

마조에 관해서 다음과 같은 일화가 전해진다.

마조는 남악의 법을 받고서 사천에 있는 고향으로 갔다고 한다.

230

계곡의 개울가에서 물건을 씻고 있던 이웃집의 노파가 "특별한 인물이라고 생각하였는데, 원래 마씨 농기구집 아들이 아닌가?"라고 말하였기 때문에 마조는 그의 법을 고향에 펴는 것을 단념하고, 멀리 강서江西 지방에서 그의 법을 폈다고 한다.

마조의 주장을 들어보자. "도道는 수행할 필요가 없는 것이다. 다만 자기를 더럽히지 않는 것이다. 무엇이 더럽혀지는 것인가? 그것은 다만 생사生死의 마음으로 무언가를 만들어 내고 추구한다면 그것은 모두 더럽혀지는 것이다. 만약 그 도道를 곧장 알고자 한다면, 평상의 마음이 도이다(平常心是道). 그러면 평상의 마음은 무엇을 말하는 것인가? 그것은 만들어 내는 것이 없고 시비是非를 가리는 것이 없으며, 취取하고 버리는 것이 없고, 항상한 것도 없고 찰나적인 것도 없으며, 범부도 없고 성인聖人도 없는 것이다. 그래서 『유마경』에서는 '범부의 행行도 아니고, 성현聖賢의 행行도 아닌 것이 보살의 행行이다'고 하고 있다. 바로 지금 가고 머물고 앉고 눕는 행동과 상대방의 근기根機에 따라 그들을 구원하는 것이 모두 도道에 속하는 것이고, 도道는 법계(法界: 진리의 세계)에 속하는 것이다."[26]

마조는 또 다음과 같이 말하고 있다. "본래부터 있는 것이고 지금 있는 것이기 때문에(本有今有) 도道를 닦거나 좌선할 필요가 없다. 수행하지 않고 좌선하지 않는 것이 바로 여래청정선如來淸淨禪이다."[27]

26 『마조록』(『대정장』51권, 440상), "道不用修, 但莫汚染! 何爲汚染? 但有生死心, 造作趣向, 皆是汚染. 若欲直會其道, 平常心是道. 何謂平常心? 無造作, 無是非, 無取捨, 無斷常, 無凡無聖. 經云 非凡夫行, 非聖賢行, 是菩薩行. 只如今行住坐臥·應機接物 盡是道, 道是法界."

이 홍주종의 사상에 대해 종밀은 탐욕의 마음이 그대로 불성임을
주장하는 가르침이라고 한다. 그리고 일상의 마음 그대로 부처의
마음이므로, 어떠한 조작도 필요 없다는 것은 바로 돈오돈수頓悟頓修의
수행법으로 이어지는 것이다. 다시 말하자면, 우리의 일상의 마음
그대로가 부처의 마음이므로, 따라서 이러한 이치를 깨달으면 그것이
그대로 닦음이고 증득함으로 이어진다는 것이다. 이것에 대해 종밀은
다음과 같이 말한다.

> 말하고 움직이고, 욕심내고 화내고 때론 인자하고 참기도 하며,
> 선善을 행하기도 하고 악을 행하기도 하여 고통스런 과보와 즐거운
> 과보를 받는다. 그런데 이 받아들이는 그것이 그대의 불성이다.
> 이것은 본래부터 부처이어서 이것을 제외하고는 별다른 부처는
> 없다. 이러한 천진하고 자연스러운 이치를 깨닫기 때문에 마음을
> 일으켜 도를 닦을 필요가 없고, 도는 마음이기 때문에 마음을
> 가지고서 마음을 닦을 필요가 없으며, 악惡도 마음이므로 이 마음을
> 가지고 마음인 악을 끊을 필요가 없다. 따라서 끊지 않고 닦지
> 않으며 뜻대로 자재하여야 해탈이라 이름한다. 성품은 허공과
> 같아서 보탤 수도 없고 덜 수도 없으니 무엇을 보완하겠는가?
> 다만 때와 장소에 따라 업業을 쉬고 정신을 길러서 성인의 태胎가
> 늘어나면, 자연의 신묘함이 드러날 것이다. 이것이 진정한 깨달음
> 이고, 진정한 닦음이며, 진정한 증득이다.[28]

---

27 『마조록』(『대정장』51권, 440중), "本有今有, 不假修道・坐禪, 不修不坐 卽是如來
清靜禪."

232

이 마조에 의해서 홍주종이 성립되었고, 여기서 5가7종五家七宗이 생겨났다. 5가는 위앙종·조동종·임제종·법안종·운문종이고, 7종은 5가에다 송나라 시대에 임제종에서 황룡파와 양기파가 갈라진 것을 합쳐서 부르는 말이다.

한국에서는 신라 말기에 선종이 들어와서 고려 초기에 구산선문九山禪門으로 정리되었고, 고려 중기에 보조국사 지눌(知訥, 1158~1210)에 의해 선사상이 크게 꽃을 피우고 고려 말기에 나옹 혜근(懶翁慧勤, 1320~1376), 백운 경한(白雲景閑, 1299~1375), 태고 보우(太古普愚, 1301~1382)의 3대 선사禪師가 등장한다. 이후 조선시대의 불교는 억압당하였지만 불교의 중심은 이론적인 측면에서는 화엄종에 있고, 실천적인 측면에서는 선종에 있다. 이 흐름이 현재의 조계종에도 이어진다.

일본에서는 선종의 3가지 종파가 소개되어 뿌리를 내렸다. 1191년에 에이세이(榮西, 1141~1215)에 의해서 임제종臨濟宗이 중국에서 처음 소개되었고, 1227년에 도겐(道元, 1200~1253)이 조동종曹洞宗을 받아들였으며, 1654년에 명나라 말기의 내란을 피해서 일본에 온 인겐(隱元, 1592~1672)이 황벽종黃檗宗을 소개하였다. 황벽종은 맨 나중에 들어왔지만 640개의 사원이 황벽종에 속해 있다.

---

28 『선원제전집도서』上의 二권(『대정장』48권, 402하), "云卽今 能語言動作, 貪瞋慈忍, 造善造惡, 受苦樂等, 卽汝佛性. 卽此本來是佛. 除此 無別佛也. 了此天眞自然故, 不可起心修道; 道卽是心, 不可將心, 環修於心; 惡亦是心, 不可將心, 還斷於心. 不斷不修, 任運自在, 方名解脫. 性如虛空, 不增不減, 何假添補? 但隨時隨處, 息業養神, 聖胎增長, 顯發自然神妙. 此卽是爲眞悟眞修眞證也."

3. 불교철학과 다문화주의

'나' 또는 '나의 집단구성원'과 피부색이 다르고 국적이 다르며 언어가 다르고 문화 등이 다르다고 해서 상대방을 깔보고 멸시하는 것을 넘어서자는 것이 다문화주의에서 말하고자 하는 내용이다. 다문화주의를 이루기 위해서는, 우선 나의 삶은 독립적인 것이 아니고 다른 사람의 삶에 의존하여 있다는 것을 자각할 필요가 있다. 이와 관련해서 초기불교에서는 연기緣起, 곧 상호의존성을 말하고 있다. 또한 나 또는 나의 집단이라는 정체성과 동일성은 어디까지나 만들어진 관념이고 진실에 기초한 것이 아니다. 불교에서는 이것을 공空사상을 통해서 말하고 있다. 그리고 나 또는 나의 집단과 다른 소속의 사람이라고 할지라도 그 사람도 인간으로서 존엄을 누리고 평등할 권리를 가지고 있다. 이 점에 대해서 초기불교에서는 4성 계급의 평등을 주장하였고, 대승불교에서는 누구나 부처가 될 수 있는 불성佛性이 있다고 주장하고 있다. 이러한 내용에 대해 좀 더 구체적으로 살펴보고자 한다.

1) 상호의존성에 대한 자각

'나' 또는 '나의 집단구성원'과 다르다는 이유로 남을 배척하는 것은 우리의 삶이 서로 의존하여 이루어져 있다는 것을 모르기 때문이다. 미국 사회에서 흑인에 대한 차별은 결국 슬럼가를 만들고 그 근처에는 다른 사람은 얼씬거리지도 못하게 하였다. 만약 한국 사회에서도 외국인 노동자나 결혼이민자에 대해 차별을 한다면, 또 다른 유형의 슬럼가를 만들어낼 것이고 그에 대한 사회적 비용은 엄청나다고 할 수 있다. 이러한 점에 대해 불교에서는 연기緣起를 말하고 있다. 경전에서는 "이것이 있기 때문에 저것이 있고 이것이 없기 때문에 저것이 없으며, 이것이 생기기 때문에 저것이 생기고 이것이 멸하기 때문에 저것도 멸한다."라고 말한다. 위 인용문에서 말한 '이것'과 '저것'은 수학의 방정식으로 보면 X와 Y에 해당하는 것이다. 다시 말하자면 아무것이나 그 안에 들어갈 수 있는 것이다.

연기의 이치에 대해 다음의 3가지 관점으로 바라볼 수 있다.[29]

첫째, 인간과 인간의 상호의존성이다. "이것이 있기 때문에 저것이 있고, 이것이 없기 때문에 저것도 없다."라고 연기를 설명한 말 속에 사람을 대입해 보자. 저 사람이 있으면 내가 존재할 수 있고, 저 사람이 없었다면 나의 삶도 황폐해졌을 것이라고 할 수 있다. 바로 여기서 다른 사람의 고마움을 알 수 있고, 나의 삶이 다른 사람에게 의존하여 있음을 인식할 수 있고, 이때 다른 사람에 대해 배려하는 마음, 사랑하는 마음, 곧 자비가 싹틀 수 있다. 이렇게 배려의 마음은 다른 사람과 내가 더불어 살고 있다는 데서 출발하는 것이다.

둘째, 인간과 사회의 상호의존성이다. 개인과 사회를 "이것이 있기 때문에 저것이 있고, 이것이 없기 때문에 저것도 없다."라는 연기의 공식에 대입해 보자. '사회공동체가 있으므로 개인이 있고, 사회공동체가 없으므로 개인도 없다'가 된다. 다시 말해서, 개인은 사회에 의지하고 사회는 개인에게 의지한다는 것이다. 이와 같이 한 개인의 삶이 사회공동체에 의존하고 있음을 인식할 수 있다면 자기 자신만을 위하

---

29 이병욱, 『인도철학사』, pp.80~82.

는 잘못된 개인주의는 나오지 않을 것이고, 어떤 이데올로기에 의지하지 않고서도 공동체를 위하는 사고방식을 펼칠 수 있을 것이다.

이 주장을 다시 풀이해 본다. 개인주의를 강조하면, 이것이 잘못 발휘될 경우 공동체를 무시하는 경향이 강하게 되고, 공동체만을 강조하는 것은 집단이기주의로 바뀔 수 있다. 개인주의를 강조하면 아무래도 공동체의 관점을 놓치기 쉽다. 그렇다고 해서 공동체의 관점만을 강조하면 강대국의 제국주의처럼 될 수도 있다. 이때 개인과 사회공동체가 서로 의존관계에 있음을 자각할 수 있다면, 굳이 '민족'이니 '국가'니 하는 거창한 구호를 앞세우지 않고서도 공동체를 위해서 봉사할 마음을 일으킬 수 있다는 것이다.

셋째, 사회집단과 집단의 상호의존성이다. 여기에서 평등의 이념이 나온다. 인도에는 4가지 계급이 있어 왔는데, 만약 노예계급인 수드라 śudra에 최상층의 계급인 브라만brāhmaṇa이 의지하고 있고, 다시 수드라(노예계급)는 브라만에 의지하고 있음을 인식할 수 있다면 아마도 거기에는 서로 간에 멸시하고 증오하는 사고방식이 존재하지는 않을 것이다. 브라만의 고귀한 삶의 그늘 속에 고생하는 수드라(노예계급)가 있음을 직시하여 그들의 편안하고 안일한 삶이 노예에 의존하고 있음을 안다면, 어느 계급이 어느 계급을 일방적으로 몰아붙이는 그런 이데올로기를 쉽게 만들지는 못할 것이다.

이처럼 연기를 통해서 나라는 사람은 다른 사람에 의존하고 있다는 점을 알 수 있고, 나의 삶은 사회공동체에 의존하고 있다는 점을 파악할 수 있으며, 내가 속한 사회는 다른 사회에 의존하여 있다는 것을 알 수 있다. 따라서 이런 관점에 설 때 나와 다른 피부색의

236

사람, 다른 국적을 가진 사람, 다른 언어를 사용하는 사람, 다른 문화를
향유하는 사람 등이라 할지라도 배척하지 않고 포용할 수 있는 자세가
생길 것이다. 이러한 주장은 중국의 화엄사상으로 연결된다. 그래서
화엄사상에서는 하나와 전체가 서로 연결되어 있다는 내용(一卽一切)
을 주장한다.

2) 동일성과 정체성에 대한 부정

'나' 또는 '나의 집단구성원'과 다른 사람에 대해 배척하는 것은 자기와
자기 집단에 대한 동일성과 정체성을 인정하고 있기 때문이다. 그러나
사물을 자세히 관찰해보면, 자신의 동일성과 정체성이라는 것이 인정
되지 않는다. 사물은 끊임없이 변한다. 어제의 책상과 오늘의 책상은
똑같은 것 같지만 하루 사이에 사소한 변화라도 일어났다. 예를 들면
먼지가 더 쌓였다든지 아니면 조금이라도 마모가 되었다든지 하는
미세한 변화가 일어났다. 그래서 그리스의 철학자 헤라클레이토스는
"사람은 동일한 강물에 두 번 들어갈 수 없다."고 한 것이다. 동일한
강물이라고 해도 조금 전에 들어간 강물과 뒤에 들어간 강물에는
어떠한 미세한 변화라도 생긴다. 이러한 관점은 불교철학에서 상당히
발달하였다. 초기불교에서는 3법인三法印 또는 4법인四法印을 통해서
자기 동일성과 정체성에 대해 부정하고 있으며, 이것은 대승불교의
공空사상에서 정점을 이룬다.

(1) 3법인 또는 4법인

불타佛陀는 3법인에 대해 다음과 같이 말한다.

"비구들아! 몸(色)은 자아가 아니다. 만약 몸이 자아라면 몸에 병이 생기지 않을 것이고, 몸에게 '나를 위해 이렇게 되어라, 저렇게 되지 마라'라고 하면, 뜻대로 되어야 할 것이다. 그러나 몸은 자아가 아니기 때문에 몸에 병이 생기고, 몸에게 '나를 위해 이렇게 되어라, 저렇게 되지 마라'라고 하여도 뜻대로 되지 않는 것이다. 비구들아! 감각(受), 표상(想), 의지(行), 식識도 그러하다. 비구들아! 어떻게 생각하는가? 몸은 영원한가? 무상無常한가?" "무상합니다."
"그러면 무상한 것은 괴로움인가? 즐거움인가?" "괴로움입니다."
"그러면 무상하고 괴롭고 변하는 것을 두고 '이것은 나의 것이다. 이것이 나이다. 이것이 나의 자아이다'라고 말할 수 있는가?" "그럴 수는 없습니다."
"그러므로 비구들아! 어떤 몸에 대해서도 그것이 과거의 것이든 미래의 것이든 현재의 것이든, 주관적인 것이든 객관적인 것이든, 거친 것이든 미세한 것이든, 열등한 것이든 고상한 것이든, 멀리 있는 것이든 가까이 있는 것이든, 이 모든 몸은 나의 것이 아니고 내가 아니고 나의 자아가 아니라고 바른 지혜로 보아야 한다. 비구들아! 어떤 감각, 표상, 의지, 식識도 이렇게 바른 지혜로 보아야 한다. …… 그리하여 나의 성스러운 제자들은 몸으로부터, 감각으로부터, 표상으로부터, 의지로부터, 의식으로부터 돌아선다. 그렇게 돌아섬으로써 갈애를 버릴 수 있고, 갈애를 버림으로써 해탈한다. ……"[30]

위의 내용은 다음과 같이 정리할 수 있다. 모든 것은 변하는 것이고, 변하는 것을 변하지 않고 항상한 것이라고 잘못 파악하면 끝내는 고통을 수반하게 되고, 고통이 있는 것은 진정한 자아가 아니라는 것이다. 그때 진정한 가치라고 할 수 있는 열반(해탈)을 얻게 된다는 것이다. 이런 관점에서 불교에서는 어떠한 사물에 대해서도 집착하지 말라 하고 있고, 자신의 몸에 대해서도 집착하지 말고 나아가 자신의 마음작용에도 집착하지 말라 한다. 이는 다른 각도에서 보자면 '나'라고 하는 것의 동일성과 정체성을 인정할 수 없음을 보여주는 것이다. 나라고 하는 것의 동일성과 정체성을 인정할 때 거기서부터 나와 다른 남을 구분하고, 그래서 욕심내고 화를 내는 일이 생겨나는 것이다. 불교에서 주장하는 내용, 곧 모든 것은 변하는 것이고, 변하는 것을 변하지 않는다고 보면 고통을 수반하고 고통스러운 것은 진정한 자아가 될 수 없다는 것은 잘못된 자기 동일성과 정체성에 대한 처방책이 될 수 있다. 이런 관점에 섰을 때, '나' 또는 '나의 집단구성원'과 다르다고 해서 다른 사람을 배척하는 자세는 생기지 않을 것이다.

(2) 『금강경』의 공空사상

앞에서 설명한 초기불교의 3법인의 설명이 시간의 측면, 곧 무상無常에 초점을 맞춘 것이라면, 『금강경』의 공사상은 '언어'와 '실재'의 관계에

---

30 E. H. 브루스터 편저, 박태섭 옮김, 『고타마 붓다의 생애』(시공사, 1996), p.79.

주목한 것이다. '나'와 '나의 집단구성원'의 동일성과 정체성은 '언어'로 표시되고, '언어'에 의해 정당화된다. 그런데 그 '언어'와 '실재'는 반드시 일치하는 것은 아니다. 영국의 분석철학자 길버트 라일Gilbert Ryle 이 제시한 옥스퍼드 대학교의 비유를 들어보자.[31] 옥스퍼드 대학교를 처음 방문한 외국인에게 운동장, 박물관, 과학 실험실, 대학건물 등을 소개시켜 준다. 이 여러 곳을 모두 보고 나서 외국인 방문자는 "옥스퍼드 대학교는 어디 있는가?"라는 의문을 제기한다. 옥스퍼드 대학교는 여러 부속단위로 이루어져 있는 것이고, 그 부속단위를 떠나서 '옥스퍼드 대학교'라는 실체는 존재하지 않으며, '옥스퍼드 대학교'는 하나의 약속에 지나지 않는 것이다. 이처럼 언어로 표현된 개념과 실재는 일치하지 않는다. 그런데도 우리 범부는 그 '언어'와 '실재'가 일치한다는 환상을 받아들여서 범주를 정해 우리 편과 상대방을 가른다. 『금강경』에서는 이런 주장에 대해 비판적 관점을 제시해 준다. 『금강경』에서는 다음과 같이 말하고 있다.

"수보리야! 어떻게 생각하느냐? 보살이 불국토를 장엄莊嚴하느냐?" "아닙니다. 세존이시여! 무슨 까닭인가 하면, 불국토를 장엄한다는 것이 장엄이 아니니, 이것을 장엄이라고 이름하기 때문입니다." "그러므로 수보리야! 모든 보살마하살이 이와 같이 청정한 마음을 내야 할 것이다. 곧, 빛깔(色)에 집착해서 마음을 일으키지 말고, 소리·향기·맛·촉각·법(法: 관념의 대상)에 집착해서 마음

---

31 사무엘 E. 스텀프, 이광래 옮김, 『서양철학사』(종로서적, 1983/1985), pp.589~590.

을 일으키지 말라. 다만 집착하는 바 없이 마음을 일으켜라!(應無所
住 而生其心)"[32]

위의 인용문 내용처럼, 『금강경』에서는 "A는 A가 아니다. 그러므로
A라고 한다."라는 표현을 자주 사용한다. 이는 'A'라는 단어는 범부가
집착하는 것과 같이 존재하는 것이 아니다. 그래서 "A는 A가 아니다."라
고 말한다. 그렇지만 언어를 통하지 않고서 진리를 전달할 수는 없으므
로, 일단 부정을 통해서 집착심을 없앤 다음에 해당하는 단어를 사용한
다. 그래서 "그러므로 A라고 한다."라고 말한다. 이때의 마음이 바로
『금강경』에서 말하는 청정한 마음이다.

이와 같이 청정한 마음은 불교의 이상적 상태에 속한 것이지만,
이는 다문화주의를 수용할 수 있는 하나의 근거가 된다. 다시 말하자면,
개념에 근거해서 우리 편과 상대방을 구분하지 않을 때 진정한 의미의
다문화주의가 수용될 수 있다. 이는 다른 각도에서 말하자면, 개념에
근거해서 구분해 놓은 모든 인위적 구분을 『금강경』의 공사상에서는
거부하면서도, 또한 가설적假說的 입장에서 임시적으로 수용한다고
할 수 있는 것이다.

(3) 중관학파의 4구四句 부정

중관中觀학파에서는 동일성과 정체성의 원천이 되는 형이상학적 실
체, 곧 자성自性에 대해 비판한다. 예를 들면 현재의 '나'와 과거의

---

32 이기영 역해, 『금강경』(목탁신서3, 한국불교연구원 출판부, 1978/1983), p.71, p.73.

'나'는 완전히 같을 수는 없다. 과거의 '나'와 현재의 '나'는 어느 정도의 변화가 생겼고, 따라서 이 둘은 다르다고 해야 할 것이다. 그럼에도 '나'를 유지시키는 동일한 실체가 있을 것이라고 가정한다. 그렇지만 중관학파에서는 동일한 형이상학적 실체가 있다는 주장에 대해 4가지 경우로 나누어서 비판한다. 중관학파에서는 형이상학적 실체가 있다고 하면, 만물의 변화는 설명할 수 없다고 주장한다.

중관학파의 대표적 논서인 『중론中論』에서는 형이상학적 실체를 다음과 같이 부정한다.[33]

만물은 스스로 생겨나는 것(自生)도 아니고, 다른 것에 의지해서 생겨나는 것(他生)도 아니며, 자기와 남 이 2가지가 합쳐져서 생기는 것도 아니며(共生), 아무런 원인 없이 생겨나는 것(無因生)도 아니라는 것이다. 이것을 요약하면 연기緣起하는 것은 자성自性이 없고, 이것이 공空이라고 할 수 있다.

이 내용을 다시 살펴보자. 우리의 경험에 근거할 때, 이 세상 사물 가운데 자기 스스로 생겨나는 것은 없다. 반드시 다른 것과 관계를 맺어서 생긴다. 초목은 여러 조건이 잘 어울려야 자랄 수 있는 것이지 뛰어난 품종의 나무라고 해서 물도 없고 햇빛도 없는 불모지에서 혼자의 힘으로 생존할 수는 없다. 이처럼 어떤 형이상학적 실체가 만물 속에 존재한다면 그 만물은 스스로 생겨나야 할 것인데, 우리의 경험 속에서는 그런 사물을 발견할 수 없으므로 만물은 자생自生이 아니라는 것이다.

---

33 이병욱, 『인도철학사』, pp.140~141.

   그러면 이런 식의 반론이 제기될지도 모른다. 자생自生은 아니라고 해도 타생他生은 가능한 것이 아닌가라는 반론이다. 자기 안에 있는 형이상학적 실체가 아니고 바깥에 존재하는 형이상학적 실체에 의지해서 만물은 생겨날 수 있다는 주장이다. 이에 대해 『중론』에서는 자自와 타他의 구분이 임의적이라고 반박한다. 다른 것이라고 주장하는 것도 현재 나의 입장에서 볼 때 다른 존재이지, 그 해당하는 존재의 입장에서 보자면 그것도 자기 자신이지 다른 존재가 아니라는 것이다. 그러므로 자생自生이 부정된다면, 당연히 타생他生도 부정된다고 한다.

   그러면 이번에는 자自와 타他가 만나서 생긴다는 공생共生은 가능한 것이 아닌가라는 반론을 할 수 있다. 이 주장은 언뜻 보면 상당히 일리가 있어 보인다. 그렇지만 이 주장에서도 형이상학적 실체를 인정하고 있다. 이런 입장은 『중론』에서 수용되지 않는다. 『중론』에서는 자自와 타他가 부정되었는데, 어떻게 부정된 자自와 타他가 만나서 만물을 생기게 하는 일이 가능하겠는가라고 반박한다.

   그렇다면 아무런 원인 없이 만물이 생겼다(無因生)는 말인가? 경험을 통해서 볼 때 아무런 원인 없이 생기는 사물은 없다. 반드시 그만한 이유와 근거가 있다.

   『중론』에서 만물이 생긴다는 것을 4가지 관점에서 비판하는 것은 잘못된 견해를 제거하기 위해서이다. 당시 인도철학의 형이상학을 신봉하고 있는 사람에게 그대의 견해가 옳은 것인지 한 번 따져보라고 제시한 것이다. 만물은 형이상학적 실체에 근거해서 생겨나는 것도 아니지만 그렇다고 아무 원인이 자기 마음대로 생겨나는 것도 아니다. 이렇게 형이상학의 색안경을 벗고 분명하게 사물을 바라볼 때 진리의 세계가 나타난다는 것이 바로 『중론』에서 전달하고자 하는 요점이다. 이것을 다문화주의와 연결시키면, 동일성과 정체성의 근거가 되는 형이상학적 실체는 존재하지 않는 것이고, 그러할 때 우리 편과 상대방을 구분하지 않고 온전히 세상과 만날 수 있다. 나아가 여기서는 설명하지 않았지만 앞의 장에서 설명한 대부분의 대승불교경전에서 공空사상을 말하고 있으며, 천태종과 화엄종과 선종에서도 공空사상을 제시하고 있다.

이처럼 불교철학에서는 형이상학적 실체에 대한 비판이 철저하다고 할 수 있고, 이는 다문화주의 맥락에서 보면, 남과 구분되는 '나' 또는 '나의 집단구성원'의 동일성과 정체성을 부정하는 것이라고 해석할 수 있다.

3) 중생은 불성을 가지고 있다: 인간은 평등하다

'나' 또는 '나의 집단구성원'과 다르다고 해서 차별하는 것은 인간이 평등하다는 것을 인정하지 않는 것이다. 불교에서는 인간의 평등, 나아가 모든 생명의 평등, 곧 중생의 평등을 말하고 있다. 초기불교에서는 4성 계급의 평등을 주장하였으며, 대승불교에서는 누구나 부처가 될 수 있다는 사상, 곧 여래장如來藏 사상과 불성佛性 사상을 제시하였으며, 중국의 천태종에 이르러서는 중생이 부처가 될 수도 있지만 더 나쁜 상태로 될 수도 있다는 주장, 곧 일념삼천설一念三千說을 말하였다.

(1) 초기불교에서 4성계급의 평등을 주장함[34]

초기불교에서는 브라만교에서 주장하는 4성계급에 대해서 반대하고 4성계급의 평등을 주장하였다. 4성계급은 브라만brāhmaṇa, 크샤트리아(kṣatriya, 왕족), 바이샤(vaiśya, 평민), 수드라(śudra, 노예)이다. B.C. 15세기경에 인도에 침입한 아리아인은 B.C. 10세기경에 농경생활로 전환하였고, 그러면서 4성계급도 정착이 되었다. 이를 바르나varṇa제도라고 하고, 이 바르나제도에 기초해서 직능에 의해 더욱 세분화된 것이 자티jāti이다. 이것은 굽타왕조와 그 이후에 생겨난 것으로 추정된다. 아리아인의 종교찬가인 『리그베다Ṛg-veda』에서는 푸루샤(Puruṣa, 原人)의 입에서 브라만이 태어났다고 브라만을 미화하고 있다. 이는 4성계급을 옹호하는 브라만교의 이데올로기의 하나이다.

초기불교의 경전에서 4성계급에 대해 비판하고 있는데, 그중에 하나가 『소연경(小緣經, Aggañña-Suttanta)』이다. 여기서는 4성계급의 최고의 위치에 있는 브라만이 자신을 미화하기 위해 말하는 내용이 허구라는 점을 밝히고 있다. 그것은 브라만이 자신이 범천梵天 출신이라고 주장한다는 것이고, 그러나 실제로 브라만도 결혼해서 자식을 낳고 있으므로 브라만이 범천 출신이라는 말은 거짓이라는 것이다. 또한 부처님의 제자는 모두 석가모니 종성(釋種)의 아들로서 평등하다고 주장한다. 『소연경』에서는 브라만 출신의 출가제자 2명이 불교교단으로 출가한 일로 브라만에게 비난을 받고 있다는 내용을 소개하면

---

34 이병욱, 「불교사회사상의 현재적 의미」, 『한국교수불자연합학회지』 15권 제2호 (한국교수불자연합학회, 2009), pp.261~265.

서 시작하고 있다. 그 내용을 살펴보자.

바셋타Vāseṭṭha가 부처님에게 말하였다. "브라만은 한결같이 이렇게 말합니다. '우리 브라만(바라문) 종성種姓은 가장 높고, 나머지 종성은 낮고 열등하다. 우리 브라만 종성은 (살빛이) 희고, 나머지 종성은 (살빛이) 검다. 우리 브라만 종성은 범천梵天의 출신이고, (우리 브라만 종성은) 범천의 입에서 태어났고, 현재의 상황에서도 청정하다고 생각하며 미래에도 청정할 것이다. 그런데 너희들은 청정한 종성(브라만)을 버리고 다른 가르침을 신봉하는 석가모니의 교단에 들어갔는가?' 세존이시여! 저 브라만은 내가 부처님의 가르침 속에서 출가하여 도를 닦는 것을 보고 앞에서 말한 내용으로 나를 꾸짖고 공격합니다."

부처님이 바셋타에게 말하였다. "그대는 사람들이 어리석고 무식한 것이 짐승과 같다고 보아야 한다. 브라만은 헛되게 다음과 같이 스스로 주장한다. '우리 브라만 종성은 가장 높고, 나머지 종성은 낮고 열등하다. 우리 브라만 종성은 (살빛이) 희고, 나머지 종성은 (살빛이) 검다. 우리 브라만 종성은 범천의 출신이고, (우리 브라만 종성은) 범천의 입에서 태어났고, 현재에도 청정하고 미래에도 청정할 것이다.' 바셋타여! 지금 위없이 바르고 진실한 도(부처님의 가르침)에서는 종성이 필요하지 않고, 나(브라만)라는 교만한 마음에 의지하지 않는다. 속세의 가르침에서는 이런 것(종성을 구분하는 것)이 필요하겠지만, 나의 가르침(부처님의 가르침)에서는 필요하지 않다. 만약 사문과 브라만이 (높은) 종성을 믿고

교만한 마음을 품는다면, 끝내는 나의 가르침(부처님의 가르침)에
서는 위없는 증득을 이루지 못할 것이다. 만약 종성을 버리고
교만한 마음을 제거할 수 있다면 나의 가르침(부처님의 가르침)에서
도道의 증득을 얻어서 바른 가르침을 받을 수 있을 것이다. 사람들
은 아래에 있는 종성을 싫어하지만 나의 가르침에서는 그렇지
않다." …….

부처님이 바셋타에게 말하였다. "지금 브라만 종성을 보니 결혼해
서 자녀를 낳는 것은 세상 사람과 다르지 않는데 브라만은 '나는
범천의 종자이고 범천의 입에서 태어났으며 현재에도 청정하며
미래에도 청정할 것이다'라고 거짓말을 한다. 바셋타여! 너는 지금
다음의 사실을 마땅히 알아야 한다. 나의 제자는 종성이 같지
않고 출신도 각각 다르지만 나의 가르침에 의지해서 출가하여
도를 닦고 있다. 만약 어떤 사람이 그대에게 종성을 묻는다면,
그 사람에게 이렇게 말해야 한다. '나는 사문沙門 석가모니 종성(釋
種)의 아들이다. 또한 나는 브라만 종성이고, 친히 입에서 태어났
고, 법法에서 태어났으며 현재에도 청정을 얻었고 미래에도 청정할
것이다'라고 말해도 좋다. 왜냐하면 대범大梵의 이름이 여래如來의
이름이고, 여래는 세간의 안목이고, 법法은 세간의 지혜이고 세간
의 법이며 세간의 범梵이고 세간의 법륜이고 세간의 감로甘露이고
세간의 법주法主이기 때문이다."[35]

또한 초기불교에서는 행위에 의해서 브라만도 되고 천한 사람도

---

35 『장아함경』 6권, 『소연경小緣經』(『대정장』 1권, 36하~37상).

된다고 주장한다. 『숫타니파타Suttanipāta』에서는 어떤 사람이 천한 사람인지 제시하고 있다. 그것은 태어나면서 종성에 의해 천한 사람이 되는 것이 아니고 자신의 행위에 의해 천한 사람이 된다는 것이다. 예를 들면 생물을 해치고 동정심이 없는 사람, 독재자로 널리 알려진 사람, 법정에서 거짓증언을 하는 사람 등이 바로 천한 사람이라는 것이다. 그러면서 『숫타니파타』에서는 천민의 하나인 찬다라족 출신의 마탕가도 행위에 의해 범천의 세계에 갔지만, 브라만으로 태어나서 베다를 독송하더라도 나쁜 행위를 하면 그에 상응하는 과보를 받을 것이라고 한다. 그 자세한 내용은 다음과 같다.

> 화를 잘 내고 원한을 품으며 간사하고 악독해서 남의 미덕을 덮어버리고 그릇된 소견으로 음모하는 사람, 그를 천한 사람으로 아시오. 한 번 태어난 것(胎生)이거나 두 번 태어난 것(卵生)이거나 이 세상에 있는 생물을 해치고 동정심이 없는 사람, 그를 천한 사람으로 아시오. 시골과 도시를 파괴하고 포위하여 독재자로서 널리 알려진 사람, 그를 천한 사람으로 아시오. 마을에 살거나 숲에 있거나 남의 것을 주지도 않는데 훔치려는 생각으로 이를 취하는 사람, 그를 천한 사람으로 아시오. 사실은 빚이 있어 돌려달라고 독촉을 받으면, '당신에게 갚을 빚은 없다'고 발뺌을 하는 사람, 그를 천한 사람으로 아시오. 얼마 안 되는 물건을 탐내어 행인을 살해하고 그 물건을 약탈하는 사람, 그를 천한 사람으로 아시오. 증인으로 불려나갔을 때 자신이나 남을 위해 또는 재물 때문에 거짓 증언하는 사람, 그를 천한 사람으로 아시오. …….

248

내가 다음에는 실례를 들겠으니 이것으로 내 말을 알아들으시오. 찬다라족(천민의 한 종족)의 아들이며 개백정 마탕가로 세상에 알려진 사람이 있었소. 그 마탕가는 얻기 어려운 최상의 명예를 얻었소. 많은 왕족과 브라만들이 그를 섬기려고 모여들었소. 그는 신들의 길, 더러운 먼지를 떨어버린 대도大道에 올라가 탐욕을 버리고 범천梵天의 세계에 가게 되었소. 천한 태생인 그가 범천의 세계에 태어나는 것을 아무도 막을 수 없었소. 베다 독송자讀誦者의 집에 태어나 베다의 글귀에 친숙한 브라만들도 때로는 나쁜 행위에 빠져 있는 것을 볼 수 있소. 이와 같이 되면, 현세에서 비난을 받고 내세에는 나쁜 곳에 태어날 것이오. 신분이 높은 태생도 그들이 나쁜 곳에 태어나는 것을 그리고 비난 받는 것을 막을 수는 없소. 날 때부터 천한 사람이 되는 것은 아니고, 날 때부터 브라만이 되는 것도 아니고, 오로지 그 행위로 말미암아 천한 사람도 되고 브라만도 되는 것이오.[36]

(2) 『대방등여래장경』의 여래장 사상과 『열반경』의 불성사상

초기불교에서는 4성계급의 평등을 말하였다면, 대승불교의 여래장사상과 불성사상에서는 중생 모두에게 부처가 될 가능성이 간직되어 있다고 말한다. 이 점에서 인간을 포함한 모든 중생은 평등하다.

『대방등여래장경大方等如來藏經』은 여래장(tathāgatagarbha, 如來藏) 사상계통의 경전에서 가장 먼저 성립된 것이다. 이 경전에서는 모든 중생이 탐욕·성냄·어리석음 등의 온갖 번뇌에 빠져 있어도,

36 법정 역, 『숫타니파타』(정음사, 1989 개정판), pp.32~35.

그 안에는 여래의 지혜와 안목이 갖추어져 있음을 말하고 있다. 이것이 여래가 될 수 있는 성품이 간직되어 있다는 여래장의 의미이다.

이 경전에서는 이 여래장의 의미를 9가지 비유로 묘사하고 있다. 그중에서 몇 가지만 살펴보고자 한다.[37]

첫째, 연꽃 속에 감추어져 있는 법신法身에 대한 비유이다. 이는 천안天眼을 가진 사람이라면 아직 피지 않은 연꽃 속에서 여래의 법신이 결가부좌하여 앉아 있음을 알고 있다는 것이다. 그래서 만약 시든 꽃잎을 제거한다면, 바로 법신이 나타난다는 것을 이 사람은 알고 있다.

둘째, 꿀벌이 지키고 있는 잘 익은 꿀의 비유이다. 잘 익은 꿀이 벼랑 끝의 나무에 붙어 있고, 그것을 많은 벌들이 지키고 있지만, 지혜의 방편을 가진 사람이 그 벌들을 내쫓고 그 꿀을 취한다. 그와 같이 중생도 꿀이라고 비유할 수 있는 법신을 가지고 있다는 것이다.

셋째, 껍질을 벗기지 않은 벼의 비유이다. 껍질을 벗기지 않은 벼에 대해 어리석은 사람은 쓸모가 없다고 생각해서 버리지만, 그러나 이것을 방아로 찧어 껍질을 제거하면 맛있게 먹을 수 있는 쌀이 된다. 중생의 존재도 껍질을 벗기지 않은 벼와 같아서 현재는 쓸모가 없지만, 중생도 수행하면 모두 부처가 될 수 있다는 것이다.

넷째, 진흙에 떨어진 순금의 비유이다. 순금이라도 진흙에 떨어지면 그 광채를 발휘할 수 없다. 이와 같이 중생도 순금이라는 불성을 가지고 있지만, 진흙이라는 번뇌에 휩싸여서 제대로 활용되지 못한다

---

37 이병욱, 『인도철학사』, pp.132~133.

는 것이다.

그리고 여래장의 의미를 불성佛性이라는 단어로 바꾸어서 폭넓은 사상을 전개한 경전이 『열반경涅槃經』이다. 이 경전에서는 모든 중생이 부처가 될 수 있는 불성을 가지고 있다고 말한다.

(3) 천태종의 일념삼천설

앞에서 말한 대승불교의 여래장사상과 불성사상이 모든 중생이 부처가될 수 있다는 것을 강조한 것이라면, 천태종의 일념삼천설一念三千說은 중생이 부처가 될 가능성도 있지만, 지옥에 떨어지거나 더 나쁜 상태로될 가능성도 있음을 아울러 말하는 것이다. 따라서 여래장사상과 불성사상에서 중생이 더 나빠질 가능성에 대해 언급하지 않은 것에 비해 천태종의 일념삼천설이 더 역동적이라고 평가할 수 있다.

일념삼천一念三千은 일념 가운데 삼천의 가능성이 간직되어 있다는 것이다.[38] 여기서 삼천이란 숫자는 많다는 것을 상징적으로 표현한 것에 지나지 않는다. 공자의 제자가 삼천 명이었다는 것이나, 의상대사가 태백산맥에서 강의할 때 삼천 명이 모였다는 말은 실제로 삼천 명이 제자이거나 모였다는 것이 아니고 그만큼 제자가 많았고 학인이 많았다는 의미다. 따라서 일념삼천은 우리의 마음에는 온갖 가능성이 간직되어 있다는 말로 이해해도 무방하다.

그러면 삼천의 숫자가 이루어지는 과정을 살펴보자. 십법계十法界가 십법계를 갖추고, 다시 일법계가 십여시十如是를 머금어서 백법계百法

---

38 이병욱, 『한국 불교사상의 전개』, pp.33~35.

界·천여시千如是가 되고, 여기에다 세 종류의 국토(三種國土)를 곱하
면 삼천이 된다. 이 내용을 『마하지관』에서는 다음과 같이 말한다.

일심이 십법계를 갖춘다. 그리고 일법계도 십법계를 갖춘다. 그러
면 백법계가 된다. 그리고 일법계가 30종류의 세간을 갖추니,
백법계는 3천 종류의 세간을 갖춘다. 이 3천 종류의 세간이 일념심
에 있다. 따라서 마음이 없다면 그만이겠으나, 조금이라도 마음이
있다면 3천 종류의 세간을 갖춘다.[39]

우선, 십법계는 지옥地獄, 아귀(餓鬼: 전생에 악업을 짓고 탐욕을
부린 자가 아귀로 태어나 배고픔과 목마름에 괴로워함), 축생畜生, 아수라
(阿修羅: 고대 인도에서는 싸움을 일삼는 악신으로 생각하였음), 인간人
間, 하늘, 성문聲聞, 연각緣覺, 보살菩薩, 불佛이다. 앞의 여섯 가지는
6도六道라고 하는데 윤회하는 세계이고, 성문·연각·보살은 대승불교
의 삼승三乘이다. 천태 지의는 여기에다 불계佛界를 더 보태서 십계를
만들었다. 이는 불교사상에 근거해서 세계에 대해 가치를 매긴 것이다.
이 십법계가 다시 십법계를 머금는다. 그래서 인간계도 십법계가
존재하고, 지옥계도 십법계가 존재하고, 불계도 십법계가 존재한다.
이는 아무리 훌륭한 사람이라도 악심惡心이 존재할 수 있다는 것이고,
아무리 악한 사람이라도 악심이 존재할 수 있다는 말이다.

---

39 『마하지관摩訶止觀』 제5권상(『대정장』46권, 54상), "夫一心具十法界, 一法界又具
十法界, 百法界; 一界具三十種世間, 百法界即具三千種世間. 此三千在一念心.
若無心而已, 介爾有心, 即具三千."

또, 일법계가 십여시를 갖추고 있다. 십여시는 여시상如是相, 여시성 如是性, 여시체如是體, 여시력如是力, 여시작如是作, 여시인如是因, 여 시연如是緣, 여시과如是果, 여시보如是報, 여시본말구경등如是本末究 竟等이다.

상相은 바깥의 모습, 성性은 내면의 본성, 체體는 내면의 근본바탕, 역力은 잠재적인 힘과 작용, 작作은 드러난 힘과 작용, 인因은 직접적인 원인, 연緣은 간접적인 원인, 과果는 직접적인 원인의 결과, 보報는 간접적인 원인의 결과, 여시본말구경등如是本末究竟等은 형상에서 결 과까지 통괄하는 평등의 원리이다. 여기서 '성'과 '체'는 내면의 성품을 의미하는 것이다. 그렇지만 '성'만으로는 내면의 주체성이 드러나지 않는다고 보았기 때문에 '체'를 제시한 것이다.

그리고 삼세간三世間은 오음세간·중생세간·국토세간인데, 오음 세간五陰世間은 세계를 구성하는 요소인 물질이고, 중생세간衆生世間 은 오음세간, 곧 물질세계에 안주하는 인간과 생물이며, 국토세간國土 世間은 그 인간과 생물이 살고 있는 환경이다.

다시 일념삼천설에 대해 정리하면 우리의 마음에는 3,000가지 가능 성, 곧 온갖 가능성이 간직되어 있는데, 범부가 부처가 될 가능성도 있지만, 범부가 지옥에 떨어지거나 더 나쁜 상태로 빠질 가능성도 존재한다는 것이다. 이런 관점을 가지게 되면 자신이 어떤 선행을 하였다고 해도 언제든지 지옥에 떨어질 마음을 낼지 모르기 때문에 긴장하는 삶을 살 수 있고, 다른 사람이 현재는 악행을 범하였다 해도 후일 참회하고 다시 새로운 사람이 될 수 있다고 이해하는 마음, 곧 관용의 마음, 자비의 마음을 일으킬 수 있다. 이것을 다문화주의와 연결하면, '나' 또는 '나의 집단구성원'과 다른 사람이라고 해도 다 인간으로서 평등하다고 생각할 뿐만 아니라, 저 다른 사람이 조그마한 실수를 한다고 해도 이해하고 포용할 수 있는 아량을 가질 수 있게 된다.

4. 결론

이상의 내용을 정리하면, 불교철학이 다문화주의에 기여할 수 있는 대목은 크게 세 부분으로 나누어서 접근할 수 있다.

첫째, 연기緣起의 가르침인데, 이는 만물이 서로 의지해 있다는 내용이다. 따라서 연기의 가르침은 '나' 또는 '나의 집단구성원'과 다르다고 구분되는 사람, 곧 외국인 노동자와 결혼이민자 등과도 어울려서 살 수밖에 없다는 점을 일깨워준다.

둘째, 동일성과 정체성에 대한 부정이다. 초기불교에서는 무상無常을 강조하면서 사물의 동일성에 대해 비판적인 관점을 제시하고 있고, 대승불교 가운데 『금강경』에서는 '언어'와 '실재'의 관계에 주목해서 '언어'와 '실재'의 관계가 서로 일치하는 것만이 아니라는 점을 부각시킨다. 우리는 언어를 통해서 '우리 편'과 '상대방'을 구분하는데, 이러한 구분이 근거 없다고 한다면 자연스럽게 다문화주의 관점이 수용될 수 있을 것이다. 그리고 대승불교의 중관학파에서는 4가지 경우로 나누어서 형이상학적 실체를 부정하는데, 이 형이상학적 실체는 동일성과 정체성을 형성하는 근거가 되는 것이다. 따라서 중관학파처럼 형이상학적 실체를 부정하면 자연스럽게 동일성과 정체성을 부정하는 것이 되고, 이는 다문화주의를 수용하는 것으로 연결된다. 이러한 공사상은 대승불교의 대부분의 경전에서 제시하고 있는 것이고, 중국 불교의 천태종·화엄종·선종에서도 말하고 있는 것이다.

셋째, 인간은 평등하다는 가르침이다. 이는 정확히 말하자면 모든 생명, 곧 중생이 평등하다는 가르침이다. 초기불교에서는 4성계급의 평등을 주장하였고, 대승불교에서는 누구나 부처가 될 수 있다는 '여래장사상'과 '불성사상'을 제시하였으며, 중국의 천태종에 이르러서는 '일념삼천설', 곧 범부가 부처가 될 수도 있지만 지옥이나 더 나쁜 상태로 떨어질 가능성도 아울러 제시하고 있다. 이처럼 인간의 평등을 인정하게 되면 '나'와 '나의 집단구성원'과 다르다고 해서 배척하는 일은 생기지 않을 것이고, 이것은 자연스럽게 다문화주의와 연결된다.

참고문헌

『마하지관』(『대정장』 46권)

『소연경』(『대정장』 1권)

『선원제전집도서』(『대정장』 48권)

『마조록』(『대정장』 51권)

『화엄일승교의분제장』(『대정장』 45권)

법정 역, 『숫타니파타(숫타니파아타)』, 정음사, 1989 개정판.

이기영 역해, 『금강경』, 목탁신서3, 한국불교연구원 출판부, 1978/1983.

E. H. 브루스터 편저, 박태섭 옮김, 『고타마 붓다의 생애』, 시공사, 1996.

平川彰 外 편. 정승석 역, 『대승불교개설』, 김영사, 1984.

佐佐目敎悟 外 공저, 권오민 역, 『인도불교사』, 경서원, 1985.

水野弘元, 김현 역, 『원시불교』, 지학사, 1985.

사무엘 E. 스텀프, 이광래 옮김, 『서양철학사』, 종로서적, 1983/1985.

오경석 외, 『한국에서의 다문화주의』, 한울아카데미, 2007/2009.

유네스코 아시아·태평양 국제이해교육원 엮음, 『다문화사회와 국제이해교육』,
    동녘, 2008/2010.

유네스코 아시아·태평양 국제이해교육원 엮음, 『다문화사회의 이해』, 동녘,
    2008/2011.

이병욱, 『인도철학사』, 운주사, 2004/2008.

_____, 「중국불교의 현세간주의 특색」, 『불교학연구』15호, 불교학연구회, 2006.

_____, 「불교사회사상의 현재적 의미」, 『한국교수불자연합학회지』15권 제2호,
    한국교수불자연합학회, 2009.

_____, 『한국 불교사상의 전개』, 집문당, 2010.

_____, 『한권으로 만나는 인도』, 너울북, 2011/2013.

조영록 외, 『동양의 역사와 문화』, 국학자료원, 1998.

찾아보기

이정은

연세대학교 철학과를 졸업하고, 동 대학원에서 박사학위를 받았다. 현재 연세대학교 인문학연구원 연구원이며, 연세대학교, 상명대학교, KC대학교에서 강의하고 있다. 주요 저서로 『사랑의 철학』, 『사람은 왜 인정받고 싶어하나』 등이, 공저로 『철학, 문화를 읽다』, 『철학, 삶을 묻다』, 『다시 쓰는 서양근대철학사』 등이 있다.

이병욱

고려대학교 대학원에서 철학박사 학위를 취득하였으며, 현재 고려대학교와 중앙승가대에서 강의하고 있다. 주요 저서로 『불교사회사상의 이해』, 『한권으로 만나는 인도』, 『한국불교사상의 전개』, 『천태사상』, 『인도철학사』, 『고려시대의 불교사상』, 『천태사상의 연구』 등이 있다.

정창호

고려대학교 영어영문학과를 졸업하고 동 대학원에서 철학박사 학위를, 독일 함부르크대학교에서 교육학박사 학위를 취득하였다. 현재 경기대학교 초빙교수이며, 주요 저서 및 논문으로 「교직윤리」(공저), 「독일의 상호문화교육과 타자의 문제」 등이 있다.

다문화사회와 철학

초판 1쇄 인쇄 2017년 3월 10일 | 초판 1쇄 발행 2017년 3월 17일
지은이 이정은 • 이병욱 • 정창호 | 펴낸이 김시열
펴낸곳 도서출판 자유문고
　　　(02832) 서울 성북구 동소문로 67-1 성심빌딩 3층
　　　전화 (02) 2637-8988 | 팩스 (02) 2676-9759
ISBN 978-89-7030-107-5　93100　값 13,000원
http://cafe.daum.net/jayumungo (도서출판 자유문고)